本书由贵州师范大学学科建设专项资金资助出版

俄 国 史 研 究

俄国经济史

(1700~1917)

邓沛勇 著

社会科学文献出版社
SOCIAL SCIENCES ACADEMIC PRESS (CHINA)

邓沛勇，世界史博士，贵州师范大学历史与政治学院副教授，贵州师范大学国际政治文化研究中心研究员，硕士生导师。主持国家社科基金后期资助项目一项、贵州省哲学社会科学规划课题一项，参与国家社科基金和教育部项目多项，获贵州省第十三次哲学社会科学优秀成果奖二等奖。出版专著1部，译著2部，在《史学月刊》《俄罗斯研究》《史学集刊》等CSSCI期刊上发表论文和译文十余篇。

目 录

绪 论 ··· 1

第一章　俄国农业发展历程 ······································· 16
第一节　19 世纪前俄国农业发展概述 ························· 16
第二节　19 世纪俄国农业快速发展 ···························· 28
第三节　农民阶层的地位和作用 ································ 60

第二章　俄国工业发展追溯 ······································· 68
第一节　农奴制改革前俄国工业发展滞后 ····················· 68
第二节　19 世纪下半叶俄国工业蓬勃发展 ···················· 97

第三章　俄国工业发展动力和特征 ······························ 115
第一节　俄国工业快速发展的原因 ···························· 115
第二节　俄国工业化特征和影响 ································ 132

第四章　俄国贸易繁荣 ·· 148
第一节　国内贸易 ·· 148
第二节　对外贸易 ·· 159

第五章　俄国金融业崛起 ··· 181
第一节　俄国金融业发展的原因 ······························· 181
第二节　俄国金融业发展历程 ·································· 190

第三节　外资推动俄国工商业发展………………………………… 203

第六章　全俄市场最终形成……………………………………………… 212
　　第一节　全俄市场形成时间的争论………………………………… 212
　　第二节　全俄统一市场的初步形成………………………………… 214
　　第三节　全俄市场最终形成………………………………………… 218
　　第四节　全俄市场逐步完善——以中亚地区为例………………… 233

参考文献………………………………………………………………… 244

附录一　农业发展相关统计数据……………………………………… 274

附录二　工业发展相关统计数据……………………………………… 281

附录三　贸易发展相关统计数据……………………………………… 288

附录四　交通发展相关统计数据……………………………………… 297

后　　记………………………………………………………………… 310

绪　论

一　选题意义

相比英美史研究，国内俄国史研究略显薄弱，且偏重于苏联时期和当代俄罗斯史，1917年前俄国史研究更显不足，尤其是经济、文化、政治等专门史研究较少。近年来，国内对俄国经济等诸多问题研究取得了一定的成果，但未有一本专著阐释俄国经济发展历程。本书以1700~1917年俄国经济发展为研究对象，探析这一时期俄国经济发展水平，对俄国经济体的各组成部分，如农业、工业、贸易、金融业和市场等进行全面梳理，回顾和总结俄国经济发展历史。

俄国建国晚于西欧国家，经济发展速度和规模稍显逊色，早期以手工业为主，18世纪初才引进西方技术和经验，大工业才粗具规模。俄国现代化起源可追溯至于彼得一世时期，其依据为彼得一世确立的工业化模式是一种"帝国模式"，其目的是巩固政权和建立强大的军队，利用发达国家的技术成就，这也使俄国大工业基础基本奠定，但此时经济和社会领域依然落后，农奴制仍制约着俄国经济社会的发展。俄国真正开启工业化的步伐始于1861年的农奴制改革，工业化步入正轨，不断吸取西方先进技术和工业成果发展本国工业。

在俄国前工业化阶段，虽取得一定的成就，但远逊于西欧社会。据统计，1800年俄国人均国内生产总值严重落后于比利时、法国、瑞士、英国等早期工业化国家。1860年俄国人均国内生产总值约为180美元，而西欧发达资本主义国家为454美元。① 俄国农奴制改革后大工业迅速崛起，19世纪下半叶至20世纪初，工业化取得显著成就。与1893年相比，1900年重工业产值增长1倍，轻工业产值增长0.6倍，其中采矿、冶金、机器制造业和能源等工业部门增长最为显著。② 1869~1913年俄国工业品数量增加7.5倍，劳动生产率提高1.2倍，美国相应数据为6.5倍和0.8倍。③ 1912年俄国农产品总产值为67亿卢布，工业品总产值为56亿卢布，④ 从中可以看出，俄国工业发展速度已赶上发达国家，但生产规模稍显逊色。

虽然重工业在俄国经济发展中作用重大，但轻工业和农业仍不容忽视，首先，工业化始于轻工业（纺织工业最为突出），其次，农业发展是工业化实现的前提条件之一，俄国农业很早就参与国外市场，由小农经济向商品经济转变，1861年农奴制改革更为资本主义经济发展提供了资金、劳动力和市场。工业化进程开启后工业反哺农业，金融业和贸易也随之崛起，全俄市场最终于19世纪末形成。

二 研究综述

（一）国内研究现状

国内学术界尚无直接阐述俄国经济史的专著，研究者大都在论述俄国工业发展状况及其特征时对俄国工业化有所提及⑤，除此之外，译著也对俄国工业化进程、工业发展状况、垄断集团和外资作用等问题有所涉猎。⑥

---

① Pollard, S., *Peaceful Conquest—The Industrialization of Europe 1760 - 1970*, Oxford University Press, 1995, p. 185.
② Федоров В. А. История России 1861 - 1917. М., Высшая школа, 1998. С. 187.
③ Лященко П. И. История народного хозяйства СССР. Т. I. М., Государственное издательство политической литературы, 1956. С. 531; Кендрик Д. Тенденции производительности в США. М., Статистика, 1967. С. 278 - 279.
④ Сарабьянов В. История русской промышленности. Харьков., Пролетарий, 1926. С. 182.
⑤ 孙成木、刘祖熙、李建：《俄国通史简编》，人民出版社，1986；姚海、刘长江：《当代俄国——强者的自我否定与超越》，贵州人民出版社，2000；张建华：《俄国史》（修订本），人民出版社，2004；张建华：《激荡百年的俄罗斯——20世纪俄国史读本》，人民出版社，2010。
⑥ 〔苏〕Ｂ.Т.琼图洛夫：《苏联经济史》，郑彪等译，吉林大学出版社，1988；苏联科学院经济研究所编《苏联社会主义经济史》（第一卷），复旦大学经济系译，生活·（转下页注）

绪 论

本书主要涉及俄国农业、工业、贸易、金融业和市场发展状况，对应这几方面内容，下文主要梳理相关文献，呈现国内研究状况。

第一，俄国工业化和工业革命。刘祖熙的《改革和革命——俄国现代化研究（1861—1917）》对俄国现代化进程进行了阐述①。吉林大学东北亚研究院张广翔的著译文章，如《俄中两国早期工业化比较：先决条件与启动模式》②《关于俄罗斯现代化的若干问题》③《关于20世纪俄国现代化问题的若干思考》④《亚历山大二世改革与俄国现代化》⑤《19世纪俄国工业革命的特点——俄国工业化道路研究之三》⑥《19世纪俄国工业革命的发端——俄国工业化道路研究之二》⑦《19世纪俄国工业革命的前提——俄国工业化道路研究之一》⑧《19世纪俄国工业革命的影响》⑨《论19世纪俄国工业蒸汽动力发展历程及其工业革命特点》⑩等对俄国工业革命的特征进行分析，主要探讨俄国工业革命的前提、影响和内容。此外，还有诸多学者对

（接上页注⑥）读书·新知三联书店，1979；〔苏〕波克罗夫斯基：《俄国历史概要》，贝璋衡、叶林、葆煦译，生活·读书·新知三联书店，1978；〔苏〕潘克拉托娃：《苏联通史》，山东大学翻译组译，生活·读书·新知三联书店，1980；〔苏〕诺索夫：《苏联简史》（第一卷），武汉大学外文系译，生活·读书·新知三联书店，1977；〔美〕尼古拉·梁赞诺夫斯基、马克·斯坦伯格：《俄罗斯史》，杨烨、卿文辉主译，上海人民出版社，2007；〔美〕沃尔特·G. 莫斯：《俄国史（1855—1996）》，张冰译，海南出版社，2008。

① 刘祖熙：《改革和革命——俄国现代化研究（1861—1917）》，北京大学出版社，2001。
② 张广翔：《俄中两国早期工业化比较：先决条件与启动模式》，《吉林大学社会科学学报》2011年第6期。
③ 〔俄〕尼·米·阿尔辛季耶夫、季·弗·多连克：《关于俄罗斯现代化的若干问题》，张广翔译，《吉林大学社会科学学报》2008年第6期。
④ 〔俄〕B. B. 阿列克谢耶夫：《关于20世纪俄国现代化问题的若干思考》，张广翔译，《吉林大学社会科学学报》2005年第4期。
⑤ 张广翔：《亚历山大二世改革与俄国现代化》，《吉林大学社会科学学报》2000年第1期。
⑥ 张广翔：《19世纪俄国工业革命的特点——俄国工业化道路研究之三》，《吉林大学社会科学学报》1996年第2期。
⑦ 张广翔：《19世纪俄国工业革命的发端——俄国工业化道路研究之二》，《吉林大学社会科学学报》1995年第2期。
⑧ 张广翔：《19世纪俄国工业革命的前提——俄国工业化道路研究之一》，《吉林大学社会科学学报》1994年第2期。
⑨ 张广翔：《19世纪俄国工业革命的影响》，《吉林大学社会科学学报》1993年第2期。
⑩ 张广翔：《论19世纪俄国工业蒸汽动力发展历程及其工业革命特点》，《求是学刊》1990年第4期。

俄国工业化进行研究，如杨翠红的《俄国早期工业化进程解析》①、赵士国和刘自强的《中俄两国早期工业化道路比较》②、万长松的《论彼得一世改革与俄国工业化的肇始》③和邓沛勇的《19世纪下半叶至20世纪俄国工业发展特征》④等。

第二，俄国工业状况研究。研究俄国重工业的较多，包括石油、煤炭和冶金等工业部门。

①对石油工业发展历程、特征以及外资对石油工业影响、石油工业垄断组织等问题进行研究，如张建华的《俄国近代石油工业的发展及其特点》、张广翔的《19世纪60—90年代俄国石油工业发展及其影响》、张丁育的《19世纪90年代至20世纪初俄国与欧洲的石油贸易》、王然的《阿塞拜疆石油工业史述略》、邓沛勇的《俄国能源工业发展的影响因素》《1917年前俄国石油工业中外资垄断集团及其影响》等。⑤

俄国石油工业中外资和垄断状况也是学者研究的重点内容。王绍章的《俄国石油业的发展与外国资本》介绍了19世纪末20世纪初俄国石油工业中外资状况，并就外资对俄国石油工业的影响进行分析。刘琼的《19世纪末20世纪初外国资本对俄国石油工业的影响》除对俄国石油工业中的几大外资集团进行梳理外，还对俄国石油工业中外资的作用进行研究。⑥此外，张广翔和白胜洁的《论19世纪末20世纪初俄国的石油工业垄断》，白胜洁

---

① 杨翠红：《俄国早期工业化进程解析》，《贵州社会科学》2013年第9期。
② 赵士国、刘自强：《中俄两国早期工业化道路比较》，《史学月刊》2005年第8期。
③ 万长松：《论彼得一世改革与俄国工业化的肇始》，《自然辩证法研究》2013年第9期。
④ 邓沛勇：《19世纪下半叶至20世纪俄国工业发展特征》，《俄罗斯研究》2017年第6期。
⑤ 张建华：《俄国近代石油工业的发展及其特点》，《齐齐哈尔师范学院学报》（哲学社会科学版）1994年第6期，第51~53；张广翔：《19世纪60—90年代俄国石油工业发展及其影响》，《吉林大学社会科学学报》2012年第6期；张丁育：《19世纪90年代至20世纪初俄国与欧洲的石油贸易》，《西伯利亚研究》2009年第1期；王然：《阿塞拜疆石油工业史述略》，《西安石油大学学报》2013年第6期；邓沛勇：《俄国能源工业发展的影响因素》，《西伯利亚研究》2017年第1期；邓沛勇：《1917年前俄国石油工业中外资垄断集团及其影响》，《俄罗斯研究》2017年第3期；张广翔、邓沛勇：《论19世纪末20世纪初俄国石油市场》，《河南师范大学学报》（哲学社会科学版）2016年第3期。
⑥ 王绍章：《俄国石油业的发展与外国资本》，《东北亚论坛》2007年第6期；刘琼：《19世纪末20世纪初外国资本对俄国石油工业的影响》，硕士学位论文，辽宁大学，2012。

的《19世纪末20世纪初俄国的工业垄断研究——以石油、冶金和纺织工业部门为例》，李非的《19世纪末—20世纪初俄国石油工业中的垄断资本》等的研究成果也较多涉及石油工业外资问题。①

②俄国煤炭工业研究。国内研究俄国煤炭工业的较少，如张广翔的《19世纪末至20世纪初欧洲煤炭市场整合与俄国煤炭进口》②、邓沛勇的《19世纪下半期至20世纪初俄国能源工业研究——以石油和煤炭工业为例》③、尚巍的《19世纪下半期俄国煤炭业和黑色冶金业发展述略》④、张广翔和邓沛勇的《19世纪下半期至20世纪初俄国煤炭工业的发展》⑤。

③俄国冶金工业研究。主要有张广翔和回云崎的《18至19世纪俄国乌拉尔黑色冶金业的技术变革》⑥等。

第三，俄国外资利用状况。研究成果主要如下：董小川的《俄国的外国资本问题》、张广翔的《外国资本与俄国工业化》、刘爽的《19世纪末俄国的工业高涨与外国资本》《19世纪俄国西伯利亚采金业与外国资本》、邓沛勇的《1917年前俄国石油工业中外资垄断集团及其影响》⑦等。

第四，俄国交通运输状况。国内学者主要从两方面对俄国交通运输状况

---

① 张广翔、白胜洁：《论19世纪末20世纪初俄国的石油工业垄断》，《求是学刊》2014年第3期；白胜洁：《19世纪末20世纪初俄国的工业垄断研究——以石油、冶金和纺织工业部门为例》，博士学位论文，吉林大学，2015；李非：《19世纪末—20世纪初俄国石油工业中的垄断资本》，硕士学位论文，吉林大学，2008。
② 张广翔：《19世纪末至20世纪初欧洲煤炭市场整合与俄国煤炭进口》，《北方论丛》2004年第1期。
③ 邓沛勇：《19世纪下半期至20世纪初俄国能源工业研究——以石油和煤炭工业为例》，博士学位论文，吉林大学，2016。
④ 尚巍：《19世纪下半期俄国煤炭业和黑色冶金业发展述略》，硕士学位论文，吉林大学，2009。
⑤ 张广翔、邓沛勇：《19世纪下半期至20世纪初俄国煤炭工业的发展》，《史学月刊》2016年第3期。
⑥ 张广翔、回云崎：《18至19世纪俄国乌拉尔黑色冶金业的技术变革》，《社会科学战线》2017年第3期。
⑦ 董小川：《俄国的外国资本问题》，《东北师大学报》1989年第3期；张广翔：《外国资本与俄国工业化》，《历史研究》1995年第6期；刘爽：《19世纪末俄国的工业高涨与外国资本》，《社会科学战线》1996年第4期；刘爽：《19世纪俄国西伯利亚采金业与外国资本》，《学习与探索》1999年第2期；邓沛勇：《1917年前俄国石油工业中外资垄断集团及其影响》，《俄罗斯研究》2017年第3期。

进行研究，一部分是俄国水路运输状况，另一部分是铁路运输发展历程①。

第五，俄国农业研究。主要研究俄国农业相关问题，如农业发展道路、地租和农业市场等。②

---

① 张广翔、范璐祎：《19世纪上半期欧俄河运、商品流通和经济发展》，《俄罗斯东欧中亚研究》2012年第2期；张广翔：《19世纪至20世纪初俄国的交通运输与经济发展》，《社会科学战线》2014年第12期；张广翔、范璐祎：《18世纪下半期至19世纪初欧俄水运与经济发展——以伏尔加河—卡马河水路为个案》，《贵州社会科学》2012年第4期；范璐祎：《18世纪下半期—19世纪上半期的俄国水路运输》，博士学位论文，吉林大学，2014；张广翔、逯红梅：《论19世纪俄国两次铁路修建热潮及其对经济发展的影响》，《江汉论坛》2016年第12期；张广翔、逯红梅：《19世纪下半期俄国私有铁路建设及政府的相关政策》，《贵州社会科学》2016年第6期；李宝仁：《从近代俄国铁路史看铁路建设在国家工业化进程中的地位和作用》，《铁道经济研究》2008年第2期；白述礼：《试论近代俄国铁路网的发展》，《世界历史》1993年第1期；陈秋杰：《西伯利亚大铁路修建及其影响研究（1917年前）》，博士学位论文，东北师范大学，2011；陈秋杰：《西伯利亚大铁路对俄国东部地区开发的意义》，《西伯利亚研究》2011年第2期；陈秋杰：《西伯利亚大铁路修建中的外国因素》，《西伯利亚研究》2011年第6期；陈秋杰：《西伯利亚大铁路建设中机车供应状况述评》，《西伯利亚研究》2013年第5期。

② 〔苏〕梁士琴科：《苏联国民经济史》（第二卷），李廷栋等译，人民出版社，1954；〔苏〕涅奇金娜：《苏联史》（第二卷），关其侗等译，生活·读书·新知三联书店，1959；张广翔、王学礼：《19世纪末—20世纪初俄国农业发展道路之争》，《吉林大学社会科学学报》2010年第6期；张福顺：《资本主义时期俄国农民租地活动述评》，《西伯利亚研究》2007年第4期；唐艳凤：《1861年改革后俄国农民土地使用状况探析》，《北方论丛》2011年第1期；李青：《论1865—1913年俄国地方自治机构的民生活动》，博士学位论文，吉林大学，2012；钟建平：《俄国国内粮食市场研究（1861—1914）》，博士学位论文，吉林大学，2015；曹维安：《俄国1861年农民改革与农村公社》，《陕西师范大学学报》（哲学社会科学版）1996年第4期；曹维安：《评亚历山大二世的俄国大改革》，《兰州大学学报》2000年第5期；楚汉：《近代德、俄农业发展之比较》，《郑州大学学报》（哲学社会科学版）1996年第6期；付世明：《论帝俄时期村社的发展变化》，《广西师范大学学报》（哲学社会科学版）2006年第4期；金雁：《俄国农民研究史概述及前景展望》，《俄罗斯研究》2002年第2期；唐艳凤：《俄国1861年改革后俄国农民赋役负担探析》，《史学集刊》2011年第3期；王茜：《论俄国资本主义时期的农业经济》，《西伯利亚研究》2002年第6期；张爱东：《俄国农业资本主义的发展和村社的历史命运》，《北京大学学报》（哲学社会科学版）2001年第S1期；张福顺：《资本主义时期俄国农民土地问题症结何在》，《黑龙江社会科学》2008年第1期；张广翔、齐山德：《18世纪末—20世纪初俄国农业现代化的阶段及特征》，《吉林大学社会科学学报》2009年第6期；张广翔：《俄国资本主义农业关系起源的特点》，《河南师范大学学报》（哲学社会科学版）2001年第6期；张广翔：《十月革命前的俄国地主经济》，《史学集刊》1990年第4期；张建华：《亚历山大二世和农奴制改革》，《俄罗斯文艺》2001年第1期；张敬德：《论农奴制改革后俄国经济政策的性质》，《江西社会科学》2002年第12期；张福顺：《20世纪初俄国土地改革研究》，博士学位论文，吉林大学，2008；袁丽丽：《十月革命前俄国合作社的思想和实践》，博士学位论文，吉林大学，2011；周晓辉：《18世纪中叶—19世纪中叶欧俄农民经济研究》，博士学（转下页注）

其六，俄国金融业状况。俄国金融业研究成果不多，主要探讨俄国债券市场和股票市场。①

(二) 国外研究状况

俄国学者关注俄国经济问题由来已久，所涉内容十分繁杂，因资料和篇幅有限，本部分主要分析工业、外资、农业和金融等。

第一，俄国工业研究。主要分为石油工业、煤炭工业和冶金工业等，因交通运输对工业影响较大，一并放入本部分分析。

①石油工业。俄罗斯学者 C. 佩尔什科的《俄国石油工业起源、发展和现代状况》②、C. M. 利西奇金的《革命前俄国石油工业发展史》③、И. А. 季娅科诺娃的《沙皇俄国能源中石油和煤炭的国际比较》④、А. А. 马特维伊丘克的《俄国石油起源》⑤、И. Г. 富克斯的《俄罗斯油气业务简史》⑥、

(接上页注②) 位论文，东北师范大学，2009；钟建平：《19～20 世纪初俄国粮食运输问题研究》，《俄罗斯东欧中亚研究》2014 年第 3 期；钟建平：《19—20 世纪初俄国农业协会的兴农实践探析》，《贵州社会科学》2015 年第 3 期。

① 王钺：《罗斯法典译注》，兰州大学出版社，1987；徐明威：《中东欧国家金融体制比较》，经济科学出版社，2002；徐向梅：《俄罗斯银行制度转轨研究》，中国金融出版社，2005；罗爱林：《维特货币改革评述》，《西伯利亚研究》1999 年第 5 期；张广翔：《19 世纪俄国政府工商业政策基本趋势》，《西伯利亚研究》2000 年第 4 期；张广翔、齐山德：《革命前俄国商业银行运行的若干问题》，《世界历史》2006 年第 1 期；钟建平：《俄国农民土地银行的运作模式》，《西伯利亚研究》2008 年第 4 期；钟建平：《俄国贵族土地银行运行机制初探》，《黑龙江教育学院学报》2007 年第 6 期；张广翔、刘玮：《1864—1917 年俄国股份商业银行研究》，《西伯利亚研究》2011 年第 4 期；张广翔、李旭：《19 世纪末至 20 世纪初俄国的证券市场》，《世界历史》2012 年第 4 期；张广翔、李旭：《十月革命前俄国的银行业与经济发展》，《俄罗斯东欧中亚研究》2013 年第 2 期；刘玮：《试论 19 世纪俄国币制改革》，《西伯利亚研究》2011 年第 1 期；张广翔、刘玮：《1864—1917 年俄国的股份商业银行》，《西伯利亚研究》2011 年第 2 期；刘玮：《1860—1917 年的俄国金融业与国家经济发展》，博士学位论文，吉林大学，2011；李旭：《1861—1914 年俄国证券市场》，博士学位论文，吉林大学，2016。

② Першке С. и Л. Русская нефтяная промышленность, ее развитие и современное положение в статистических данных. Тифлис., Тип. К. П. Козловского, 1913.

③ Лисичкин С. М. Очерки по истории развития отечественной нефтяной промышленности (дореволюционный период). М., Государственное научно-техническое издательство, 1954.

④ Дьяконова И. А. Нефть и уголь в энергетике царской России в международных сопоставлениях. М., РОССПЭН, 1999.

⑤ Матвейчук А. А., Фукс И. Г. Истоки российской нефти. Исторические очерки. М., Древлехранилище, 2008.

⑥ Мавейчук А. А., Фукс И. Г. Иллюстрированные очерки по истории российского нефтегазового дела. Часть 2. М., Газоил пресс, 2002.

В. П. 卡尔波夫的《俄国石油和天然气工业简史》①、М. Ф. 米尔-巴巴耶夫的《阿塞拜疆石油简史》② 和 А. А. 富尔先科等的《洛克菲勒王国与19世纪末至20世纪初石油战争》③ 等对俄国石油工业的起源、发展、国内外市场、石油开采和钻探技术发展、石油垄断组织、石油工业外资等问题进行阐释。Н. Л. 纳尼塔什维利的《19世纪末20世纪初高加索地区外国资本扩张》④、В. Н. 谢伊多夫的《19—20世纪初巴库石油公司档案》⑤、Р. И. 别尔津的《世界石油战争》⑥、Б. 奥斯布尼克的《诺贝尔帝国》《1879—1909年间诺贝尔兄弟集团业务活动》、И. А. 季娅科诺娃的《俄国诺贝尔集团》⑦ 和 Б. Ю. 阿洪多夫的《革命前巴库石油工业中的垄断资本》⑧、В. А. 萨梅多夫的《19世纪80—90年代俄国经济与石油》⑨、Д. И. 门捷列夫的《俄国经济发展问题》⑩ 等对石油相关工业进行了研究。⑪ 档案文献也是研究

---

① Карпов В. П., Гаврилова Н. Ю. Курс истории отечественной нефтяной и газовой промышленности. Тюмень., ТюмГНГУ, 2011.

② Мир-Бабаев М. Ф. Краткая история Азербайджанской нефти. Баку., Азернешр, 2009.

③ Фурсенко А. А. Династия Рокфеллеров. Нефтяные войны（конец XIX - начало XX века）. М., Издательский дом Дело, 2015; Иголкин А., Горжалцан Ю. Русская нефть о которой мы так мало занаем. М., Нефтяная компания Юкос/Изд-во Олимп-Бизнес, 2003.

④ Наниташвили Н. Л. Экспансия иностранного капитала в Закавказье（конец XIX - начало XX вв.）. Тбилисск., Издательство Тбилисского университета, 1988. С. 248.

⑤ Сеидов В. Н. Архивы бакинских нефтяных фирм（XIX - начало XX века）. М., Модест колерос, 2009.

⑥ Берзин Р. И. Мировая борьба за нефть. М., Типография Профгортоп, 1922.

⑦ Осбрник Б. Империя Нобелей. История о знаменитых шведах, бакинской нефти и революции в России. М., Алгоритм, 2014; Тридцать лет деятельности товарищества нефтяного производства Бр. Нобеля 1879 - 1909. СПб., Типография И. Н. Скороходова, 1910; Дьяконова И. А. Нобелевская корпорация в России. М., Мысль, 1980.

⑧ Ахундов Б. Ю. Монополистический капитал в дореволюционной бакинской нефтяной промышленности. М., Изд-во социально-экономической литературы, 1959.

⑨ Самедов. В. А. Нефть и экономика России（80 - 90-е годы XIX века）Баку., Элм, 1988.

⑩ Менделеев Д. И. Проблемы экономического развития России. М., Изд-во социально-экономической литературы. 1960.

⑪ Нардова В. А. Монополистические тенденция в нефтяной промышленности и 80-х годах XIX в. И проблема транспортировки нефтяных грузов//Монополии и иностранный капитал в России. М-Л., Изд-во Академии наук СССР, 1962; Фурсенко А. А. Первый нефтяной экспертный синдикат в России（1893 - 1897）//Монополии и иностранный капитал в России. М-Л., Изд-во Академии наук СССР, 1962; Нардова В. А. Начало мо-（转下页注）

俄国石油工业的重要依据，主要有《1883—1914 年俄国石油工业中垄断资本》①和《1914—1917 年俄国石油工业中垄断资本》②，前者共收录一战前关于石油工业垄断状况的档案文件 324 份，后者共收录一战至十月革命时期俄国石油工业垄断状况的档案文件 254 份。

②煤炭工业。Б. Ф. 布拉特切尼科的《俄国煤炭开采史》③、П. И. 福明的《南俄采矿工业》（两卷本）④、С. А. 巴卡诺夫的《乌拉尔煤炭工业兴衰史》⑤、Е. И. 加戈津的《南俄煤炭和铁》⑥、И. А. 季娅科诺娃的《沙皇俄国能源中石油和煤炭的国际比较》⑦《欧俄和乌拉尔地区矿区简史》⑧、С. В. 库什尼鲁克的《20 世纪初南俄煤炭工业的垄断和竞争》⑨、Д. И. 什波里亚尼斯基的《20 世纪初南俄煤炭—冶金工业垄断》⑩、Б. В. 季霍诺夫的《19 世纪下

(接上页注⑪) нополизации бакинской нефтяной промышленности//Очерки по истории экономики и классовых отношений в России конца XIX – начала XX в. М-Л.，Наука，1964；Дьяконова И. А. Исторические очерки. За кулисами нобелевской монополии//Вопросы истории，1975. №9；Фурсенко А. А. Парижские Ротшильды и русская нефть//Вопросы истории，1962. №8；Потолов С. И. Начало моноплизации грозненской нефтяной промышленности（1893 – 1903）//Монополии и иностранный капитал в России. М-Л.，Изд-во Академии наук СССР，1962.

① Монополистический капитал в нефтяной промышленности России 1883 – 1914. Документы и материалы. М.，Изд-во Академии наук СССР，1961.
② Монополистический капитал в нефтяной промышленности России 1914 – 1917. Документы и материалы. Л.，Наука，1973.
③ Братченко Б. Ф. История угледобычи в России. М.，ФГУП «Производственно-издательский комбинат ВИНИТИ»，2003.
④ Фомин П. И. Горная и горнозаводская промышленность Юга России. Том I. Харьков.，Типография Б. Сумская，1915；Фомин П. И. Горная и горнозаводская промышленность Юга России. Том II. Харьков.，Хозяйство Донбасса，1924.
⑤ Баканов С. А. Угольная промышленность Урала：жизненный цикл отрасли от зарождения до упадка. Челябинск.，Издательство ООО«Энциклопедия»，2012.
⑥ Гагозин Е. И. Железо и уголь на юге России. СПб.，Типография Исидора Гольдберга，1895.
⑦ Дьяконова И. А. Нефть и уголь в энергетике царской России в международных сопоставлениях.
⑧ Очерк месторождения полезных ископаемых в Евройской России и на Урале. СПб.，Типография В. О. Деаков，1881.
⑨ Кушнирук С. В. Монополия и конкуренция в угольной промышленности юга России в начале XX века. М.，УНИКУМ-ЦЕНТР，1997.
⑩ Шполянский Д. И. Монополии угольно-металлургической промышленности юга России в начале XX века. М.，Изд-во академии наук СССР，1953.

半叶俄国采煤业和黑色冶金业》①、Г. Д. 巴库列夫的《南俄黑色冶金业》②、С. Г. 斯特卢米林的《俄国和苏联的黑色冶金业》③、Д. И. 门捷列夫的《俄国经济发展问题》④、Л. Б. 卡芬加乌兹的《19 世纪 70 年代至 20 世纪 30 年代俄国工业史》⑤ 等，这些成果对俄国煤炭工业进行了详细的梳理和分析。

③冶金工业。乌拉尔和南俄冶金业一直是俄罗斯学者关注的重点，有较为丰富的研究成果。⑥

④其他工业部门，除能源和冶金等工业部门外，其他重工业部门和轻工业部门的作用也不容小觑，因篇幅有限，此处仅择重点进行分析。⑦

---

① Тихонов Б. В. Каменноугольная промышленность и черная металлургия России во второй половине XIX в. (историко-географические очерки). М., Наука, 1988.

② Бакулев Г. Д. Черная металлургия Юга России. М., Изд-во Гос. техники, 1953.

③ Струмилин С. Г. Черная металлургия в России и в СССР. М-Л., Изд-во Академии наук СССР. 1935.

④ Менделеев Д. И. Проблемы экономического развития России.

⑤ Кафенгауз Л. Б. Эволюция прошмышленного производства России (последняя треть XIX в. - 30-е годы XX в). М., Эпифания, 1994.

⑥ Алексеев В. В., Гаврилов Д. В. Металлургия Урала с древнейших времен до наших дней. М., Наука, 2008; История Урала с древнейших времен до 1861 г. М., Наука, 1989; Струмилин С. Г. История черной металлургии в СССР. Феодальный период (1500 – 1860 гг.). М-Л., Изд-во АН СССР, 1954; Яцунский В. К. География рынка железа и в дореформенной России//Вопросы географии. Сб. 50. М., 1960; Гаврилов Д. В. Горнозаводский Урал XVII – XX вв. Екатеринбург. УрО РАН, 2005; Вяткин М. П. Горнозаводский Урал в 1900 – 1917 гг. М-Л., Наука, 1965; Кафенгауз Б. Б. История хозяйства Демидовых в XVIII – XIX вв. М-Л., АН СССР, 1949; Алапаевский металлургический завод//Уральская советская энциклопндия. Свердловск. М., Издательство Уралоблисполкома, 1933; Фельдман М. А. Рабочие крупной промышленности Урала в 1914 – 1941 гг. Екатеринбург., Уральский государственный университет им. А. М. Горького, 2001; Скальковский К. А. Очерки современного положения горного дела в разных государствах//Горный журнал, 1868. №3; Стрырин Б. А. Транспорт Урала в период промышленного переворота, 1840 – 1880 гг. //Вопросы истории Урала. Свердловск., 1970; Мильман Э. М. История первой железнодорожной магистрали Урала (70 – 90-е годы XIX в.). Пермь., Пермское книжное издательство, 1975; Рагозин Е. И. Железо и уголь в Урале. СПб., Типография Исидора Гольдберга, 1902; Сигов С. П. Очерки по истории горнозаводской промышленности Урала. Свердловск., Свердлгиз, 1936.

⑦ Гусейнов Р. История экономики России. М., Изд-во ЮКЭА, 1999; Грегори П. Экономический рост Российской империи (конец XIX – начало XX в.). М., РОССПЭН, 2003; Дулов А. В. Географическая среда и история России. Конец XV – середина XIX вв. М., Наука, 1983; Ковнир В. Н. История экономики России: Учеб. пособие. М., Логос, 2005; Кондратьев Н. Д. Мирное хозяйство и его конъюнктуры во время и после войны. Вологда., Обл. отделение Гос. издательства, 1922; Конотопов М. В. Сметанин М. В. （转下页注）

⑤运输部门。俄罗斯学者研究水路运输成果较多,其中 Э. Г. 伊斯托米娜、В. Ф. 马鲁昕、А. А. 哈林、А. М. 索洛维耶娃、О. В. 古德格娃、А. А. 戈尔布诺夫等①学者的成果最有代表性。此外,俄文原始资料也价值不

(接上页注⑦) История экономики России. М.,Логос,2004;Кафенгауз Л. Б. Эволюция прошмышленного производства Росси и (последняя треть XIX в. - 30-е годы XX в.). М.,Эпифания,1994;Лаверычев В. Я. Военный государственно-монополистический капитализм в России. М.,Наука,1988;Лившин Я. И. Монополии в экономике России. М.,Изд-во Социально- экономической литературы,1961;Маевский И. В. Экономика русской промышленности в условиях первой мировой войны. М.,Изд-во Дело,2003;Межлаука В. И. Транспорт и топливо. М.,Транспечать,1925;Обухов Н. П. Внешнеторговая,таможенно-тарифная и промышленно-финансовая политика России в XIX – первой половине XX вв. (1800 – 1945). М.,Бухгалтерский учет,2007;Очерк месторождения полезных ископаемых в Евройской России и на Урале. СПб.,Типография В. О. Деаков,1881;Погребинский А. П. Государственно- монополистический капитализм в России. М.,Изд-во социально-экономической литературы,1959;Пажитнов К. А. Очерки истории текстильной промышленности дореволюционной Россиии. М.,Изд-во академии наук СССР,1958;Рязанов В. Т. Экономическое развитие России. Реформы и российское хозяйство в XIX – XX вв. СПб.,Наука,1999;Тарновский К. Н. Формирование государственно-монополистического капитализма в России в годы первой мировой войны. М.,Изд-во МГУ,1958;Туган-Барановский М. И. Русская фабрика в прошлом и настоящем:Историко-экономическое исследование. Т. 1. Историческое развитие русской фабрики в XIX веке. М.,Кооперативное издательство 《Московский рабочий》,1922;Федоров В. А. История России 1861 – 1917. М.,Высшая школа,1998;Хромов П. А. Экономическое развитие России. Очерки экономики России с древнейших времен до Великой Октябрьской революции. М.,Наука,1976;Хромов П. А. Экономика России периода промышленного капитализма. М.,Изд-во ВПШ и АОН при ЦК КПСС,1963;Хромов П. А. Экономическая история СССР. М.,Высшая школа,1982;Чунтулов В. Т.,Кривцова Н. С.,Чунтулов А. В. Тюшев В. А. Экономическая история СССР. М.,Высшая школа,1987.

① Истомина Э. Г. Водные пути России во второй половине XVIII – начале XIX века. М.,Наука,1982;Истомина Э. Г. Водный транспорт России в дореформенный период. М.,Наука,1991;Марухин В. Ф. История речного судоходства в России. М.,Орехово-Зуевский педагогический институт,1996;Халин А. А. Система путей сообщения нижегородского поволжья и ее роль в социально-экономическом развитим региона (30 – 90 гг. XIX в.). Нижний Новгород.,Изд-во Волго-вятекой академии государственной службы,2011;Соловьева А. М. Железнодорожный транспорт России во второй половине XIX в. М.,Наука,1975;Соловьева А. М. Промышленная революция в России в XIX в. М.,Наука,1990;Гудкова О. В. Строительство северной железной дороги и ее роль в развитии северного региона (1858 – 1917). Вологда.,Древности Севера,2002;Горбунов А. А. Политика развития железнодорожного транспорта в XIX – начале XX вв:компартивно-ретроспективный анализ отечественного опыта. М.,МИИТ. 2012.

菲。① 铁路是俄国工业化的杠杆，铁路对俄国工业化的作用不容置疑，俄国学者的著作也是笔者研究的基础。②

---

① Виды внутреннего судоходства в России в 1837 году. СПб., Печатано в типография 9 дуарда Праца и К°, 1838; Сучков Н. Н. Внутрение пути сообщения России//Федоров В. П. Россия в ее прошлом и настоящем (1613 – 1913). М., Типография В. М. Саблина, 1914; Борковский И. Торговое движение по Волжско-маринскому водной пути. СПб., Типография Бр. Пантелевых, 1874; Прокофеьв М. Наше судоходство. СПб., Типография министерства Путей Сообщения. Выпуск 6. 1884; Прокофеьв М. Наше судоходство. СПб., Типография А. М. Котомина. Выпуск 5. 1877; Прокофеьв М. Наше судоходство. СПб., Типография Глазунова. Выпуск 4. 1872; Прокофеьв М. Наше судоходство. СПб., Типография П. И. Глазунова. Выпуск 3. 1870; Прокофеьв М. Наше судоходство. СПб., Типография П. И. Глазунова. Выпуск 2. 1870; Прокофеьв М. Наше судоходство. СПб., Типография П. И. Глазунова. Выпуск 1. 1870.

② Верховский В. М. Исторический очерк развития железных дорог России с их начала по 1897 г. Включительно, СПБ., Типография Министерства путей сообщения, 1897 – 1899. Вып. 1 – 2; Блиох И. С. Влияние железных дорог на экономическое состояние России, СПб., Типография М. С. Вольфа, 1878. Т. 1 – 5; Рихтер И. Личный состав русских железных дорог, СПб., Типография Штаба Отдельного Корпуса Жандармов, 1900; Бубликов А. А. Современное положение России и железнодорожный вопрос. СПб., Тип. М-ва пут. Сообщ, 1906; Георгиевский П. Финансовые отношения государства и частных железнодорожных обществ в России и западноевропейских государствах. СПб., Тип. М-ва пут. Сообщ, 1887; Гронский П. Е. Единственный выгодный способ развития сети русских железных дорог. М., Типо-лит. Н. И. Куманина, 1889; Кульжинский С. Н. О развитии русской железнодорожнй сети. СПб., Невская Лито-Типография, 1910; Рихтер И. Десять лет железнодорожной ревизии. СПб., Тип. бр. Пантелеевых, 1900; Соболев А. Н. Железные дороги в России и участие земств в их постройке. СПб., Тип. Л. Н. Соболев, 1868; Шаров Н. О безотлагательной необходимсти постройки железнодорожных линий в интересах самостоятельного развития России. СПб., Тип. В. С. Балашева, 1870; Шухтан Л. Ф. Наша железнодорожная политика, СПб., Тип. Н. Я. Стойков, 1914; Салов В. В. Некоторые данные к вопросу о финансовых результатах эксплуатации железных дорог в России, СПб., Тип. М-ва пут. сообщ., 1908; Витте С. Ю. Принципы железнодорожных тарифов по перевозке грузов, СПб., Типография Акц. Общ. Брокгауз-Ефрон, 1910; Упорядочение железных тарифов по перевозке хлебных грузов. М., Тип. Министерства внутренних дел, 1890; Соловьева А. М. Железнодорожный транспорт в России во второй половине XIX в. М., Наука, 1975; История Железнодорожного транспорта России. 1836 – 1917. СПб-М., Изд-во Иван Федоров, 1994; Виргинский В. С. Возникновение железных дорог в России до начала 40-х годов XIX века. М., Государственное транспортное железнодорожное изд-во, 1949; Погребинский А. П. Строительство железных дорог в пореформенной России и финансовая политика царизма (60 – 90-е годы XIX в.).//Исторические записки. М., Изд-во. АН СССР, 1954 (47); Горбунов А. А. Политика развития железнодорожного транспорта в XIX – начале XX вв.: компаративно-ретроспективный анализ отечественного опыта, М., Изд-во МИИТ, 2012; Крейнин А. В. Развитие системы жел（转下页注）

第二，俄国外资研究。研究外资的学者较多，主要涉及工业和证券两方面。Н. П. 伊奥尼切夫的《18—20 世纪初俄国经济中的外资》①、А. Г. 东尼加罗夫的《俄国和苏联的外国资本》②、П. В. 奥里的《一战前俄国外资》③、В. И. 鲍维金的《俄国外国企业家和在俄投资活动》④《19 世纪末至 1908 年俄国金融资本形成》⑤《俄国向市场经济过渡之路上资本主义企业活动的发展和演变》《俄国境内的外国企业家》⑥、И. Ф. 根金的《19 世纪—20 世纪初俄国银行和经济政策》⑦等都对俄国金融领域的外资状况进行了研究。

（接上页注②）езнодорожных грузоых тарифов и их регулирование, М., АНОВПОА "Междунар. ун – т в Москве" 2010; Степанов В. Л. Контрольно-финансовые мероприятия на частных железных дорогах России（конец XIX – начало XX в.）.//Экономическая история. Ежегодник 2004. М., РОССПЭП, 2004; Виргинский В. С. История техники железнодорожного транспорта. М., Трансжелдоризда, 1938; Гудкова О. В. Строительство северной железной дороги и ее роль в развитии северного региона（1858 – 1917）. Вологда., Из-во древности Севера, 2002; Завгорский К. Я. Экономика транспорт. М-Л., Изд. Госиздат, 1930; Пушин В. М. Главные мастерские железных дорог. М-Л., Государственное изд-во, 1927; Шадур Л. А. Развитие отечественного вагонного парка, М., Транспорт, 1988.

① Ионичев Н. П. Иностранный капитал в экономике России（XVIII – начало XX в.）. М., МГУП, 2002.
② Доннгаров А. Г. Иностранный капитал в России и СССР. М., Международные отношения, 1990.
③ Оль П. В. Иностранные капиталы в народном хозяйстве Довоенной России. Л., Изд-во академии СССР, 1925.
④ Бовыкин В. И. Иностранное предпринимательство и заграничные инвестиции в России. М., РОССПЭН, 1997.
⑤ Бовыкин В. И. Формирование финансового капитала в России. конец XIX в. – 1908 г. М., Наука, 1984.
⑥ Бовыкин В. И., Сорокин А. К., Петров Ю. А., Журавлев В. В. Эволюция хозяйства и развитие капиталистического предпринимательства на путях перехода России к рыночной экономике//Предпринимательство и предприниматели России от истоков до начала XX века. М., РОССПЭН, 1997; Бовыкин В. И. Иностранное предпринимательство в России//История предпринимательства в России. М., РОССПЭН, 2002. Бовыкин В. И. Финансовый капитал в России накануне первой мировой войны. М., РОССПЭН, 2001; Бовыкин В. И. Зарождение финансового капитала в России. М., Изд-во МГУ, 1967; Бовыкин В. И. Французкие банки в России: конец XIX – начало XX в. М., РОССПЭН, 1999; Дякин В. С. Германские капиталы в России. Электроиндустрия и электрический транспорт. Л., Наука, 1971.
⑦ Гиндин И. Ф. Банки и экономическая политика в России XIX – начало XX в. М., Наука, 1997.

第三，俄国农业问题。农业一直是俄国学者的主要研究对象，农业问题涉及领域众多，如农业经济、农民、村社、地主和农民关系、1861 年农奴制改革以及俄国粮食市场和粮食出口等。①

第四，俄国金融问题。金融一直是俄国学者重点关注的问题，金融问题涉及范围较广，主要包括俄国债券和股票市场、外资和股份公司等。②

---

① Милов Л. В. Если говорить серьезно о частной собственности на землю//Свободная мысль, 1993. №2. С. 77; Дулов А. В. Географеческая среда и история России (Конец XV – середина XIX вв.). М., Наука, 1983; Рындзюнский П. Г. Крестьянская промышленность пореформенной России. М., Наука, 1966; Дубровский С. М. Сельское хозяйство и крестьянство России в период Империализма. М., Наука, 1975; Рубакин Н. А. Россия в цифрах. СПб., Вестник Знания, 1912; Рашин А. Г. Население России за 100 лет (1813 – 1913 гг). Статистические очерки. М., Государственное статистическое издательство, 1956; Ямзин И. Л. Вощинин В. П. Учение о колонизации и переселениях. М-Л., Государственное издательство, 1926; Дубровский С. М. Сельское хозяйство и крестьянство России в период Империализма. М., Наука, 1975; Прегер Р. И. Производство главнейших хлебов в России за двадцатипятилетие 1888 – 1912 гг. Материалы к пересмотру торгового договора с Германией. Вып. XIX. Пг., 1915; Корелин А. П. Аграрный сектор в народнохозяйственной системе пореформенной России (1861 – 1914)//Российская история, 2001. No1; Китанина Т. М. Хлебная торговля России в конце XIX – начале XX века. СПб., Дмитрий Буланин, 2011; Карнаухава Е. С. Размещение сельского хозяйства России в период капитализма (1860 – 1914). М., Изд-во Акад. наук СССР, 1951; Рямтчников В. Г., Дерюгина И. В. Урожайность хлебов в России 1795 – 2007. М., ИВ РАН, 2009; Нифонтов А. С. Зерновое производство России во второй половине 19 века. М., Наука, 1974; Кондратьев Н. Д. Рынок хлебов и его регулирование во время войны и революции. М., Наука, 1991; Давыдов М. А. Всероссийский рынок в конце XIX – начале XX вв. и железнодорожная статистика. СПб., Алетейя, 2010; Ковальченко И. Д. Аграрный сторой России второй половины XIX – начала XX в. М., РОССПЭН, 2004; Пайпс. Р. Россия при старом режиме. М., Независимая Газета, 1993; Милов Л. В. Великорусский пахарь и особенности российского исторического процесса. СПб., РОССПЭН, 2006.

② Витте С. Ю. Собрание сочинений и документальных материалов. Т. 3. М., Наука, 2006; Ананьич Б. В., Беляев С. Г., Лебедев С. К. Кредит и банки в России до начала XX в. Изд-во Спетербургсого университета. 2005; Грегори П. Экономическая история России, что мы о ней знаем и чего не знаем. Оценка экономиста//Экономическая история. Ежегодник. 2000. М., РОССПЭН, 2001; Грегори П. Поиск истины в исторических данных//Экономическая история. Ежегодник. М., РОССПЭН, 1999; Саломатина С. А. Коммерческие банки в России: динамика и структура операций, 1864 – 1917 гг. М., РОССПЭН, 2004; Беляев С. Г. П. Л. Барк и финансовая политика России. 1914 – 1917 гг. СПб., Изд-во СПбГУ, 2002; Ананьич Б. В. Российское самодержавие и вывоз капитала. 1895 – 1914 гг. (По материалам Учетно-ссудного банка Персии). Л., Наука, 1975; Родригес А. М. История стран Азии и Африки в Новейшее время: учебник. М., Проспект, 2010;（转下页注）

（三）主要研究内容

本书内容包括绪论及正文两部分。第一部分为绪论，主要介绍选题意义和目的，梳理国内外研究现状，简要总结本书的研究内容。

第二部分为正文，共分六章。第一章探讨俄国农业发展状况，在梳理俄国农业经济发展历程的同时，着重阐述19世纪俄国农业发展状况，如俄国农业发展模式、俄国粮食出口数量，以及农业占俄国经济的比重等。第二章概述俄国工业化成就，19世纪末20世纪初在工业化的影响下各工业部门迅速崛起，轻重工业茁壮成长，重工业尤甚，其中石油、煤炭和冶金工业发展最为迅速，轻工业中纺织、食品、烟草和酿酒等最具代表性。第三章分析俄国工业发展的原因和特征，从政府政策、外资、技术革命和交通运输等方面研究上述因素对俄国经济的影响。俄国工业发展具有独特性，如工业发展的周期性和循环性、工业分布不平衡、经济中心逐步南移、存在大型垄断组织等。第四章分析俄国贸易发展状况，从国内外贸易两个角度展开，国内贸易方面，涉及俄国国内贸易中心、国内贸易内容和主要贸易形式等；对外贸易方面，一是以国际石油市场为例探析在国际市场上俄国的地位和作用，二是以中俄贸易为例分析俄国东方贸易规模。第五章探讨俄国金融市场，论述了俄国金融业发展的原因、历程和外资的作用，研判俄国金融业在经济发展中的地位和作用。第六章研究俄国市场状况，随着俄国统一版图的奠定以及资本、技术和劳动力市场日趋完善，全俄市场于19世纪末最终形成。

（接上页注②）Яго К. Русско-Китайский банк в 1896 – 1910 гг.: международный финансовый посредник в России и Азии//Экономическая история. Ежегодник. М., РОССПЭН, 2012；Бовыкин В. И., Петров Ю. А. Коммерческие банки Российской империи. М., "Перспектива"，1994；Проскурякова Н. А. Земельные банки Российской империи. М., РОССПЭН, 20012；Эдмон Тери. Экономическое преобразование России. М., РОССПЭН, 2008；Лизунов П. В. Биржи в России и экономическая политика правител-ьства（XVIII – XX в.）. Архангельск., Поморский государственный университет, 2002；Таранков В. И. Ценные бумаги государства российского. М., Автовазбанк, 1992；Хейфец Б. А. Кр-едитная история России-Характеристика сувернного заемщика. М., Экономика, 2003；Эдмон Тери. Экономическое преобразование России. М., РОССПЭП, 2008；Бородкин Л. И., Коновалова А. В. Российский фондовый рынок в начале XX века. СПб., Алетейя, 2010.

第一章 俄国农业发展历程

15世纪,莫斯科公国逐步统一各公国,经济不但落后于西欧,也无法与东方国家相媲美,此前莫斯科大公作为金帐汗国行政管理人和代理人,代行其政治和经济职能。在西欧各国资本主义经济关系日渐成熟之时,俄国经济也逐步发展,国内市场粗具规模。俄国农业迅速崛起于1861年农奴制改革之后,19世纪以前,农业虽已粗具规模,但农奴制一直是农业发展的桎梏。农奴制改革后,俄国农业资本主义快速发展,土地播种面积不断扩大,农产品产量激增,商品率逐渐提高,粮食远销西欧诸国。为更好地探究俄国农业发展历程,本书以时间为界划分农业的起源、形成和蓬勃发展阶段,着重对1861年农奴制改革之后农业发展状况进行研究,同时也简单探讨俄国农民的经济状况和社会地位。

第一节 19世纪前俄国农业发展概述

17世纪初,俄国农民开始依附于封建主,农奴制并未彻底形成,但政府诸多政策最终导致农奴制彻底形成,俄国农奴制形成并非一蹴而就的,历经近百年才彻底形成,其根本原因是生产力低下,只有靠剥削农民才能获得更高利润,所以农奴制不断强化。农奴制长期掣肘俄国农业,1861年改革前农业发展滞后,但农产品也开始出口国外,在世界市场上占有一席之地。为更好地梳理19世纪前农业发展状况,本部分分别对古罗斯的农业、封建经济发展和15~18世纪俄国农业发展状况进行分析。

一 农奴制强化与古罗斯农业

农业领域封建生产关系的产生和发展首先依赖于封建土地所有制和依附农的形成，农奴制经济的重要特征是实物经济为主导，农民被固定在土地之上，完全依附于封建主，农业生产力水平十分低下。封建社会商品经济虽有所发展，但封建主控制经济命脉，手工业发展缓慢，农民与市场的联系并不紧密，封建社会早期此特征最为突出。与原始社会和奴隶社会相比，封建社会生产力有所提高，农业部门亦产生新因素，耕作方式不断改善。俄国封建农奴制存在千余年，从9世纪一直持续至19世纪中叶，部分地区农奴制一直持续至十月革命期间，如中亚等地。与西欧封建社会相比，俄国封建生产关系具有独特性，亦是原始社会经济制度解体的结果。

17世纪，俄国农奴制逐步强化，一定程度上说农奴制促进了农业发展，而促使农奴制逐渐巩固的因素如下。一是17世纪俄国因战争经济长期低迷，中部地区经济衰退最为严重，农村中可耕种的土地不足一成，城市因战争影响也百废待兴，诸多地区农民因天灾人祸大量逃亡，无心耕作，农民数量仅是县城居民的1/30。二是因受灾严重，农民只能出卖劳动力获取粮食和物资，除向地主缴纳实物地租外，还需承担劳役地租，对地主的依附性逐步加强。三是世袭领主衰落和新贵族地位提升，罗曼诺夫家族为巩固皇权，大封功臣，世袭领主土地开始减少，该阶层逐渐衰落，大地产也开启了没落之路。世袭贵族多为留里克王朝的贵族，新王朝建立后其政治影响力下降，领有贵族阶层崛起，领有贵族亦称新贵族，他们的社会政治地位不断提升，新贵族地位的提升强化了农民对其的依附关系。四是俄国奴隶制度对农奴制的影响也不容忽视，农奴分为国有农奴、寺院农奴和地主农奴，国有农奴的地位最优，可优先获得土地，且可从事相关职业（多为马倌、厨师、木匠和管事），亦可在主人土地上劳作，地主农奴和农民混合而居，成为农奴阶层的中坚力量。10世纪之后，西欧国家农奴制濒临解体，而俄国农奴制却逐渐强化，究其原因，与自然环境和社会经济发展状况密切相关。

基辅罗斯在俄国历史上具有重要意义，早期各公国的形成促进古罗斯统一民族形成,东斯拉夫民族因此诞生,是俄罗斯、乌克兰和白俄罗斯民族的共同祖先。古罗斯国家的形成促进了东欧国家社会、经济和文化的发展。与此同时,大土地所有制也逐渐强化,基辅罗斯大公在战争时期需要动员全体居民,为获得居民支持,将土地赏赐给贵族,战争胜利后按军功进行奖励。大公将土地赏赐给各功臣和封建主最终促进了大土地所有制的形成,封建主阶层逐渐成熟。封建主开始限制居住在其领地上的农民,要求其服相关差役,最终促使自由农向承担国家差役的依附农转变,封建主也依靠这些奴隶或依附农开发土地,增加收入。

在大公、贵族土地所有制形成的同时,俄国教会、修道院和土地所有制度也最终形成。教会主要通过大公和贵族赏赐获得土地,12世纪,修道院转化为大地主。自由农和奴隶逐渐形成一个阶层即封建依附农,但该阶层数量明显低于自由农。基辅罗斯时期封建土地所有制度相对复杂,领有制度也逐渐形成,农民逐渐转化为封建主的私人财产,可买卖和继承。世袭领地可能包括几个村镇,领地的中心为院落,内设有教堂、仆人房、马厩、商店和货栈。除大牲畜外,还饲养一些家禽和其他小牲畜,耕地、森林、草地以及宅旁地都与院落相连。土地所有制度对俄国农业发展的作用毋庸置疑,但自然因素和社会经济环境对农业的影响更为突出。

农业受自然条件影响,在所有自然因素中,土壤和气候最为突出。就自然因素而言,俄国土地沼泽众多、森林覆盖面积较大,不适宜耕种的土地较多;就地理环境而言,俄国大部分地区都属于大陆性气候,无霜期较短,冬季漫长,不利于农作物生长,北部居民只能种植早熟的蔬菜和农作物,恶劣的自然环境导致农民的工作强度较大。农作物生长周期短,农民无暇精耕细作,只能以粗放型耕作方式为主,因此,粗放型生产方式是俄国农业发展的基本特征之一。俄国农业劳动周期较短,劳作于5月中旬开始,10月中旬就结束,而西欧国家除12月和1月外[①],其他月份都可以进行耕作,也正因为如此,俄国农业一直落后于西欧国家。

---

① Милов Л. В. Если говорить серьезно о частной собственности на землю//Свободная мысль, 1993. №2. С. 77.

古罗斯社会经济发展环境也制约农业发展。9~12世纪，封建经济快速发展，南部基辅罗斯公国和北部诺夫哥罗德公国逐渐融为一体，建立基辅罗斯。基辅罗斯早期是封建国家，大公为最高的统治者，其通过分封贵族来管理国家。基辅罗斯形成时期俄国封建制度并未彻底形成，大部分居民属于自由农，他们向基辅大公缴纳实物税，并且承担各种差役，如修路、战时服兵役等。10世纪末，基辅罗斯皈依基督教，这促进了封建制度加速形成，国家机构也初具雏形。古罗斯国家的形成导致农奴制不断强化，古罗斯农业也逐步发展起来。

　　随着农奴制的逐渐形成，古罗斯农业快速发展，耕作方式逐步改善，加工工具也不断改善。早期斯拉夫居民大多使用木制工具犁地，主要为木耙等原始工具，随着金属工具的传入，铁质工具开始广泛使用，木犁和马拉犁等工具大规模推广。大牲畜，比如马和牛等，都开始用于农耕。与此同时，两轮和三轮耕作制度开始产生，土壤加工方式得到改进，收获周期变短，农产品产量明显提高。两轮耕作土地分为两部分，一部分耕种，另一部分休耕，耕作面积明显扩大，劳动生产率开始提高，休耕之后土壤肥力增强，所以粮食产量也明显增加。犁的广泛使用促进三轮耕作制度产生，耕地被划分为三部分，即春播作物田、秋播作物田和休耕地，因此，有效耕作面积从1/2增加到2/3，13~14世纪，俄国已广泛采用三轮耕作制度。基辅罗斯无论是农业技术水平、耕地发展等级还是作物收获率，与西欧国家相差无几，作物种类也明显增加，如主要粮食作物有黑麦、小麦（春冬小麦）、燕麦、大麦、黍、豌豆和蚕豆等，蔬菜主要有葱、白菜、黄瓜等。

　　西欧因农作物耕作周期较长，适合精耕细作，个体农业占主导，而俄国恰恰相反，农业发展促进村社集体的诞生，为土地集中和大封建土地所有制的出现创造了条件。俄国多数地区农作物生长周期较短，加上土地贫瘠，不能精耕细作，因此粮食产量很低。1801~1860年，欧俄粮食投入和产出的比例为1∶3.5[①]，俄国农民生产的粮食仅够缴纳实物税和满足最低生

---

① Дулов А. В. Географеческая среда и история России. Конец XV – середина XIX вв. М.，Наука，1983. С. 53，54.

活需求，若遇上灾年，农民苦不堪言。俄国农业以粗放型生产为主，究其原因如下。一是随着俄国人口数量的增加，耕地不足状况愈发明显，大量草场被开垦，仍不能满足需求，只有大量开垦新土地才可维持产量；二是因农忙季节和割草季节冲突，牲畜饲料严重不足，需要开垦荒地来增加草场面积，加上俄国大部分地区牲畜的圈养时间为198～212天①，野外放牧时间短，为解决草料问题也需要扩大耕地面积；三是因气候条件恶劣，农作物生长周期短，农民无暇精耕细作；四是俄国国土广袤，耕地众多，农民可大肆开垦新土地。即便此时俄国农业粗放型特征明显，但也不断改进耕种技术和生产工艺，甚至开始使用肥料，俄国史料中已有16世纪土地使用肥料的记载，18世纪中叶，修道院施肥次数为6年一次，土拉省科希县耕地9年施肥一次，维亚特卡省奥尔洛夫县耕地36年施肥一次。② 18～19世纪，黑土区土地偶尔也施肥。随着俄国农奴制巩固、耕种面积增加和播种技术改进，农业技术水平逐步提升，俄国农业开始快速发展，农产品不但满足国内需求，还大量出口国外。

二 基辅罗斯衰落和封建经济的发展

封建关系巩固导致古罗斯衰落，12世纪中叶，基辅罗斯分裂为诸多公国，这种封建割据现象一直持续至15世纪中叶。十字军东征使东西方之间的联系加强，瓦良格商路衰落后基辅罗斯的经济意义开始下降。基辅曾在欧洲和东方国家之间的贸易中起重要作用，也曾是大型贸易中心。基辅罗斯衰落后分裂成的诸多公国，如基辅、斯摩棱斯克、加利西亚—沃伦、佩列亚斯夫利—扎列斯、普斯科夫、梁赞、诺夫哥罗德、弗拉基米尔等，没有统一的市场和国家机构，对经济发展十分不利。13世纪三四十年代，蒙古人开始侵略基辅罗斯，尽管受到罗斯人民的奋力抵抗，但蒙古人最终还是征服了基辅罗斯。金帐汗国建立后赋税十分严重，俄罗斯人苦不堪言。

---

① Милов Л. В. Если говорить серьезно о частной собственности на землю. С. 77.
② Рындзюнский П. Г. Крестьянская промышленность пореформенной России. М., Наука, 1966. С. 49.

随着基辅罗斯衰落,南部地区都处于蒙古人管辖范围之内,农业发展缓慢,只有东北罗斯农业有所发展,但此时农业生产中心已逐步向伏尔加河流域转移。此后,第聂伯河、伏尔加河和奥卡河沿岸成为国家经济中心,为莫斯科公国的崛起奠定了基础。

虽然古罗斯邦国林立,政权割据严重,但农业仍有所发展。14~15世纪,北方耕地面积增长1倍,最先采用两轮耕作制度,随后改为三轮耕作制度,粮食产量不断提高,粮食播种与收获的比例为1:4或更高。土地耕种技术也有所改善,木犁逐渐被铁犁所替代,即便使用木犁,也要镶上铁边。与此同时,畜牧业成为重要的生产部门,牛与马成为重要动力。农民手工业也不断发展,如狩猎与捕鱼业。东北部地区经济发展促进封建关系巩固和强化。14~15世纪,世俗与教会封建主拥有大量土地,大封建土地所有制的建立主要依靠侵占大公和其他封建主的土地。值得一提的是,修道院也成为大地主,大公赏赐土地的同时,很多农民也一同成为修道院的私产。

13~15世纪,俄国封建所有制的主要形式是领有制度。与此同时,俄国也产生了新的封建所有制形式,即世袭土地所有制。世袭土地所有制,是大公将土地连同农民一起赏赐给有军功的人,其主要义务是为大公提供马匹、武器以及士兵。与领有土地的区别是,世袭土地不能转手他人。赏赐给世袭地主的土地主要为未登记土地,并非属封建主所有。无论是世袭领有制还是领有土地所有制,随着农奴依附关系的加强,农民差役也有所增加,主要是实物地租,依附农必须将部分产品缴纳给封建主,如谷物、肉、牛奶等,也包括部分手工业品,如呢绒和粗麻布等。以诺夫哥罗德公国为例,封建主收缴实物税占农民收入的1/3至1/2。随着商品货币关系的发展,很多公国开始征收货币地租,诺夫哥罗德和普斯科夫公国最先征收货币地租。除上述土地所有制外,还有自由农,很多农民居住在"黑地"上,这些居民被称为"黑民",他们具有人身自由,但不被国家承认。各公国经济模式差异较大,土地所有制亦不同,基辅罗斯经济最发达的两个公国为诺夫哥罗德和莫斯科。

莫斯科公国地处偏僻,自然环境恶劣,农业欠发达,但工商业发展势头较好。诺夫哥罗德农业较莫斯科发达,但以工商业为主。14~15世纪,诺夫哥罗德只是俄国众多公国中的一个，因受蒙古鞑靼人滋扰较少，所以该地经济相对繁荣。诺夫哥罗德虽大部分土地都用于耕种，但粮食仍不能自给。诺夫哥罗德居民主要从事的行业为捕鱼业、冶铁业等封建手工业，居民多从事手工业，但未形成资本主义类型的手工工场。14～15世纪，诺夫哥罗德公国已有20多个城市，其中最大的工商业中心为诺夫哥罗德。随着瓦良格商路衰落，诺夫哥罗德成为俄国和西欧各国最主要的贸易中心。诺夫哥罗德的经济意义不断加强，亦成为重要的国际商品交换中心。就管理体制而言，诺夫哥罗德公国为由富有商人和大贵族组成的封建联邦，其主要居民为手工业者和"黑工"，城内阶级矛盾比较尖锐，所以居民反抗精神较强。但其工商业蓬勃发展，凭借交通之便经济地位不断提升。

莫斯科逐渐成为俄国经济和政治中心。14～15世纪，莫斯科是罗斯东北部最大的手工业和贸易中心，其地位提升主要得益于以下因素。一是莫斯科位于陆运和河运道路的连接处，又是伏尔加河流域重要的港口，便利的交通运输条件成为该地工商业发展的首要因素；二是克里姆林宫附近的市场是整个城市经济生活的中心，对于促进俄国各地加强经济联系具有重要作用；三是莫斯科手工业发达，主要为国家生产武器和锻造用铁；四是莫斯科建筑工艺发达。封建割据时期莫斯科成为整个罗斯东北部的经济中心，此后逐渐发展为基辅罗斯重要的政治中心，成为驱赶蒙古鞑靼人的主要力量。基辅罗斯时期俄国农业也有所发展，但因蒙古人入侵，农业发展滞后，随着莫斯科公国的崛起，中央集权国家逐渐形成，农业在此之后快速发展。

三 15～18世纪俄国中央集权国家形成和农业发展

15世纪下半叶，俄国经济不断发展，这要求结束封建割据、建立统一的中央集权国家。劳动力数量增加、手工业和城市商品货币关系增强破坏了实物经济的封闭性，拓宽各地区间经济联系，这些都对政治统一产生了强烈需求。所有阶层都认为只有建立统一的集权国家才可赶走蒙古鞑靼人，但不同阶层的诉求不同，中小封建主更希望建立强大的中央集权国家，他们认为只有中央集权国家可以保护他们现有的权利，才能使土地免于被大封建主兼并。城市工商业者也希望建立统一的中央集权国家，如商人需要政府赋予他们贸易自由，保护他们经商时的安全，希望政府统一度量衡和货币，手工业者和农民也希望有强大的国家权力从而摆脱分裂状态。在国家各阶层的支持下，莫斯科大公最后击溃鞑靼人，统一了整个基辅罗斯。1463年雅罗斯拉夫公国、1474年罗斯托夫公国、1478年大诺夫哥罗德公国、1485年特维尔公国先后被莫斯科公国兼并。16世纪初，莫斯科公国陆续兼并斯摩棱斯克、梁赞和普斯科夫公国，统一中央集权国家基本建立。随着俄国中央集权国家的建立，农奴制逐步强化，农业体制也有所改变。

农奴制强化和农业体制变更。15世纪下半叶至17世纪，俄国最主要的经济部门为农业，虽然农业技术革新缓慢，但生产力仍缓慢提升。三轮耕作制度已在全俄普及，肥料也开始运用到农耕中，粮食产量大幅度提高。16世纪下半叶至17世纪，主要农业区已开始专业化生产，中部黑土区和中伏尔加河流域主要生产粮食，西部和西北部地区主要种植经济作物，即亚麻和大麻。农业生产力发展的同时封建土地所有制逐步强化，国家需要强大的军队，而政府缺乏召集军队的资金，因此将土地分配给领主，领主为大公提供资金和召集军人，领有土地所有制得以巩固。16世纪，贵族领主所占的土地最多，贵族地主成为俄国中央集权国家的支柱。

俄国农奴制出现于12~13世纪，随着地主与农奴阶层的出现，农奴制粗具雏形，其特点是在农奴制下农民的境遇比一般的封建社会更加糟糕，政府从法律上确定农民对地主的依附关系。在商品货币经济关系逐渐发展的情况下，领有土地所有制快速发展，对农民的影响也非常大。拥有数千农民的大领主收取实物和货币地租可满足自身需求，而拥有农民数量不多的地主为保障收入和防止农民外逃开始普及劳役地租，这又加重了农民负担。劳役地租的实施强化了农民对土地所有者和土地的依赖，而中央集权国家为保证土地所需的劳动力，也采取措施将农民固定在土地上，如瓦西里三世统治时期政府只允许农民在尤里节之后迁徙。随着农奴制的强化，国内阶级斗争也日益尖锐，伊凡四世颁布禁令，禁止农民逃亡，对逃跑农民进行重罚，收留逃跑农民的地主也会受到法律制裁，从而在法律上确认了地主对农奴的占有权。随着俄国版图的不断扩大，西伯利亚和东欧平原的农业和商品经济也逐渐发展起来。

东欧平原和西伯利亚经济发展。15世纪末16世纪初，东欧平原和中伏尔加河流域的部分居民都由金帐汗国后裔管辖。1552年喀山汗国、1556年阿斯特拉罕汗国被伊凡四世所征服，纳入俄国版图；1556年巴什基尔人也被莫斯科公国征服。这些都为伏尔加河流域各民族社会经济发展创造了条件。16世纪中叶特别是17世纪初，俄国城市数量快速增加，手工业和贸易也迅速发展。伏尔加河流域大部分居民属自由人，他们除了向国家支付货币和实物税，还需服各种差役，而当地封建主逐渐纳入俄国贵族阶层，成为特权阶层。金帐汗国灭亡后，西伯利亚地区分裂为诸多汗国，这些汗国逐渐被俄国人征服，西西伯利亚地区最早纳入俄国版图。西伯利亚经济开发主要由俄国移民完成，16世纪，移民工匠逐渐参与西伯利亚地区经济建设。

17世纪，俄国生产力不断发展、农产品种类不断增加、农产品商品率提高、手工业取得一定成绩、手工工场诞生、贸易发展和商人经济作用提升，这些都为18世纪的改革奠定了经济基础。18世纪改革的主要目的是巩固君主专制体制，18世纪初最重要的改革是彼得一世改革。彼得一世通过战争取得波罗的海出海口并迁都圣彼得堡，为促进对外贸易的发展，1703年数千名手工业主被迁入圣彼得堡，一起迁徙的还有贵族和商人。此后俄国建立了强大的军队，包括海军舰队和贸易船队，创建了众多手工工场，货币和社会习俗改革也同步进行。圣彼得堡逐渐发展为大城市，成为俄国的工商业、贸易和文化中心。18世纪60年代初，圣彼得堡城市居民数量已达15万人。[①] 造船手工工场、军械手工工场、呢绒手工工场、纺纱和织布手工工场、皮革及制砖等大型手工工场纷纷建立。

俄国经济改革一定程度上带动了农村手工业发展。彼得一世最重要的经济措施之一是建立手工工场，在国家扶持下诸多手工工场得以建立，除建立诸多国有手工工场外，还鼓励私人建立手工工场。某些手工工场由国家出资建立，然后以优惠价格出售给企业主。18世纪初，就有30家国有呢

---

① Чунтулов В. Т., Кривцова Н. С., Тюшев В. А. Экономическая история СССР. М., Высшая школа, 1987. С. 43.

绒、皮革、造纸、亚麻手工工场出售给个人。国家为工场主建厂提供优惠贷款，拨给土地，甚至还为其提供劳动力。同时，为扶持本国工业发展，国家还提高进口商品的关税，实施保护关税政策。17世纪末，俄国国内手工工场的数量仅为二三十家，到1725年已达200家。① 北方战争促进了乌拉尔冶金业的发展，国有大型冶金手工工场得以建立，如涅维扬斯克、卡梅什、乌克杜斯、阿拉巴耶夫国有冶金手工工场。1725年，大型叶卡捷琳堡冶金和金属加工工厂建立，乌拉尔还有众多私人冶金手工工场，主要属于杰米多夫、斯特罗加诺夫等人。在彼得一世扶持之下，乌拉尔冶金工业快速发展，由生铁进口国转变为出口国，18世纪，乌拉尔国有冶金手工工场铸铁产量为英国的1.5倍，1750年俄国的铸铁产量已达200万普特。②

18世纪上半叶，除国有手工工场外，俄国还产生了商人、农民、世袭和领有手工工场，因俄国实行农奴制，工场工人多为农奴。只有商人手工工场中才使用雇佣工人。莫斯科手工工场中雇佣工人数量最多，国有手工工场多使用农奴生产。此时雇佣劳动力的市场非常狭小，工场主都希望把工人固定在工厂中，限制工人人身自由。1721年，政府允许商人购买农奴充当工人，这些农奴被称为领有工人。1736年，政府颁布规章将部分雇佣工人固定在手工工场中，禁止其随意迁徙。政府还将部分国有农民赏赐给私人工场。以领有和入册农民为劳动力的手工工场多为农奴手工工场，乌拉尔国有冶金手工工场的领有手工工场数量最多。农奴制手工工场的另外一种形式是17世纪保留下来的世袭手工工场，这些工场以农奴的劳动为基础，他们以加工本地原材料为主要生产形式。

18世纪上半叶，俄国农业快速发展，农业耕作技术迅速提升，农业生产中心由东北部地区转移至中部黑土区。此时草田轮作制普及，犁广泛用于农耕，有机肥开始用于农业生产，经济作物种植面积迅速扩大，收割技术也逐步完善。主要作物为小麦、燕麦、荞麦、大麻和烟草等，农产品产量迅速提高。畜牧业也快速发展，其中养羊和养马业最具代表性，养羊业

---

① Чунтулов В. Т., Кривцова Н. С., Тюшев В. А. Экономическая история СССР. С. 44.
② Чунтулов В. Т., Кривцова Н. С., Тюшев В. А. Экономическая история СССР. С. 44.

为呢绒工厂提供羊毛，养马业为军队提供马匹。农业发展主要依靠农奴制劳动。俄国政府的统治支柱为贵族阶层，大贵族在俄国政府机构任职，他们拥有大量土地和农民，个别贵族拥有农民数量甚至达数十万人。因此，地主土地所有制和农奴制成为俄国统治的基础。俄国商品货币关系的繁荣，特别是粮食市场的发展导致封建农民差役增加，农民赋税的主要缴税方式仍是货币地租和实物地租。俄国北方和东北部地区农民主要缴纳货币地租，中部地区农民主要缴纳实物地租。农民除缴纳地租外，还需服各种差役。农民负担很重，苦不堪言，农民起义不断。18世纪上半叶，最大的农民起义为布拉文领导的农民起义，在伏尔加河中游和乌克兰等地展开。

俄国版图的不断扩大也推动了农业发展，促使农业播种面积增加，但诸多地区仍以粗放型农业为主。18世纪下半叶，克里木、黑海北部沿岸、高加索部分地区和波兰大部分领土被纳入俄国版图，乌克兰、白俄罗斯、立陶宛和库尔兰公国先后被征服。随着领土面积的增加和经济实力不断增强，全俄市场粗具规模。与此同时，18世纪下半叶，俄国生产力快速提升和封建生产关系之间的矛盾日益尖锐。虽然封建生产关系占主导，但商品货币关系也不断发展，原始资本积累的过程加速，工农业中雇佣劳动力的使用量不断增加，资本主义类型手工工场数量渐增，商人投入工业的资本量增加，农民社会分层出现。

18世纪下半叶，随着城市和手工工场数量增加，农产品市场容量快速扩大，不但国内市场快速发展，国际市场也不容忽视，俄国农产品的主要出口国为英国。出海口的获得为俄国农产品和谷物出口带来契机，促进农产品商品率提高。此时俄国农业发展主要依靠扩大播种面积、南部和东部地区新土地的开发、犁和有机肥料的大规模使用，以及经济作物的广泛种植。为提高农产品商品率，某些地主开始改进农业技术，但因农业以农奴劳动为基础，成效有限。此时俄国最主要的农业区为中部黑土区、中伏尔加河流域和部分非黑土区。乌克兰和南部地区农业发展速度很快，经济作物种植量最高。

随着俄国农业的发展，农奴制达到顶峰。1649年法律大全正式规定农奴开始依赖于封建主。农民也想摆脱奴隶地位，农民逃跑的现象时常发生，他们经常逃至边远地区，然后成群而居并开发新土地。17世纪中叶，逃跑的农民主要到南部地区，此时南部地区并未纳入俄国版图，俄国征服南部地区之后，这些农民被迫向其他地区逃跑，与其他地区农民相比，这些农民还有人身自由。乌拉尔和西伯利亚地区也迁入很多移民，他们中间很多人为逃跑农民，促进了西伯利亚地区的经济开发。彼得一世时期俄国政府采取措施强化农奴制，不但禁止农民迁徙，而且把原来不是农奴的农民与女仆都当作农奴看待，为扶持本国工业，彼得一世还将大批农奴赐给工场主。叶卡捷琳娜二世统治时期，俄国农奴制达到顶峰，农奴制最终得以巩固。1783年法律禁止乌克兰右岸地区农民逃跑，此后乌克兰南部、顿河和高加索部分地区也禁止农民逃跑。18世纪80年代，俄国地主农民占农民总数的半数以上。地主获得将农民流放至西伯利亚的权力，农民对地主的依附程度更强。3/4的地主农民缴纳实物地租，为提高农业生产率，地主延长工作时间，推行新工作制度。农民每周服劳役的时间为2~3天，部分地主农民整周都在地主的田里劳作。某些地区，地主将农民的土地收回，让农民整月在田里工作，每月给农民发放实物工资，这些农民实际已转变为无土地农奴。

劳役制和货币地租的快速普及导致农奴经济逐渐崩溃，破坏了地主经济的技术和经济基础。崩溃的主要标志是领地货币收入与地主经济的需求不符，贵族在信贷机构中贷款额度居高不下。黑土区代役租庄园地主对农民的剥削最强，导致货币租金数量不断增加，从18世纪60年代的1~2卢布增长至90年代的5卢布，加上实物差役，每名成年男子的地租达10卢布。国家农民缴纳赋税最高，成年男子数量约为490万人，约占农业居民总数的38%，该阶层负担最重。非黑土区农民缴纳货币地租的数量最多，雅罗斯拉夫、科斯特罗马、下诺夫哥罗德省缴纳货币地租的农民比例达85%。宫廷农民缴纳货币地租的数量不多，缴纳货币地租农民的比例仅为7%。①

在货币地租影响下，农业经济与市场的联系越发紧密，富农开始发展手工业，从事大麻和亚麻加工，并且发展畜牧业，种植蔬菜等经济作物。富农创办各类手工作坊和手工工场，贫困农民与市场的联系主要依靠出卖

---

① Чунтулов В. Т., Кривцова Н. С., Тюшев В. А. Экономическая история СССР. С. 53.

自身劳动力。对农民剥削的加剧导致农民起义不断发生，其中规模最大的是1773～1775年普加乔夫起义，该起义波及范围主要为伏尔加河流域、乌拉尔地区和巴什基尔等地。虽然18世纪俄国农业已粗具规模，但19世纪俄国农业才得以快速发展，农业逐渐步入资本主义发展时期。

第二节　19世纪俄国农业快速发展

社会经济发展要求农业生产力不断提高，而封建农奴关系已成为经济发展的桎梏。19世纪上半叶，俄国经济专门化趋势不断加强，中部和北部省份工业已成为主要的生产部门，西北部地区主要加工经济作物，亚麻纺织业最发达，南部和西南部地区主要从事农耕和畜牧业。农奴制经济已不适应经济发展，18世纪下半叶，农奴制危机已凸显，19世纪更加尖锐。农奴制的阻力首先产生于劳动生产率较低的部门，以农业部门最为突出。19世纪60年代初期，俄国谷物收成率非常低，投入和产出比例为1∶3.5～3.6，某些农作物的产量更低。俄国粮食产量提高并不是源于集约化生产，而是依靠土地播种面积增加。大部分地主并不注重改进耕作技术，只有乌克兰和波罗的海地区部分地主庄园推行新技术和推广有机肥料，农业领域不断产生新生产部门，如大面积种植甜菜、培育细毛绵羊等。

俄国农奴制危机逐渐加深的同时，对农民的剥削更加严重。贵族认为提高农业生产率的主要手段是加紧剥削农奴。1858年，俄国地主农民的总数为2300万人，占俄国居民总量的1/3。乌克兰、立陶宛、白俄罗斯、中部黑土区、西北地区和伏尔加河流域地主庄园主要推行劳役地租。为提高商品粮的生产率，地主在18世纪就抢占地主农民土地，以增加自己的播种面积。18世纪末，地主土地占国家总土地数量的18%，19世纪中叶，其比例已达49%。很多地区农民完全失去土地，在地主的土地上工作，地主按月给农民支付实物报酬，乌克兰和白俄罗斯地区按月支付实物报酬的方式最为普遍。1861年，无土地农民数量已达农奴总数的6.8%，为提高粮食产量，地主只能延长农民劳动时间，农民每周的劳役地租时间长达4～6天。中部工业区和北部地区主要采用货币地租形式，欧俄工业省份缴纳代役租农民比例已达80%。① 农奴制严重制约俄国经济发展，对农业而言，农奴制限制农民生产积极性，农产品商品率长期停滞不前；对工业而言，农奴制限制劳动力市场的规模和全俄市场的进一步完善。基于以上原因，农奴制改革势在必行，事实证明，俄国农业快速发展始于1861年农奴制改革之后。

1861年农奴制改革后，俄国农业资本主义发展的标志如下。一是农产品商品化、专业化趋势加强；二是机器使用越来越广泛；三是农业中雇佣劳动力增加；四是农民阶层分化明显；五是农业资本主义进程缓慢。为更好地阐释19世纪俄国农业发展状况，本书从农业人口的比重、农业播种面积、农产品商品率和粮食出口量等方面进行分析，重点描述的时段亦是俄国农业快速发展的农奴制改革之后。

一 农业居民占主导

十月革命前，俄国城市化进程不断加快，但俄国仍是农业国，农业居民占主导，因材料有限，仅以全俄人口数量增加和各地人口数量变化来阐释农业人口数量增加。1801年，俄国居民数量为3750万人②，19世纪末20世纪初，俄国居民数量已达1.6亿人，与18世纪相比增加近4倍。具体而言，俄国人口由1811年的4378.5万增加至1863年的6996万，增幅59.8%；1913年增加至1.6亿，比1863年增长8564万。③ 增长原因如下：一是人口自然增长率增加；二是有新领土纳入俄国版图，使人口大幅度增长。

领土面积增加的同时许多新成员成为俄国居民。俄国新兼并领土上居民数量从1796年的700万人增加到1897年的6400万人，增加8倍多。④ 据

---

① Чунтулов В. Т., Кривцова Н. С., Тюшев В. А. Экономическая история СССР. С. 71.
② Рубакин Н. А. Россия в цифрах. СПб., Вестник Знания, 1912. С. 29.
③ Рашин А. Г. Население России за 100 лет (1813 – 1913гг). Статистические очерки. М., Государственное статистическое издательство, 1956. С. 25.
④ Дубровский С. М. Сельское хозяйство и крестьянство России в период Империализма. М., Наука, 1975. С. 33；Рубакин Н. А. Россия в цифрах. С. 28.

统计，至1915年1月俄国居民数量达1.8亿人，此时欧俄地区居民数量占俄国总人口的1/3以上，大部分居民集中于兼并地区。[1] 与此同时，俄国国内居民迁移十分频繁，很多地区居民数量增加与人口迁移关系密切。西部省份居民主要向中部工业区、南部和东南部地区迁移，也有大量居民迁移至中亚、西伯利亚和南俄等地。农奴制改革前，俄国居民主要迁至黑海和亚速海沿岸、伏尔加河下游和乌拉尔山脉以西地区；19世纪下半叶，俄国居民主要迁移至北高加索、南部、西伯利亚和中亚等地。西部省份人口数量增加主要源于工业发展吸引了大量外来务工人员，西伯利亚、中亚、哈萨克斯坦和高加索地区人口数量增加主要仰仗农民大量迁移。19世纪初，俄国新征服的芬兰、波兰、高加索、中亚等地人口数量增长最为迅速。19世纪俄国移民数仅次于英国和德国，位居世界第三位。[2] 从居民自然增长率角度看，20世纪初，俄国人口增长速度最快，1908~1913年，欧俄50省人口自然增长率为16‰，高加索和西伯利亚地区人口自然增长率分别为14.5‰和19.5‰。[3] 人口的增长促进了俄国农业发展：一是人口数量增加使粮食需求大增；二是农业人口增加促进了农业播种面积扩大和新地区的开发。

移民的到来促进了当地社会经济发展，其中人口数量增加可直观衡量。具体而言，西伯利亚和高加索地区的人口数量增加最为显著，1795~1858年，俄国政府向北高加索、乌拉尔山以西地区、外高加索和伏尔加河下游等地迁移约350万人，1700~1858年，俄国向新征服地区迁移约500万人。[4] 1863~1913年，西伯利亚人口从314.1万增加到989.5万，1897~1913年，西伯利亚人口增加413.6万，与1811~1897年人口增长的总量相当。[5] 俄国政府鼓励向西伯利亚地区移民，1885~1914年，迁移至西伯利亚地区的居民人数达439万人，仅1905~1909年，就达到183.8万人。俄国

---

[1] Рашин А. Г. Население России за 100 лет (1813–1913гг). Статистические очерки. С. 48.
[2] Рашин А. Г. Население России за 100 лет (1811–1913гг). Статистические очерки. С. 25.
[3] Дубровский С. М. Сельское хозяйство и крестьянство России в период Империализма. С. 35.
[4] Кабузан В. М. Русские в мире. СПб., Русско-Балтийский информационный центр "БЛИЦ", 1996. С. 91, 107.
[5] Рашин А. Г. Население России за 100 лет (1811–1913гг). Статистические очерки. С. 68.

居民移民至西伯利亚的主要原因为西伯利亚大铁路的修建，此时期远东地区移民的数量约为27.6万人，其中23.2万人移民至阿穆尔河沿岸地区。① 迁入西伯利亚地区居民的主要目的地是托木斯克、奥伦堡和叶尼塞河流域，如1897~1903年，迁至托姆斯克省移民的数量为35.2万人。② 高加索地区也是重要的移民迁入地区，1863~1913年，高加索地区人口由415万增至1272万，增长207%，其中库班和斯塔夫罗波尔省外来移民数量最多。③ 大量移民的到来促进了当地农业的快速发展。

农业居民数量增加的同时，城市人口也快速增长，城市人口增长导致农产品需求量大增，反过来刺激了俄国农业发展。1863~1914年，欧俄城市人口从610万增加至1860万，1863~1897年，俄国城市人口增长600万，年均增加17.6万，仅1897~1914年，城市人口就增长了650万。④ 城市人口数量增加导致农产品市场规模和容量扩大，而且俄国城市人口增加呈现分布不均的态势，圣彼得堡、莫斯科、基辅和哈尔科夫等工业中心人口数量增长最快。总体来看，即便俄国城市人口数量快速增加，但农业人口仍占主导，1863年、1885年、1897年和1914年城市人口比重分别为9.9%、12.2%、12.9%和15.3%。⑤ 在俄国所有城市中莫斯科和圣彼得堡人口结构变化最为显著，改革后去莫斯科务工的人数迅速增加：1871年、1882年和1902年莫斯科务工人口分别为26万、37万和78万，这些务工人员进入莫斯科城后主要职业为工人。1843年，圣彼得堡城市居民（商人、市民等）比重仅为16.6%，由于外来农民数量迅速增加，1869年、1900年和1910年外来务工农民数量分别为20万人、90万人和131万人，外出务工居民一方面与农村保留千丝万缕的关系，另一方面成为农产品的主要消费群体。随着俄

---

① Ямзин И. Л., Вощинин В. П. Учение о колонизации и переселениях. М-Л., ГИЗ, 1926. С. 31–32, 47.
② Хромов П. А. Экономическая история СССР. Период промышленного и монополистического капитализма в России. М., Высшая школа, 1982. С. 58.
③ Рашин А. Г. Население России за 100 лет (1811–1913гг). Статистические очерки. С. 74.
④ Статистический ежегодник России за 1916 г. Пг., Издание Центрального Статистического Комитета МВД., 1918. С. 85.
⑤ Рашин А. Г. Население России за 100 лет (1811–1913гг). Статистические очерки. С. 98.

国城市居民数量的增加，粮食的需求量也迅速增加。1879~1890年，俄国城市工人数量由22.1万增加至26.3万人，增幅19.0%；工业村居民数量由13.4万增长至18.7万人，增幅39.6%。① 总之，城市人口增加和经济发展一定程度上带动了农业的发展。

居民迁移是劳动生产力发展的结果，中部工业区发展直接促进附近农村居民涌入这些城市，从而使城市数量增加，城市规模迅速扩大，莫斯科、圣彼得堡、里加、基辅、哈尔科夫、罗斯托夫和巴库等城市的发展轨迹大都如此。而且，一些工业城市居民数量增加规模甚至高于大城市，如顿涅茨克（也称顿巴斯）、东布罗夫和巴库等城市。1858~1915年俄国各区域居民增长数量详见表1-1。

表1-1   1858~1915年俄国各区域居民增长数量

单位：人，%

地区	1858年	1897年	1915年	与1897年相比1915年增长率
欧俄	59415400	93442900	131796800	41.0
波兰	4764400	9402300	12247600	30.3
高加索	4308500	9289400	13229100	42.4
西伯利亚	4321300	5758800	10377900	80.2
中亚	—	7746700	11254100	45.3
芬兰	1746700	2555500	3277100	28.2
总计	74556300	128195600	182182600	42.1

总体而言，相比1858年，1915年俄国居民数量增长了1.4倍。欧俄城市居民增长最为迅速，南部和东部省份居民增加也十分明显。② 虽然城市结构有所调整，俄国居民分布仍十分不平衡，单位平方俄里居民数量仅为9.5人，欧俄地区居民密度最大，达310人，波兰、高加索地区分别为122.8人和32.1人，西伯利亚地区居民密度最低，为0.2人，中亚和芬兰分别为3.6

---

① Афимов А. М. Крестьянское хозяйство Европейской России (1881-1904). М., Наука, 1980. С. 15.
② Рашин А. Г. Население России за 100 лет (1811-1913 гг). Статистические очерки. С. 54.

人和11.5人。与其他国家相比,俄国居民密度更低,同时期比利时、英国、德国、法国每平方俄里居民数量分别为294.7人、207.8人、142.5人和83.9人。[①] 即便城市居民数量迅速增加,但俄国居民仍以农业居民为主,据1897年人口普查数据,城市居民比重为17.3%,农业居民比重为77.2%,其他居民比重为5.5%。直到1914年俄国城市居民的比重仍为17.3%。[②] 俄国农业居民比重明显高于其他国家,以1915年为例,该年俄国农业居民比重为84.7%,荷兰、丹麦、法国、美国、德国、挪威和英国农村居民比重分别为63.1%、61.8%、58.8%、58.5%、43.9%、28.0%和22.0%。[③] 十月革命之前俄国居民中农民占主导,1897年,各阶层人数的具体数据详见表1-2。

表1-2 1897年俄国主要阶层和各阶层居民所占的比例

单位:%

所属阶层	欧俄	波兰	高加索	西伯利亚	中亚	平均占比
农民	84.1	73.0	74.8	70.9	5.0	77.1
市民	10.6	23.5	8.1	5.6	2.0	10.7
游牧者	0.5	—	1.5	14.6	88.9	6.6
贵族和官吏	1.5	1.9	2.4	0.8	0.4	1.5
商人和荣誉市民	0.6	0.1	0.4	0.3	0.1	0.5
僧侣	0.5	0.1	0.6	0.3	—	0.5
哥萨克	1.6	0.1	10.4	4.5	3.3	2.3
其他阶层	0.6	1.3	1.8	3.0	0.3	0.8
合计	100	100	100	100	100	100

由表1-2可知,19世纪末20世纪初俄国农业居民所占的比例最高,以俄国经济最发达的欧俄地区为例,农民占总人口的4/5左右。中亚地区居民以游牧者为主,农民所占的比例不高。由于俄国农奴制残余犹在,农民文化水平较低,生活条件恶劣,出生率较高的同时死亡率也较高,如1897年,俄国居民的死亡率为1.6%,而同时期德国、英国、比利时和法国的居

---

① Дубровский С. М. Сельское хозяйство и крестьянство России в период Империализма. С. 36.
② Ленин В. И. Полн. собр. соч. Т. 3. М., Издательство политической литературы, 1958. С. 502.
③ Дубровский С. М. Сельское хозяйство и крестьянство России в период Империализма. С. 38.

民死亡率分别为1.4%、1.2%、1.0%和0.12%。① 随着俄国工商业和贸易的发展，欧俄产生诸多大城市，19世纪末圣彼得堡、莫斯科、基辅、里加、哈尔科夫和喀山等城市人口数量分别达216.5万人、180.5万人、61万人、56.9万人、25.8万人和19.5万人。随着城市人口数量增加，部分省份农村居民数量开始下降，1897年圣彼得堡城市居民比例达67.3%，莫斯科、华沙和巴库城市居民占比分别为46.7%、43.8%和20.6%。1915年圣彼得堡、莫斯科和巴库城市居民占比分别达74.5%、51.1%和27.2%，中亚地区部分城市居民比重也超过20%。② 即便如此，俄国农业居民仍占主导。

1861年农奴制改革前，国家农民数量约为1900万人，他们可被称为自由人，只需上缴货币地租。农奴制改革前俄国农民占全国总人口的比重为87.4%，而1897年和1911年两个年份农民人口在总人口中的比重分别为87.4%和86.1%。③ 现有资料表明，农奴制改革之后俄国农村人口大幅度增加，1863~1897年，欧俄农村人口数量由5507.1万人增加至8139.4万人，年均增长77.4万人。④ 1883~1990年，欧俄50省农村居民人口增长25.7%，达8610万人，南部草原和西南地区农民数量增长幅度超过50%。⑤ 由于农村人口数量增长，农业资本主义发展，剩余劳动力数量也明显增加，据统计，1901年，欧俄地区农村劳动力的总数约为4500万人，但农业生产仅需要1500万人，大量劳动力剩余，因土地短缺，农民只能外出务工。⑥ 俄国农村人口流入城市主要有两个原因：一是普通农民去城市中谋生；二是富农到城市中经商或建立工厂。1858~1897年，城市内农民数量增长5.3倍，城市中农村人口比重由20%增长至43%。⑦ 由此可知，虽然19世纪末

---

① Рубакин Н. А. Россия в цифрах. С. 47.
② Статистический сежегодник России. 1915. С. 62, 153.
③ Хромов П. А. Экономичесое развитие России. М., Наука, 1967. С. 68.
④ Миронов Б. Н. Русский город в 1740 – 1860-е годы: демографическое, социальное и экономическое развитие. Л., Наука, 1990. С. 83 – 84, 91.
⑤ 钟建平：《俄国国内粮食市场研究（1861—1914）》，博士学位论文，吉林大学，2015，第45页。
⑥ Тюкавкин В. Г. Сибирская деревня накануне Октября. Иркутск., Вост.-Сиб. кн. изд-во, 1966. С. 249.
⑦ 钟建平：《俄国国内粮食市场研究（1861—1914）》，博士学位论文，吉林大学，2015，第42页。

俄国农业居民的数量下降，但粮食产量增加，究其原因如下：一是农作物播种面积增加；二是农产品商品率提高；三是农产品出口数量增长；四是国家鼓励农业发展。

二 农作物播种面积扩大和粮食产量提高

19世纪，因俄国国内人口数量增长和粮食大量出口，农作物播种面积迅速增加。改革后俄国农业生产仍具有粗放型特征，主要依靠农业种植面积增加来提高粮食产量。相较1850年，1860年俄国粮食产量增长近500万俄担。1857年至农奴制改革之前，俄国粮食产量共增长370万俄担。整个19世纪50年代俄国粮食产量稳定增长，年均增长率为7.4%，而欧俄居民数量增长率为12%～13%，粮食增长率仍低于居民增长率，这说明农奴制阻碍了农业发展。① 从粮食产地角度说，19世纪中叶前，中部黑土区粮食产量最高，1802～1804年，欧俄50省年均粮食净产量为1.21亿俄担，中部黑土区粮食产量占比为28%，1864～1866年，欧俄50省年均粮食净产量为1.5亿俄担，到80年代，新俄罗斯和伏尔加河流域地区粮食产量已经超过了中部黑土区。②

1861年农奴制改革后，俄国农业快速发展，粮食播种面积不断扩大，一是俄国南部和东部地区播种面积迅速增加；二是传统作物的耕种面积下降，经济作物、蔬菜的种植面积增加。具体而言，农奴制改革后初期，俄国粮食的播种面积达7800万公顷，其中黑麦、燕麦、小麦、大麦、荞麦、黍米和马铃薯播种面积分别为2932.8万、1560万、1240.2万、592.8万、374.4万、273万和234万公顷，其比例分别为37.6%、20%、15.9%、7.6%、4.8%、3.5%和3%。③ 值得一提的是，部分地区于1861年农奴制改革前就已摆脱农奴制桎梏，如1816～1819年波罗的海地区已取消农奴制，

---

① Нифонтов А. С. Зерновое производство России во второй половине 19 века. М., Наука, 1974. С. 90.
② История крестьянства России с древнейших времен до 1917 г. Т. 3. М., Наука, 1993. С. 333.
③ Хромов П. А. Экономическая история СССР. Период промышленного и монополистического капитализма в России. С. 67.

但土地仍掌握在国家和地主手中，农民只获得人身自由，还需要租种地主土地，这一区域农民和地主仍保持封建的劳役地租关系，加上北部地区气候条件恶劣，所以农业长期停滞不前，但农业中雇佣劳动力市场已经出现。南俄地区农民数量有限，不能满足本地农业发展需求，很多庄园都开始雇用劳动力生产，主要负责种植和采收甜菜。

（一）农作物播种面积不断扩大

总体而言，1861年农奴制改革后俄国主要粮食产区为中部黑土区、伏尔加河中下游诸省、乌拉尔和南部草原，中部工业区各省份谷物播种面积缩减，但马铃薯和经济作物的播种面积大幅度增加。农奴制改革初期，地主土地播种面积虽有所缩减，但19世纪末其农作物种植面积仍占主导，说明农业资本主义经济关系得以发展。19世纪末，农民土地播种面积和粮食收获率均占全俄的3/4左右，农民所产粮食多用于自身需求，地主粮食大多在国内市场销售，因此总体上说地主农产品商品率远高于农民。农奴制改革不仅促进播种面积增加，而且使农业商品化特征愈加明显，一是农产品商品率增加，土地和劳动力也成为商品；二是地区分工逐渐明显，很多地区专门从事谷物、经济作物和蔬菜的种植。早期作为俄国主要商品粮食生产中心的中部黑土区、伏尔加河流域、北部和中部工业区已变成粮食加工区，其中面粉加工业最有代表性；波罗的海和西部省份主要从事动植物加工业；南俄等地主要从事商品粮生产、烟草和酿酒等行业；大城市和工业中心周边地区主要从事蔬菜种植业。

农业受地理环境影响较大，恶劣的自然条件是俄国农产品商品率低下的直接原因。1801~1860年，欧俄地区粮食投入产出比为1:3.5，60年中有4年粮食产量与平均产量相当，27年低于平均产量，29年高于平均产量。俄国著名学者杜洛夫认为，农奴制改革前俄国农民投入产出比在1:3时才可勉强维持温饱，投入产出比为1:2时农民就会食不果腹，投入产出比为1:5时才可能略有节余。[①] 农奴制改革之后随着农业生产技术的进步，农产

---

① Дулов А. В. Географеческая среда и история России. Конец XV – середина XIX вв. М.，Наука，1983. C. 53 – 54.

品商品化水平不断提高。促进农产品商品化的因素有如下几个方面：第一，国内和国际粮食市场不断拓展；第二，因城市居民数量增加粮食需求量大增，主要在于工商业和交通运输业发展促进了非农业居民数量增加，粮食需求量大增；第三，工业区、海港和河运码头相邻区域因交通便利，农业逐渐衰落，工商业日趋繁荣，生产专门化趋势日增，农产品商品率随之提高。农业生产专业化也开始影响偏远地区，各地区间商品交流日趋密切。

农奴制改革前，俄国各地区粮食播种面积增幅不均，在中部非黑土区、西北部和西部区域粮食产量增长最为迅速，这些地区集中了俄国44.5%的地主庄园，人口数量达400万人。① 但改革前黑土区粮食播种面积增加并不显著，增长最为显著的是乌克兰地区。1861年农奴制改革后，俄国农作物播种面积迅速增加，1881年，欧俄50省农作物播种面积达6220万俄亩，20世纪初，随着俄国移民数量的增长，农作物播种面积迅速扩大，1914年，俄国可耕作土地面积已达1.1亿俄亩，占农用土地总面积的25.9%，草场、森林分别占7%和71.1%。② 此外，农民开始实行四区轮作和多区轮作等耕作方式，农产品种植专业化趋势更加明显。20世纪初，中部农业区、南部草原地带和中部工业区多种植黑麦，欧俄中部省份采取四区轮作制，春季播种作物多为黑麦、大麦和燕麦，秋季播种冬小麦。伏尔加河流域地区主要种植小麦，南方草原地区多种植大麦。黑麦早期主要在俄国西部省份、伏尔加河中下游地区、南部黑土区等地大规模种植，燕麦在南部草原和伏尔加河下游大规模种植。

1887年，俄国政府开始对欧俄50省粮食播种面积进行统计，此后逐步收集高加索、波兰、西伯利亚、南俄、中亚等地农作物播种面积和农业发展状况等数据。据统计，1881~1912年，欧俄50省播种面积总增长率超过20%。播种面积增长最快的省份为萨马拉省，增长率为86.1%，阿斯特拉罕、塔夫里达、叶卡捷琳诺斯拉夫、比萨拉比亚、赫尔松、顿河哥萨克军

---

① Нифонтов А. С. Зерновое производство России во второй половине 19 века. С. 96.
② Сборник статистико-экономических сведений по сельскому хозяйству России и иностранных государств. Пг., М-во земледелия. Отд. Сел. экономии и с.-х. Статистики, 1917. С. 2；孙成木、刘祖熙、李建：《俄国通史简编》（下），人民出版社，1986，第128页。

区、乌法省、摩尔多瓦、维捷布斯克、波多利斯克、伏尔加格勒、彼尔姆和萨拉托夫省粮食播种面积增长率分别为80.3%、76.7%、76.4%、72.8%、63.3%、58.9%、41.8%、38.8%、30%、28.9%、28.3%、27.7%和26.5%。① 但也有很多省份粮食播种面积减少，如黑土区的库尔斯克和奥廖尔省，工业中心莫斯科、弗拉基米尔、特维尔、雅罗斯拉夫、科斯特罗马、卡卢加、土拉和梁赞等省份。

虽然俄国粮食播种面积有所增加，但人均收成率增加并不显著。19世纪60~90年代，俄国粮食播种面积增长0.5倍、收成增长2倍，马铃薯播种面积和收成分别增长3.5和4倍。俄国居民人均粮食播种面积增加并不明显，19世纪60年代初期，人均粮食收获率约为20普特，19世纪末，收获率约为26普特，人均马铃薯收获率增长3倍多，由0.3俄担增至0.9俄担。在各种谷物中，黑麦、燕麦、大麦、小麦、荞麦和其他农作物的比重分别为44%、23.1%、14.2%、6.9%、5.1%和6.7%。② 值得一提的是，俄国中部省份播种面积增长主要依靠开垦牧场、草场和砍伐森林，这使得20世纪初俄国草场面积由1901~1909年的2480万俄亩降至1911~1915年的2190万俄亩，中部农业省份、伏尔加河中下游地区和乌克兰草原地带牧场面积也迅速减少。③ 19世纪下半叶，粮食播种面积增长最为明显的省份为顿河流域、乌克兰地区和西伯利亚等地，下文重点研究其具体状况。

顿河流域粮食播种面积快速增加。20世纪初，该地区粮食播种面积达500万俄亩，萨马拉、赫尔松和叶卡捷琳诺斯拉夫省的播种面积居其后，分别为450万俄亩、390万俄亩和310万俄亩。播种面积达200万~300万俄亩的省份如下：萨拉托夫省、塔夫里达省、沃罗涅日省、比萨拉比亚省、唐波夫省、彼尔姆省、哈尔科夫省、波尔塔瓦省、乌法省和奥伦堡省。有

---

① Давыдов М. А. Всероссийский рынок в конце XIX – начале XX вв. и железнодорожная статистика. С. 180；Хромов П. А. Экономическая история СССР. Период промышленного и монополистического капитализма в России. С. 217.
② Федоров В. А. История России 1861 – 1917. М., Высшая школа, 1998. С. 79.
③ Сборник статистико-экономических сведений по сельскому хозяйству России и иностранных государств. Пг., Издание Центрального Статистического Комитета МВД, 1917. С. 61.

15个省的播种面积为100万~200万俄亩,还有20个省的播种面积低于100万俄亩。维斯瓦河附近各省份的播种面积从458.6万俄亩增至520万俄亩,增长13.4%。华沙省播种面积增长44.1%、谢德尔采省播种面积增长36.0%、拉多姆省增长24.1%、沃姆扎省播种面积降低20.4%、普沃茨克省播种面积降低5.6%。高加索山前地带各地区播种面积从352万俄亩增至637.7万俄亩,增长81.2%,库班省播种面积增长50%,捷列克和斯塔夫罗波尔省播种面积增长127%~129%。草原地带各省粮食播种面积增加135.1%,1906年以后,欧俄各省份播种面积开始下降,亚洲各省粮食播种面积开始增加,主要粮食作物的播种面积增加85%。①

20世纪初,北高加索和西西伯利亚地区粮食播种面积增长迅速,1900~1913年,上述地区的粮食产量分别由3900万和3400万普特增加至6700万和5900万普特。草原地区粮食播种面积增加最为明显,由78.9万普特增加至260万普特,总体而言,俄国72省粮食播种面积由1900年的7880万俄亩增加至1913年的9260万俄亩,1913年,谷物和马铃薯的播种面积达1.1亿俄亩。一些地区的粮食播种面积下降较为明显,如西北部工业区、各工业省份、波罗的海地区和北部黑土区,但经济作物播种面积明显增加,如棉花和甘蔗等。1915年俄国棉花产量达3980万普特,1913年谷物产品的价值为38.4亿卢布,经济作物价值为7.8亿卢布。②

除南俄草原和顿河流域粮食播种面积增加外,俄国诸多地区粮食播种面积迅速下降。其中工业发达省份粮食播种面积下降最为明显,莫斯科和圣彼得堡最具代表性,其降幅分别为23.8%和14.2%。之所以出现此现象原因在于上述地区距首都较近,工业企业林立,工人数量大幅度增加,农产品播种面积开始减少。与首都相邻的其他省份和工业省份粮食播种面积也相继下降,如卡卢加、雅罗斯拉夫、诺夫哥罗德、弗拉基米尔、下诺夫哥罗德、梁赞、奥廖尔、土拉、科斯特罗马、特维尔、爱斯特兰、库尔斯克和阿尔汉格尔斯

---

① Давыдов М. А. Всероссийский рынок в конце XIX – начале XX вв. и железнодорожная статистика. С. 174.
② Хромов П. А. Экономическая история СССР. Период промышленного и монополистического капитализма в России. С. 218–220.

克，播种面积分别下降13.8%、13.1%、12.8%、12.5%、11.2%、9.5%、9.1%、8.7%、6.6%、6.3%、5.1%、2.9%和0.1%。①

小麦是俄国主要的粮食作物，种植面积及产量增加较为明显。1906~1912年，俄国境内冬小麦及春小麦产量增加4.3亿普特，增长比例为47.5%。俄国各地都有春小麦种植区，非黑土区各省的播种面积不大，年均亩产量为100~200普特。小麦主要生产区域为南部黑土区、高加索地区和伏尔加河流域下游各省。1909~1913年，萨马拉省、顿河流域诸省和库班省小麦年均产量为3.3亿普特，占俄国年收成总量的24.6%。叶卡捷琳诺斯拉夫、赫尔松、塔夫里达、托木斯克、斯塔夫罗波尔5省小麦总产量为3.6亿普特，占俄国年总收成量的26.3%。奥伦堡、哈尔科夫、波尔塔瓦、萨拉托夫、波多利斯克、比萨拉比亚、基辅、彼尔姆和沃罗涅日9省小麦总产量为3.4亿普特，占俄国年收成总量的25.4%。以上所述的17个省份中，其小麦产量占俄国总产量的3/4以上，其总比例为76.3%。② 19世纪末至20世纪初，小麦的生产集中度逐渐提高，商品率也日趋提高。

19世纪末20世纪初，世界小麦年均产量约60亿普特，俄国小麦产量约10亿普特③，仅次于美国，居世界第二位。秋小麦和春小麦播种面积已占全部粮食播种面积的1/4，小麦产量占所有粮食作物产量的1/4左右。冬小麦产量约占俄国小麦产量的1/4，春小麦产量占小麦总产量的3/4。④ 1881~1910年，欧俄50省小麦播种面积增加1倍。俄国亚洲各省小麦播种面积增长率一直高于20%，1896~1900年，春小麦的播种面积占所有农作物播种面积的15.9%，1906年后，其比例维持在18%~21%。⑤ 一战前，

---

① Давыдов М. А. Всероссийский рынок в конце XIX – начале XX вв. и железнодорожная статистика. С. 174.

② Давыдов М. А. Всероссийский рынок в конце XIX – начале XX вв. и железнодорожная статистика. С. 180.

③ Прегер Р. И. Производство главнейших хлебов в России за двадцатипятилетие 1888 – 1912 гг. Материалы к пересмотру торгового договора с Германией. Вып. XIX. Пг., 1915. С. 37.

④ Прегер Р. И. Производство главнейших хлебов в России за двадцатипятилетие 1888 – 1912 гг. Материалы к пересмотру торгового договора с Германией. Вып. XIX. С. 38.

⑤ Давыдов М. А. Всероссийский рынок в конце XIX – начале XX вв. и железнодорожная статистика. С. 175.

俄国农作物种植结构中小麦、黑麦、燕麦和大麦的播种面积最大，比例分别为 29.8%、29.9%、12.5% 和 19.1%。其中，小麦的比重不断提升，1870 年，占比为 18.6%，到 1913 年，已增至 30%。[①] 1901~1915 年，俄国主要农作物的播种面积详见表 1-3。

表 1-3　1901~1915 年俄国主要农作物的播种面积

单位：千俄亩

年份	非黑土省份	黑土省份	北高加索地区	西伯利亚地区	草原地区	合计
1901~1905	15390	48415	4683	3401	2868	74757
1906~1910	15231	49908	5603	4174	3473	78389
1911~1915	15607	52270	6883	5800	4673	85233

注：主要农作物泛指小麦、黑麦、燕麦和大麦。

随着农业播种面积的扩大和俄国农业结构的调整，农作物种植区已初步形成，具体数据详见表 1-4。[②] 以俄国南部地区为例，基辅、赫尔松省主要种植小麦，波尔塔瓦、沃罗涅日、萨拉托夫、萨马拉和奥伦堡等省份是春小麦主产区，阿尔汉格尔斯克、爱斯特兰省主要种植大麦，契尔尼戈夫省主要种植荞麦，其余省份多种植燕麦。19 世纪末 20 世纪初，春小麦、燕麦、大麦和玉米等农作物播种面积减少，经济作物播种面积大幅增加，如大麻和马铃薯播种面积增加显著，具体而言，马铃薯、亚麻、棉花、甜菜和烟草等经济作物播种面积比例由 1870 年的 3% 增加到 1913 年的 7%。一战前，欧俄 50 省经济作物播种面积增长近 1 倍，蔬菜瓜类播种面积增长 0.7 倍，饲料作物增长 12 倍。[③]

俄国粮食中最主要的作物为黑麦、燕麦、大麦和小麦，19 世纪末 20 世纪初，随着俄国粮食播种面积的增加，俄国粮食种植结构也发生变化。19 世

---

① Хромов П. А. Экономическая история СССР. Период промышленного и монополистического капитализма в России. С. 217.
② Карнаухава Е. С. Размещение сельского хозяйства России в период капитализма (1860 - 1914). М., Изд-во Акад. наук СССР, 1951. С. 82.
③ Китанина Т. М. Хлебная торговля России в конце XIX - начале XX века. СПб., Дмитрий Буланин, 2011. С. 25.

表1-4 俄国粮食播种面积中主要粮食作物的比例

单位：%

年份	欧俄50省				全俄			
	小麦	黑麦	大麦	燕麦	小麦	黑麦	大麦	燕麦
1870~1874	18.6	37.4	7.7	19.4	—	—	—	—
1883~1887	17.8	39.9	7.7	21.5	—	—	—	—
1893~1895	19.9	37.8	9.7	20.5	—	—	—	—
1896~1900	21.3	36.3	10.0	20.9	23.8	35.2	10.0	20.8
1901~1905	23.7	34.9	10.3	20.3	26.1	33.5	10.4	20.0
1906~1910	25.2	33.6	11.1	20.0	28.1	31.3	11.3	20.0
1913	25.6	33.4	12.4	19.1	29.8	29.9	12.5	19.1

纪80年代以前，黑麦和燕麦的比重下降，小麦和大麦的播种面积明显增加，黑麦和燕麦播种面积在俄国上述四种农作物中所占的比重从82.1%降至74.3%，小麦和大麦的播种面积则从17.9%增至25.7%。一战前，小麦在俄国南部、乌拉尔地区、高加索地区和伏尔加河下游地区广泛种植，与80年代相比小麦播种面积增加2~3倍，高加索地区小麦播种面积增加1.5~2倍，小麦播种面积已占全俄粮食作物播种总面积的1/3以上。① 一战前，俄国资本主义发展促进了农业生产力提升，即便如此，俄国农业仍落后于其他国家，粮食产量增加主要依靠播种面积扩大。1900~1913年，俄国72省粮食播种面积由7880万俄亩增至9260万俄亩，粮食产量由30亿普特增至54亿普特。总体来说，其粮食收成率已经大幅提升，1911~1915年土地的收成是1861~1866年的5~6倍。②

一战爆发后，俄国粮食播种面积减少，欧俄72省粮食和饲料播种面积由1914年的8571万俄亩降至1917年的7585万俄亩。粮食总产量下降，同1909~1913年平均水平相比，1914年粮食总产量下降4%，1915年、1916年和1917年分别下降1.2%、18.5%和16.8%，粮食产量下降主要源于大

---

① Рямтчников В. Г., Дерюгина И. В. Урожайность хлебов в России 1795–2007. М., ИВ РАН, 2009. С. 57, 58.

② Чунтулов В. Т., Кривцова Н. С., Тюшев В. А. Экономическая история СССР. С. 126.

量农村劳动力入伍参军。至 1917 年 3 月，俄国约有 1500 万人应征入伍，农村失去近一半的强壮劳动力，大片土地荒芜，牲畜大量屠宰以供军需。① 粮食单产明显下滑，1913 年，欧俄 50 个省粮食单产为 58.3 普特/俄亩，1914 年、1915 年、1916 年和 1917 年分别为 44.5、55.8、49 和 44 普特/俄亩。②

（二）粮食产量提高

1861 年农奴制改革后，欧俄粮食年均产量从 1860 年的 16.5 亿普特增加到 1880 年的 18.7 亿普特，黑麦、小麦和燕麦种植面积最大。③ 到 19 世纪八九十年代，除个别地区外，俄国各地区粮食产量普遍提高，非黑土区粮食产量增速最快，南部草原地区、东南部地区和第聂伯河沿岸地区粮食产量都明显增加。1893~1897 年，欧俄 65 省年均粮食净产量为 19.3 亿普特，占俄国粮食总产量的 67.7%。④ 与此同时，俄国农民人均粮食产量也不断提高，以欧俄地区为例，1871~1880 年，农民人均粮食产量为 2.53 俄担、马铃薯产量为 0.45 俄担，1881~1890 年，粮食和马铃薯人均产量分别为 2.63 俄担和 0.47 俄担，1891~1900 年，分别为 2.81 俄担和 0.81 俄担。⑤

从种植主体的角度来说，差异是比较大的。农民资金匮乏，并不关注生产技术，其单位面积的粮食产量低于地主。1861~1870 年欧俄 50 省农民的年均粮食亩产量为 29 普特，1871~1880 年、1881~1890 年和 1891~1900 年分别为 31 普特、34 普特和 39 普特。⑥ 1861~1870 年、1871~1880 年、1881~1890 年和 1891~1900 年地主的年均粮食亩产量分别为 33 普特、37 普特、42 普特和 47 普特，总体高于农民。⑦ 农业居民比重较高，大部分农民从事农业生产，这也是俄国农产品产量增加的原因之一，如 1859 年、1897 年和 1911 年俄国农业居民的比重分别为 94.3%、87.4% 和 86.1%。农

---

① 周尚文、叶书宗、王斯德：《苏联兴亡史》，上海人民出版社，2003，第 21 页。
② Китанина Т. М. Война, хлеб и революция. (Продовольственный вопрос в России 1914-октябрь 1917 г.). Л., Наука, 1985. C. 23.
③ Нифонтов А. С. Зерновое производство России во второй половине 19 века. C. 185.
④ Кондратьев Н. Д. Рынок хлебов и его регулирование во время войны и революции. C. 94.
⑤ Нифонтов А. С. Зерновое производство России во второй половине 19 века. C. 284.
⑥ Кауфман А. А. Аграрный вопрос в России. М., Книжное издание, 1919. C. 221.
⑦ Хромов П. А. Экономическая история СССР. Период промышленного и монополистического капитализма в России. C. 66.

奴制改革后，俄国粮食产量增加十分显著，如1864~1866年，俄国年均谷物收成量为2.4亿俄担，1896~1900年，农业产量为33亿普特。[①] 总体来看，俄国大部分地区人均粮食收获量明显增加，具体数据详见表1-5。

表1-5 俄国居民人均粮食净收成量

单位：普特

区域	1864~1866年	1870~1879年	1883~1887年	1909~1913年
总计	19.3	21.8	—	24.4
北部地区	11.5	11.3	14.1	12.0
西北部地区	11.4	11.3	13.5	8.4
伏尔加河中游地区	18.9	23.5	25.8	22.0
工业区	16.2	13.1	14.8	9.8
西部地区	14.9	18.3	14.4	15.4
北部黑土区	28.9	33.9	28.5	25.1
西南部地区	17.5	22.6	21.6	25.3
南部黑土区	18.8	25.2	24.0	31.6
南部草原区	18.2	18.3	29.4	49.0
伏尔加河下游地区	19.1	25.2	29.2	28.8
高加索山前地区	10.1	—	—	56.8
高加索地区	24.5	—	—	10.2
西西伯利亚地区	26.1	27.8	—	20.9
东西伯利亚地区	5.9	—	—	16.5
草原地区	5.0	4.4	—	11.6
土尔克斯坦地区	—	13.9	—	13.4

19世纪末20世纪初，俄国农业取得较大成就，1900~1913年，粮食播种面积增长15%，年均收成率增长10%，谷物年均收成量由35亿普特增至50亿普特，增长近43%，但商品粮仍以地主经济为主导。这个时期，俄国

---

① Хромов П. А. Экономическая история СССР. Период промышленного и монополистического капитализма России. С. 50-51.

居民人均粮食产量由 27.5 普特增至 33.6 普特。20 世纪初，俄国粮食产量已跃居世界第一位，小麦、燕麦和大麦产量分别占世界同类粮食总产量的 25.4%、52.8% 和 37.6%。① 到 20 世纪初，俄国经济作物的产量也迅速提升，其中马铃薯、甘蔗和亚麻等作物的播种面积增加最为显著。

随着粮食播种面积的扩大和人均粮食产量的提高，俄国粮食生产中心开始转移，从中部黑土区省份和非黑土区省份转移至南部地区和东部地区。19 世纪 70 年代，中部黑土区和非黑土区粮食产量占全俄粮食总产量的 36%，90 年代起比重降至 26.5%，同期南俄草原地带和东南部省份粮食产量在欧俄粮食产量中的比重从 10.7% 增至 21%。② 欧俄 50 省份粮食年均总产量从 1860 年的 16.5 亿普特增至 1880 年的 23.9 亿普特，1909 年产量已达 36.9 亿普特，1909~1913 年，全俄粮食年均产量达 49 亿普特。③

20 世纪初，俄国粮食总产量逐步增加，但粮食结构也发生变化，四种主要农作物（小麦、大麦、黑麦和燕麦）的比重稍有下降，经济作物比重不断提升。1909~1913 年，四种主要作物产量占全俄粮食总产量的 39%，马铃薯和饲料产量分别占全俄粮食总产量的 31% 和 23%。④ 同时，粮食亩产也有所增加，以 10 年为一个阶段来看，1861~1870 年欧俄 50 省农民年均粮食产量为 29 普特/俄亩，1871~1880 年、1881~1890 年、1891~1900 年和 1901~1910 年其产量分别为 31 普特/俄亩、34 普特/俄亩、39 普特/俄亩和 43 普特/俄亩，单位面积粮食年均产量增长 0.48 倍。⑤

即便俄国农业快速发展，但农产品商品率仍较低，一战前其比例约为 26%。值得一提的是，俄国农业机械化水平也不断提高，主要从农业机器产量的角度来分析。如 1900 年，俄国农业机器价值为 2790 万卢布，1913 年增加到 1 亿卢布，但农业生产中手工劳动仍占主导。农村中大量农民农具十

---

① Федоров В. А. История России 1861 – 1917. С. 189.
② Сборник статистико-экономических сведений по сельскому хохяйству России и иностранных государств. Пг., 1917. С. 117 – 148.
③ Хромов П. А. Экономическое развитие России. С. 19.
④ Кондратьев Н. Д. Рынок хлебов и его регулирование во время войны и революции. С. 91.
⑤ Кауфман А. А. Аграрный вопрос в России. С. 48.

分落后，如20世纪初俄国农村木犁的数量为300万个，牲畜仍是主要助力，机器化利用率仍较低。这一时期，俄国农业生产中机器和牲畜使用的比例为24%，英国为152%，美国为420%。① 俄国农业化肥的使用率也较低，农作物种类也少于其他欧美国家，居民人均粮食产量为26普特，同期美国和加拿大分别为48普特和73普特。② 即便俄国单位面积粮食产量有所增加，但明显落后于欧洲国家和美国，具体数据详见表1-6。

表1-6　1911～1914年各主要国家部分农作物单位面积产量③

单位：普特/俄亩

国家	小麦	黑麦	燕麦	马铃薯
俄国	48	54	52	480
美国	69	68	77	440
法国	86	68	83	570
英国	146	—	119	1012
德国	146	120	127	904

随着俄国粮食产量的增加，欧俄49省中近30省粮食有盈余，其中20省粮食供应国内市场，7个省份粮食出口至国外。20世纪初，中部农业区57.9%的粮食供应国内市场，伏尔加河沿岸省份53%的粮食供应国内市场，第聂伯河东岸地区53.5%的粮食供应国内市场、西岸地区27.2%的粮食供应国内市场。一战前，俄国粮食盈余6.6亿普特，马铃薯盈余2048万普特，饲料盈余2.9亿普特，粮食大量出口到国际市场。④ 欧俄地区铁路上商品粮运输主要分为五个方向。第一条线路为西南铁路沿线地区，主要由基辅、波多利斯克和赫尔松省运往西北部的华沙、布列斯特和柯尼斯堡等地；第二条线路为利巴瓦—罗姆内铁路，波尔塔瓦、哈尔科夫等地的粮食经过该

---

① Чунтулов В. Т., Кривцова Н. С., Тюшев В. А. Экономическая история СССР. С. 126.
② Чунтулов В. Т., Кривцова Н. С., Тюшев В. А. Экономическая история СССР. С. 127.
③ Кондратьев Н. Д. Рынок хлебов и его регулирование во время войны и революции. С. 94.
④ Лященко П. И. История народного хозяйства СССР. Т 2. М., Государственное издательство политичесчкоой литературы, 1952. С. 135.

线路运至华沙和西北部的圣彼得堡等地；第三条线路为奥廖尔—里加铁路，粮食主要从奥廖尔、库尔斯克、沃罗涅日和哈尔科夫等省份运至西北部地区；第四条线路为梁赞至圣彼得堡方向，东南部省份的粮食经此线路销往圣彼得堡、莫斯科和土拉等省份；第五条线路为伏尔加河流域铁路线，粮食主要从乌拉尔、奥伦堡、萨拉托夫、萨马拉、辛比尔斯克、喀山、乌法等省份运至东部和东南部省份，大部分粮食由雷宾斯克转运至国内其他地区。俄国商品粮数量持续增加，1890~1895 年、1896~1900 年、1901~1905 年、1906~1910 年、1911~1913 年商品粮年均产量分别为 5.5 亿普特、9.2 亿普特、12.4 亿普特、13.4 亿普特和 13.2 亿普特。①

收成率亦是衡量农业生产率的指标之一，俄国 1861 年农奴制改革后粮食的收成率提高数倍，19 世纪中叶和 20 世纪初，俄国粮食收成率分别为 1∶4 和 1∶5，可以保障粮食自给。具体而言，1863~1870 年、1879~1886 年、1887~1894 年和 1895~1902 年其粮食产出量分别是投入量的 3.7 倍、4.0 倍、4.5 倍和 4.9 倍。俄国东南部和南部各省收成率相对高一些，如库尔斯克和基辅省粮食投入和产出比分别为 5.7 和 5.3。各种作物的收成率差异较大，以黑麦为例，1883~1893 年，雅罗斯拉夫、基辅、唐波夫、莫斯科和明斯克省投入产出比分别为 6.2、6.7、5.5、5.5 和 3.7。② 19 世纪末，俄国的粮食总产量世界领先，但收成率却远低于英国、德国和法国等国家。

一战期间，随着俄国政治经济环境的恶化，加上失去诸多领土，大量省份出现粮食短缺现象，短缺量为 2.2 亿普特，56 省需进口小麦，短缺最严重的地区为北部黑土区各省。莫斯科、圣彼得堡和费尔干纳省粮食短缺量最大，分别为 1727 万普特、1696.4 万普特和 1355.6 万普特。彼尔姆省、滨海省、弗拉基米尔省、华沙省、下诺夫哥罗德省、雅罗斯拉夫省、彼德罗夫斯克省和高加索各省，粮食短缺数量分别为 901.7 万普特、779.7 万普特、743.9 万普特、684.9 万普特、655.8 万普特、632.9 万普特、627.9 万

---

① Лященко П. И. История народного хозяйства СССР. Т 2. С. 79.
② Хромов П. А. Экономичесое развитие России. С. 67 – 68.

普特和608.9万普特。①粮食盈余区主要集中于欧俄东南部地区，涵盖除阿斯特拉罕省、下诺夫哥罗德省以外的所有黑土区省份，非黑土区的维亚特卡省、斯塔夫罗波尔省、库班省、捷列克省及北高加索地区，还包括西西伯利亚的托木斯克省和托博尔斯克省。粮食短缺地区主要位于欧俄西北部以及除维亚特卡省以外的非黑土区、黑土区的阿斯特拉罕省和下诺夫哥罗德省、叶尼塞河流域、东西伯利亚和外高加索地区。

三 粮食出口量增加

农业资本主义发展促进了俄国农产品产量大幅增加，粮食产区也发生转移。19世纪60年代，俄国主要粮食产区是北部黑土区，土拉、梁赞、奥廖尔、库尔斯克、唐波夫、奔萨等省份粮食产量最高；80年代，俄国第一大粮食产区是南部草原地区，伏尔加河流域的地位被取代。各地区居民的单位粮食收获率差异较大，东西伯利亚地区、南部草原地区和高加索地区粮食收获率最高。

随着俄国粮食产量的增加，出口量也大幅增加，由于出口量和运输量有较大关系，因此首先以伏尔加河流域为例分析粮食运输量，运输量增加是出口量提升的保障。伏尔加河流域是俄国粮食出口的主要渠道，采用水路和铁路两种运输方式。19世纪中叶，伏尔加河河运货物为1.1亿普特，其中农产品为5520万普特，占货物总量的50.2%。1884~1891年、1892~1899年、1901~1907年和1909年粮食运输量分别为9810万普特、1.4亿普特、2.1亿普特和2.5亿普特，19世纪60年代至20世纪初，伏尔加河水路运粮量增长4倍。②20世纪初，伏尔加河水路的粮食输出量和输入量迅速增加，1909~1913年，伏尔加河水路年均皮粮和面粉输出量为1.1亿普特，其中小麦、黑麦、燕麦和大麦分别占44.9%、11.4%、13%和0.5%；年均输入

---

① Давыдов М. А. Всероссийский рынок в конце XIX - начале XX вв. и железнодорожная статистика. С. 181.
② Тагирова Н. Ф. Рынок Поволжья (вторая половина XIX - начало XX вв.). М., Изд. центр науч. и учеб. Программ, 1999 С. 190; Россия 1913 год. Статистико-документальный справочник. СПб., Блиц, 1995. С. 100.

粮食3606万普特，其中小麦、黑麦、燕麦和大麦分别占59.4%、8.4%、3.2%和0.8%。①因伏尔加河地区大规模修建铁路，铁路的运粮数量不断提升，开始压缩水路的运粮空间，如1913年，水路粮食输出量为1901年的87.5%，同期粮食输入量增加13%。②1905年和1913年，铁路皮粮和面粉的运输总量分别为8.3亿和10.7亿普特，水路皮粮和面粉的运输总量分别为3.7亿和3.6亿普特，1895~1900年、1901~1905年、1906~1911年和1912~1913年铁路粮食运输量占粮食运输总量的76.4%、76.5%、80.5%和80.9%，1901~1905年、1906~1910年和1913年铁路的运粮量占粮食总产量的24.1%、27.4%和26.9%③，1890年、1900年和1913年在铁路和水路货物运输结构中粮食所占的比例分别为26.1%和12.8%、20.1%和12.5%、14.4%和12.7%④，从中可以看出，铁路的运粮量明显高于水路。

各省份的粮食运出数量也是出口量增加的例证，以产粮大省萨马拉和萨拉托夫为例说明。1857年，萨马拉省和萨马拉码头小麦的输出量分别为1200万和753万普特。⑤1870年，萨马拉省仅向伏尔加河上游就输送2000万普特小麦，1909~1913年，年均外运粮食3840万普特⑥，粮食货物所占比例最高。20世纪初，萨马拉省共有9个码头，每个码头的粮食外运量均超百万普特。⑦萨马拉铁路通行后，粮食运送数量逐年增加，1901年，铁路车站和水路码头的粮食发运量分别为1860万和2987万普特，两种运输方式相互配合带动该省粮食生产。⑧

---

① Тагирова Н. Ф. Рынок Поволжья（вторая половина XIX - начало XX вв.）. С. 191; Авакова Л. А. Новые материалы о развитии торгового земледелия в Европейской России в конце XIX—начале XX века//История СССР, 1982. № 6. С. 100 – 110.
② Тагирова Н. Ф. Рынок Поволжья（вторая половина XIX - начало XX вв.）. С. 191.
③ Россия 1913 год. Статистико-документальный справочник. С. 130; Кондратьев Н. Д. Рынок хлебов и его регулирование во время войны и революции. С. 101.
④ Никольский И. В. География транспорта СССР. Государственное издательство географической литературы. М., Нзд-во Московского ун-та, 1978. С. 193.
⑤ Марухин В. Ф. История речного судоходства в России. С. 253，254.
⑥ Тагирова Н. Ф. Рынок Поволжья（вторая половина XIX - начало XX вв.）. С. 190.
⑦ Тагирова Н. Ф. Рынок Поволжья（вторая половина XIX - начало XX вв.）. С. 73.
⑧ Давыдов М. А. Всероссийский рынок в конце XIX - начале XX вв. и железнодорожная статистика. С. 50.

20世纪初，俄国主要粮食出口基地为顿河流域诸省、萨马拉、库班和萨拉托夫等省，萨马拉省独占鳌头，1901～1903年和1908～1911年运出粮食占国内市场粮食总量的28.2%和29.3%。萨拉托夫省紧随其后，其比例分别为12.9%和9.3%。[①] 粮食产量增加是粮食大量外运的基础。伏尔加河流域为俄国重要的产粮基地，大量粮食从中下游地区运至国内和欧洲市场，随着国内外市场粮食需求量的提高，伏尔加河流域农业迅速发展，下游地区的粮食产量提高最为显著。19世纪五六十年代初，萨马拉省小麦产量最高，外运小麦近800万普特。[②] 20世纪初，伏尔加水路商品粮供应量明显增加，1909～1913年，粮食运输量为19.1亿普特，小麦最高，其次是黑麦和燕麦，分别为11.7亿、3.8亿和3.3亿普特，比例分别为61.3%、19.9%和17.3%。[③] 与60年代相比，80年代小麦、黑麦、燕麦及大麦等粮食净产量增长1倍，其他商品粮增长2倍。[④]

1861～1865年，俄国商品粮总价值约为3.0亿卢布，出口粮食价值占商品粮总价值的75%～80%。农奴制改革之后粮食出口量大增，一度在出口货物中占主导，1864年，俄国粮食出口总值占出口货物总值的33%，1877年，增至51.8%。1855～1875年，俄国向世界市场输出粮食的数量增长两倍，1876～1880年粮食输出量达2.9亿普特[⑤]，1896～1900年，粮食年均出口量约为4.4亿普特。[⑥] 20世纪初，俄国粮食年均出口量约为7.3亿普特，粮食出口量跃居世界第一位，到一战前，粮食出口量约占世界粮食总出口量的1/3，阿根廷和美国分列第二和第三位。俄国粮食主要通过波罗的海出口国外，也有少部分从黑海港口和西部边界出口。20世纪初，俄国粮食出口价值约占出口总值的50%，1861～1913年，俄国粮食出口

---

① Давыдов М. А. Всероссийский рынок в конце XIX - начале XX вв. и железнодорожная статистика. С. 193.

② Марухин В. Ф. История речного судоходства в России. С. 254.

③ Тагирова Н. Ф. Рынок Поволжья. (вторая половина XIX - начало XX вв.). С. 189.

④ Кондратьев Н. Д. Рынок хлебов и его регулирование во время войны и революции. С. 99.

⑤ Соловьева А. М. Железнодорожный транспорт России во второй половине XIX в. С. 12; 孙成木、刘祖熙、李建:《俄国通史简编》（下），人民出版社，1986，第128页。

⑥ Хромов П. А. Экономическая история СССР. Период промышленного и монополистического капитализма в России. С. 86.

结构详见表1-7。

表1-7　1861~1913年俄国粮食出口结构

单位：%

时间	小麦	黑麦	大麦	燕麦
1861~1865年	62.8	17.2	7.5	6.3
1901~1905年	38.0	12.8	12.6	20.2
1909~1913年	35.6	5.5	9.1	31.2

1900年，俄国工业危机开始，但农业发展势头较好。以小麦为例，1902年小麦产量大幅增加，增至9.3亿普特，增长39.9%，1903~1905年，小麦收成量为9.1亿~10.3亿普特，单年份1909年和1910年产量较高，分别为11.8亿普特和11.6亿普特。1913年，小麦收成创历史新高，达到14亿普特。随着小麦产量的增加，出口量也不断提高。1897~1901年和1906~1908年小麦的年均出口量持平，均为1.5亿普特左右，出口量占总收成量的比例分别为24.9%和20.4%。1902~1905年与1909~1913年出口量分别约为2.6亿普特和2.7亿普特，出口量占总收成量的比重分别为27.1%和24.5%。① 1895~1912年，俄国粮食的国内运输量和出口量详见表1-8。

表1-8　1895~1912年俄国粮食的国内外运输量和占比

单位：百万普特，%

时间	国内运输量	国外运输量	国内运输占比	国外运输占比
1895~1900年	250.73	327.44	43.4	56.6
1901~1905年	327.90	416.80	44.0	56.0
1906~1910年	434.50	463.00	48.4	51.6
1911~1912年	452.08	513.46	46.8	53.2

经济危机期间，为获得更多外汇，俄国粮食持续出口。1902~1905年，

---

① Давыдов М. А. Всероссийский рынок в конце XIX - начале XX вв. и железнодорожная статистика. С. 182.

小麦年均产量较 1897～1901 年增长 0.53 倍，出口数量从 1.6 亿普特增至 2.6 亿普特，增长 0.63 倍。1906～1908 年，小麦年均产量明显降低，为 1.9 亿普特，但仍大量出口，出口量已超过小麦盈余量。为获得外汇，俄国政府实施"饥饿出口"政策，即便粮食产量降低，仍大量出口。1909～1913 年，小麦收成大幅增加，与 1906～1908 年相比，增长 44.5%，出口量和余粮量分别增加 71.6% 和 37.6%。受国内外政治因素影响，一战前俄国小麦出口量增幅减少，1909～1913 年小麦收成较 1902～1905 年增加 15.3%，出口量只增加 2.8%。与 1902～1905 年相比，1909～1913 年小麦收成量增加 1.5 亿普特，其中 1.4 亿普特用于国内消费，740 万普特用于出口。① 虽然俄国粮食大量出口国外，但仍有部分粮食需从国外进口②，1898～1913 年粮食的进出口数量详见表 1-9。

表 1-9　1898～1913 年俄国粮食的进出口数量

单位：千普特

年份	出口粮食	进口粮食	出口超过进口
1898～1902	417470	2265	+415205
1903～1907	563200	8701	+554499
1908～1911	632950	19433	+613517
1912～1913	675372	19921	+655451

20 世纪初，俄国粮食出口量降低，大多用于国内消费，小麦也是如此。1882～1884 年 2.184 亿普特的外运小麦中 1.4 亿普特用于出口，用于国内消费的数量只有 7870 万普特。1913 年铁路小麦总发货量增至 5.6 亿普特，比 1909 年增加 3.4 亿普特，增长 1.5 倍，出口量增加 5020 万普特，只增长 0.4 倍，1908～1911 年，出口数量最高时与 1882～1884 年相比仅增加 6600 万普特，增长比例约 48.4%，总体而言，与 1882～1884 年相比，1908～1913 年国内小麦发货量增长 2.9 亿普特，增长 3.7 倍，但此期间小麦的国

---

① Давыдов М. А. Всероссийский рынок в конце XIX – начале XX вв. и железнодорожная статистика. С. 183.

② Кондратьев Н. Д. Рынок хлебов и его регулирование во время войны и революции. С. 102.

内发送量增长 3.7 倍，出口发货量仅增长 0.4 倍。与 1889～1891 年相比，1908～1913 年相应的增长指标分别为 3.2 倍和 0.6 倍。① 由以上数据可知，虽然小麦出口是俄国外汇主要来源之一，但随着国内工业发展和社会经济状况的变化，小麦多用于本国居民消费，出口比重大幅度降低。

具体而言，1909～1913 年出口粮食中小麦数量占据首位。虽然小麦出口量逐渐增加，但在粮食出口比例中的份额开始下降，从 1889～1893 年的 41.9% 降低至 1909～1913 年的 35.6%、1911～1913 年的 29.2～31.2%。1912～1913 年，俄国小麦大丰收，但小麦出口量（绝对值）仍大幅度降低。随着小麦出口量的降低，大麦出口量逐年增加，1889～1893 年，大麦出口量在粮食出口总量中的比例为 17.5%，而 1909～1913 年其出口量增加为 31.2%（1913 年为 36.8%），小麦和大麦出口量比例为 60%～72%②，1908～1912 年小麦的国内需求量和出口量详见表 1-10。

一战前俄国粮食产量大增，1909～1913 年粮食总产量增长 20%。以 1913 年为例，本年度俄国粮食总产量约为 56.0 亿普特，其中欧俄各省粮食产量约为 42.0 亿普特，北高加索地区（库班、斯塔夫罗波尔、捷列克和黑海沿岸各省）、西西伯利亚地区（叶尼塞斯克、伊尔库茨克、托博尔斯克和托木斯克等省）、东西伯利亚地区（阿穆尔、后贝加尔和滨海等省）、高加索地区和土尔克斯坦地区的粮食产量分别为 4.5 亿普特、2.7 亿普特、4800 万普特、8300 万普特和 8000 万普特。③ 即便粮食产量大增，与 19 世纪末不同的是此时大部分粮食用于国内消费，粮食出口量的比重大幅下降。以小麦为例，与 1897～1901 年相比，1909～1913 年小麦收获量增加 4.8 亿普特，但仅有 1.1 亿普特用于出口，其比例为 23.9%，76.1% 的小麦在国内市场销售。④

---

① Давыдов М. А. Всероссийский рынок в конце XIX - начале XX вв. и железнодорожная статистика. С. 196.
② Давыдов М. А. Всероссийский рынок в конце XIX - начале XX вв. и железнодорожная статистика. С. 158.
③ Хромов П. А. Экономическая история СССР. Период промышленного и монополистического капитализма в России. С. 217.
④ Давыдов М. А. Всероссийский рынок в конце XIX - начале XX вв. и железнодорожная статистика. С. 183.

总体而言,较 1889～1890 年,1912～1913 年粮食的总运输量增加 7.9 亿普特,增长 1.6 倍,出口运输量仅增加 2.2 亿普特,增长 0.7 倍,国内市场的粮食发货量增加 5.7 亿普特,增长 2.9 倍。因此,1889～1890 年 60% 的商品粮用于出口,40% 的商品粮用于国内消费;一战前夕的状况正好相反,大部分粮食用于国内消费。① 一战前,俄国粮食的出口数量整体下滑,究其原因如下:一是战前部分港口被封,俄国南部港口的粮食出口量锐减,只有北部部分港口的出口量增加;二是国内粮食的需求量增加,粮食多用于国内消费,粮食外运量大幅度降低;三是国内粮食加工业发展,粮食加工厂的粮食需求量大增,小麦尤为明显。

一战前,俄国大部分商品粮的出口量比重大幅降低,以小麦为例,虽然小麦的出口量仍逐年增加,但在粮食出口总量中小麦所占的份额逐步下滑,其他种类粮食也大致如此,一战前俄国主要粮食的出口比重均降低(小麦、黑麦和燕麦)。即便年景较好,奔萨、库尔斯克和乌法等黑麦大省的粮食出口量仍降低,黑麦出口量比例降至原来的 1/3 左右,其出口比重由 1909 年的 14.5% 降至 1913 年的 5%。燕麦出口量经过短暂增长之后也开始降低;只有玉米、米糠和油渣出口量大幅提高,个别年份其增长比例超过 20%。所有粮食中,仅有大麦的出口比重不断提升,1889～1893 年全俄粮食出口总量中大麦的比重为 17.5%,一战爆发前夕已增至近 40%。②

表 1-10 1908～1912 年俄国小麦的国内需求量和出口量

单位:千普特,%

年份	出口数量	国内需求量	总量	出口量比例	内需量比例	出口数量	国内需求量	总量	出口量比例	内需量比例
1908	54460	129500	183960	29.6	70.4	54460	153688	208148	26.2	73.8
1909	248129	115804	363933	68.2	31.8	242897	131035	373932	65.0	35.0

---

① Давыдов М. А. Всероссийский рынок в конце XIX - начале XX вв. и железнодорожная статистика. С. 165.

② Давыдов М. А. Всероссийский рынок в конце XIX - начале XX вв. и железнодорожная статистика. С. 158, 160.

续表

年份	出口数量	国内需求量	总量	出口量比例	内需量比例	出口数量	国内需求量	总量	出口量比例	内需量比例
1910	258825	121897	380722	68.0	32.0	258825	140827	399652	64.8	35.2
1911	127818	138396	266214	48.0	52.0	127818	165533	293351	43.6	56.4
1912	106302	158895	265197	40.0	60.0	102346	182245	284591	36.0	64.0
1908~1912	795534	664492	1460026	54.5	45.5	786346	773328	1559674	50.4	49.6

20世纪初，俄国主要的粮食出口港口为波罗的海诸港口、南部港口和西部边境口岸，一战前夕南部各港口的粮食输出量已大幅下跌，此趋势于1910年就已出现①，具体数据详见表1-11。

表1-11 1910年俄国主要港口的粮食输出比例

单位：千普特,%

商品名称	波罗的海和北海港口	南部港口	西部陆路边境车站	俄德边境口岸各车站	合计	
					占比	数量
各类粮食	27.0	61.5	5.0	6.5	100.0	612466
小麦	19.0	79.7	0.8	0.5	100.0	258807
大麦	2.4	92.3	1.5	3.8	100.0	103525
黑麦	23.0	67.0	6.0	4.0	100.0	27637
燕麦	78.4	13.1	1.5	7.0	100.0	80383
面粉	76.2	21.0	2.7	0.1	100.0	34293

因笔者掌握的材料有限，仅以南部各港口的小麦、大麦、黑麦和燕麦出口量为例加以说明。值得一提的是，因国际局势的变化，南部各港口出口粮食的数量已远逊于本地居民消费的量，1907~1909年利巴瓦、敖德萨、尼古拉耶夫和新罗西斯克等主要港口的粮食接收量和出口量数据详见表1-12。②

① Кондратьев Н. Д. Рынок хлебов и его регулирование во время войны и революции. С. 107.
② Кондратьев Н. Д. Рынок хлебов и его регулирование во время войны и революции. С. 110.

表 1-12 1907~1909 年俄国南部四个主要港口的粮食接收量和出口量

单位：千普特

1907~1909 年平均数	各类粮食到港数量	出口量	港口剩余粮食
利巴瓦	34146	16821	17325
敖德萨	39434	24335	15099
尼古拉耶夫	34427	17902	19525
新罗西斯克	24390	16269	8121
合计	132397	75327	60070

20 世纪初，俄国是世界主要粮食出口国之一，粮食出口结构亦可反映其经济发展水平滞后，即以皮粮出口为主，粮食加工产品所占比重较低。如 1911 年美国粮食出口结构中，面粉所占比重为 81.2%，俄国粮食出口结构中皮粮比重达 97.9%，面粉比重仅为 2.1%。[①] 因农业生产技术落后，国际粮食市场上俄国农产品的竞争力下降。除技术原因外，粮食单产水平低、交通基础设施滞后和运输能力严重不足等因素也制约了俄国农业的发展。1861 年农奴制改革后不但俄国粮食播种面积扩大，出口量迅速提升，在农业发展过程中政府发展农业的举措亦十分重要。

四 农业生产技术不断提升

农奴制改革后，俄国政府采取各种措施促进农业发展，除引进新品种、改善生产技术和生产工具外，还创建各种协会交流经验和技术。在农业发展的过程中，农业协会的作用不容忽视，早在 18 世纪，为推动俄国农业发展，地主与学术界代表共同成立自由经济协会，该协会为当时俄国最大的农业经济组织，在其带动下诸多农业协会纷纷成立，主要有利夫兰经济协会、波兰王国农业协会、莫斯科农业协会、南俄农业协会等。19 世纪初，随着资本主义生产方式在农村的发展，封建农奴制日趋解体，贵族希望通

[①] Селихов М. Н. Русское мукомолье в борьбе с германской конкуренцией на международном рынке. СПб., Типография Министерства Финансов, 1912. С. 1, 11, 14, 18.

过地方农业协会解决农业问题,因此地方农业协会也迅速成立。1860~1870年,俄国仅有几十家农业协会,19世纪末,已达200余家,1915年达数千家。① 此外,俄国还成立诸多农业出版机构,至1916年,其数量已达200家,不但介绍国内外先进农业技术,还举办各种农业竞赛。

19世纪中叶,俄国政府开始关注展览会。1829年,圣彼得堡的手工业展览会上第一次设立了农业展位。1850年,自由经济协会在圣彼得堡举办了第一届农业展览会,1864年,莫斯科农业协会在莫斯科举办全俄展览会。1843~1887年,俄国共举办了数百次农业展览会。农业协会也致力于推动俄国农业生产技术革新,比如,农奴制改革之前农民对肥料的认识不足,莫斯科农业协会专门采取措施推广化肥,积极推动化学工业发展,提高化肥产量。同时,农业协会还重视丰富农作物种类,在改良原有作物的同时,还引进萝卜、莴苣、芝麻、高粱等,甚至尝试种植葡萄。

19世纪下半叶,俄国逐步开启了工业化进程,农业技术不断得到改良,农具改良取得重大进展。此外,俄国机器制造业的发展为新式农具生产创造了条件,一些农业机器开始广泛使用,如铁犁、脱粒机、铡草机等。俄国地域辽阔,各地农业生产力水平差异较大,黑土区和非黑土区西部地带资本主义生产方式发达,铁犁广泛使用,引入机器也较早;而非黑土区和中部黑土区,木制农具占主导。20世纪初,俄国农业大省如梁赞、唐波夫、奔萨省等新式农具的使用率不超过10%,奥廖尔、圣彼得堡、雅罗斯拉夫和辛比尔斯克等省份新式农具使用率为13.4%~17.9%,喀山、库尔斯克、土拉和沃罗涅日等省份新式农具使用率较高,其比例为20%~29.8%,萨拉托夫和库尔兰省比例为35.6%~43.1%,基辅和明斯克省为60.7%~63.1%,奥伦堡和斯塔夫罗波尔省新式农具使用率最高,为72.5%和99.4%。由此可以看出,俄国农业生产技术革新成绩显著。②

农业机器的使用促进了农产品产量的提高,这从农机和无机肥料进口

---

① 钟建平:《俄国国内粮食市场研究(1861—1914)》,博士学位论文,吉林大学,2015,第14页。
② Давыдов М. А. Всероссийский рынок в конце XIX - начале XX вв. и железнодорожная статистика. C. 528–529.

量增加可以看出。总体来看，无机肥料进口量增加显著，如1866年，俄国无机肥料进口量仅为2.7万普特，1898年为108.2万普特，1900年为600.9万普特。① 1905~1913年，俄国铁路运输农机设备的增长率为100%，1908年、1910年和1913年分别为142.7%、190.1%和269.0%，1914年，因战争影响，农机运输量较1913年有所下降，但仍增长188.3%。② 此外，20世纪初，俄国铁犁的使用数量也迅速增加，仅以特维尔省为例，1896年，该省共有5万余部铁犁，1900年增加到10.4万部。③ 与此同时，俄国农业机器进口数量也迅速增加，与1869~1972年相比，1869~1898年农机进口量增长5倍。农具进口额从1906年的1830万卢布增长至1912年的6362万卢布，增长2.5倍。④ 进口农机占俄国农机总数的50%左右，与1879年相比，1912年俄国国内农机销售额增长14倍，同期国外农机设备进口额增长近16倍。⑤ 19世纪末，农机制造业逐渐成为独立的工业部门，到1914年已有514家农机生产企业，产品价值达6050万卢布。此外，还有大量小作坊生产农机设备。⑥

随着商品性农业的发展，俄国地主开始改善土壤加工工序，改良播种工具。19世纪中叶以前，农民仍使用木犁翻地，80年代后铁犁大规模推广，深耕农具开始广泛使用。俄国铁犁使用量由70年代的1.5万部增加至90年代的7.5万部，收割机由780台增加至2.7万台。1875年，俄国农业部门已有1300台锅驼机，1901年增加至1.2万台，其中1万台以上分布于南俄地区。农业雇佣工人则从19世纪60年代的70万人增加至90年代的360万人⑦，这些工人主要分布于欧俄南部地区和波罗的海地区。在商品

---

① Хромов П. А. Экономичесое развитие России. С. 70.
② Дубровский С. М. Сельское хозяйство и крестьянство России в период империализма. С. 260.
③ Анфимов А. М. Крестьянское хозяйство Европейской России (1881 – 1904). М., Наука, 1980. С. 160.
④ Чаянов А. В. Капиталы крестьянского хозяйства и его кредитование при аграрной реформе. М., Типо-литогр. Н. Желудковой, 1918. С. 7.
⑤ Измайлова Е. И. Русское сельскохозяйственное машиностроение. М., Высш. сов. нар. хозяйства, 1920. С. 13.
⑥ Измайлова Е. И. Русское сельскохозяйственное машиностроение. С. 13.
⑦ Федоров В. А. История России 1861 – 1917. С. 81.

性农业快速发展的同时,俄国还保留着半实物和实物生产方式,传统的三轮耕作制仍广泛使用,但诸多地区开始改善土壤加工方式,农业机器逐渐得到应用。

农业生产工具的完善和精耕细作生产方式的采用也是粮食产量提高的重要因素。以萨马拉省为例,80年代中期,该省使用铁犁农户的比例为1.8%,20世纪初这一比例已达77.5%。除铁犁外,新型农具和农业机器也大规模推广,如20世纪初,萨马拉省的8204家农户共有442台脱粒机、1884台簸谷机、195台收割机、150台割草机和1.1万台重犁。①

农奴制改革后,俄国农村土地租赁也十分普遍,这从一个方面证明俄国农业资本主义发展和新式生产方式的逐渐普及。80年代,非黑土区农户户均租赁土地数量为1.6俄亩,黑土区省份农户户均租赁土地数量为2.5俄亩。非黑土区省份中租赁土地最高的省份为特维尔、莫斯科、圣彼得堡和雅罗斯拉夫省,上述各省出租土地占份地总量的比例为27.1%、21.8%、20.5%和19.3%。②20世纪初,俄国份地租赁更加普遍,1901年欧俄50省农民份地租赁数量为156万俄亩,而到了1905年,皇室半数的土地用于出租。③

20世纪初,欧俄地区传统三区轮作制仍占主导(78.4%),四区轮作制和多区轮作制比例近20%。④虽然俄国政府也采取诸多措施改善农业生产状况,但农业投资比例仍远低于西方国家。如1913年,俄国单位耕地的资金投入量为8.6卢布,而德国的投入量为31卢布。十月革命前,俄国半数以上农民仍使用木犁从事农业生产,中农和贫农基本上未使用过农业机器。⑤

---

① Целиков С. А. Строительство и эксплуатация Самаро-Златоустовской железной дороги и ее влияние на развитие экономики самарской, оренбургской и уфимской губерний. Диссертация. Самара. , 2006. С. 107.

② Ковальченко И. Д. Аграрный сторой России второй половины XIX – начала XX в. М. , РОССПЭН, 2004. С. 156.

③ Дубровский С. М. Сельское хозяйство и крестьянство России в период империализма. С. 162; Анфимов А. М. Крестьянское хозяйство Европейской России (1881 – 1904). С. 20.

④ Анфимов А. М. Крестьянское хозяйство Европейской России (1881 – 1904). С. 176, 178.

⑤ Струмилин С. Г. Условия производства хлебов в СССР//План. хоз-во, 1926. № 2. С. 346, 352.

农具虽经改良，但与欧洲工业发达国家及美国差距仍较大。十月革命以前，半数以上农民仍使用木犁耕作，耕地不超过9俄亩的农户基本上不使用脱谷机和清粮机。而中部地区无农具农户约占1/3，现代化农具普及程度一直较低。19世纪末20世纪初，随着俄国工业资本主义的不断发展，各重要工业部门都诞生了大型垄断组织，农业资本主义开始向纵深发展。

第三节　农民阶层的地位和作用

俄国民族成分十分复杂，各阶层在俄国社会经济生活中都发挥了重要作用，其中最重要的阶层为农民、市民、贵族、商人、荣誉市民、僧侣和哥萨克等。贵族为俄国统治阶层，很多官员都来自该阶层，但其比例仅占俄国居民总量的1.5%。城市中贵族比重较高，如圣彼得堡贵族和官吏阶层占总人口的比重为9.7%，莫斯科为6.6%。商人和荣誉市民多为资本家，在俄国工商业界影响较大，其比重为0.5%。市民阶层涵盖范围较广，包括手工业者、小工商业者和工人，其比重为10.7%。俄国居民中农民数量最多，其比重达77.1%。[①] 俄国农民分为地主农民、国家农民和皇室农民，其中地主农民数量最多、地位最低、依附程度最深，集中于西北部、波罗的海、西部、西南部和中部工业区各省。地主农民被固定在土地上，归地主所有，亦称地主农奴。农奴制改革前，俄国政府禁止农民过渡到其他阶层，限制农民的行动。法律规定农奴是延续制的，农奴的法律地位取决于其父亲的身份，即便其母亲是自由民，只要其父亲是农奴，子女仍属于农奴阶层。

一　俄国农民的经济状况

19世纪末20世纪初，俄国农民生活状况相对较差，本书仅以莫斯科省为例探究俄国农民的生活状况。在农业经济的发展中，地理位置、自然气候条件非常重要。由于气候条件，俄国农作物播种和收割期限较短。莫斯

---

① Дубровский С. М. Сельское хозяйство и крестьянство России в период империализма. С. 43.

科省气候多变①，农作物生长期仅为5个半月，即4月中旬到9月末。7月是降水量较多的月份，占全年降水量的1/4。②春季和夏初各地的降水量差别不大，在农作物收获期也会有暴雨。

莫斯科省位于草原—灰化土地带，土壤主要为砂质黏土，还含有大量沼泽土，因此莫斯科省大多数县城农作物收成率较低，收获量一般为播种量的4~5倍，好年景为7~8倍。③恶劣的气候条件、低肥力的灰化和沼泽土壤导致农作物的产量很低，这使莫斯科农民长期食不果腹，更多地要依靠其他手段谋生。

分地域来看，莫斯科省博戈罗茨克、布龙尼齐、韦雷斯克、沃洛科拉姆斯克和德米特罗夫斯克县的农民粮食整年不能自给。西部农耕县居民粮食自给率比东部各省更低，大部分居民口粮只能维持2~3个月，很多居民9~10月就开始购买粮食。1899年是收成最好的年份之一，农民份地黑麦产量为播种量的4.5倍，燕麦产量为播种量的4.3倍。1899年10月至1900年10月收成较好的时段，鲁扎县农民所产粮食可供应全年，而克林、兹韦尼哥罗德和博戈罗茨克县的粮食只够维持半年，波多利斯克、德米特罗夫斯克、科罗姆纳和莫斯科的粮食还不足5个月口粮，最差的博戈罗茨克县城粮食只够维持40天。

20世纪初，随着居民数量的增加，农业社会固有的矛盾更加尖锐。由于土壤质量较差、自然气候条件恶劣，其农业矛盾不断深化，如莫斯科省农民份地平均为1.6俄亩，远低于俄国居民份地平均数量（3.2俄亩）。1877~1881年，在册农民份地数低于3俄亩；1898~1900年，男性农民平均份地数量为2.39俄亩，比1858年降低25.5%，显然莫斯科省低于平均水平。④19世纪下半叶至20世纪初，俄国各省男性居民份地数量详见表1-13所示。

---

① Милов Л. В. Великорусский пахарь и особенности российского исторического процесса. СПб., РОССПЭН, 2006. C. 162.
② Пайпс Р. Россия при старом режиме. М., Независимая Газета, 1993. C. 16.
③ Милов Л. В. Великорусский пахарь и особенности российского исторического процесса. C. 162.
④ Полянская Т. М. Отхожие промыслы крестьян московской губернии в Конце XIX - XX вв. Диссертация. М., 2008. C. 35.

表1-13 19世纪下半叶至20世纪初俄国各省男性居民份地数量

单位：俄亩

省份	男性居民份地数量		
	1860年	1880年	1900年
莫斯科	3.1	2.9	2.5
弗拉基米尔	4.0	3.3	2.6
特维尔	4.2	3.4	2.6
卡卢加	3.6	2.7	2.1
斯摩棱斯克	4.6	3.5	2.5
土拉	2.7	2.0	1.6
梁赞	3.1	2.2	1.7
欧俄	5.1	3.8	2.7

由表1-13可知，莫斯科省农民人均份地数量总体低于欧俄其他省份，只有1880年和1900年莫斯科省超过梁赞、土拉和卡卢加省。农奴制改革后，莫斯科省各县城中男性居民的份地数量下降，博戈罗茨克和克林县份地数量比1858年减少1/3，谢尔普霍夫、兹韦尼哥罗德、莫斯科、德米特罗夫斯克县居民份地数量减少1/4，波多利斯克县居民份地数量减少1/5。与其他欧俄省份一样，农奴制改革后莫斯科省无份地家庭比重日趋提高，这些家庭逐渐放弃农耕，开始从事手工业活动。19世纪末，莫斯科省各县无份地家庭情况详见表1-14所示。

表1-14 1898~1900年莫斯科省各县无份地家庭情况

单位：户，%

县城	人口普查家庭总数	无份地家庭数量	无份地家庭所占比例
博戈罗茨克	31947	4380	13.7
布龙尼齐	29399	4981	16.9
韦雷斯克	9984	1763	17.7
沃洛科拉姆斯克	17474	3967	22.7
德米特罗夫斯克	20160	5561	27.6
兹韦尼哥罗德	15745	2985	19.0
克林	21338	4324	20.3

续表

县城	人口普查家庭总数	无份地家庭数量	无份地家庭所占比例
科罗姆纳	18591	2997	16.1
莫扎依斯克	11595	2167	18.7
莫斯科	23350	2837	12.1
波多利斯克	16629	2583	15.5
鲁扎	12753	3008	23.6
谢尔普霍夫	18482	3709	20.1
总计	247447	45262	18.3

莫斯科省各县城中无份地家庭比例约为20%，各县城无份地家庭数量不一，占比较高的是德米特罗夫斯克、鲁扎、沃洛科拉姆斯克、克林和谢尔普霍夫县城。无份地家庭比例最低的为莫斯科、博戈罗茨克和波多利斯克县。无份地家庭比例较高的县城中农民外出打工，逐渐与农业生产相分离。无份地家庭比例较低的县城手工业相对发达，居民虽仍依附土地，但也从事手工业活动。

畜牧业也是衡量农业发展水平的重要指标之一，但是俄国个别地区，特别是黑土区各省不具备发展畜牧业的条件，如莫斯科县放牧土地总体不多，近5.5万俄亩，实际上属于农民的只有2177俄亩。①

总体来看，农奴制改革后畜牧业有所发展。到1917年，俄国牲畜数量较1861年增长了约75%，欧俄地区和亚洲地区的增长率分别为30%和350%。② 牲畜数量增加较明显的地区为草原地带、西伯利亚地区、高加索山前地带和高加索地区，以及西部地区。俄国养马业相对繁荣，其马匹数量约占世界总量的50%；19世纪下半叶，欧俄地区的马匹数量为1500万匹；到1900年增加至1650万匹，其中西北部地区、中伏尔加河流域增加最为明显，东南部地区次之。养羊业也是畜牧业的一大分支，主要在俄国亚

---

① Труды местного комитета о нуждах сельскохозяйственной промышленности. Московская губерния. СПб., Типография В. Киршбаума, 1903. С. 583.
② Хромов П. А. Экономическая история СССР. Период промышленного и монополистического капитализма в России. С. 73.

洲地区和欧俄诸多地区,而中部工业区、波罗的海地区以及南部草原地区饲养羊的数量不多。19世纪末,俄国南部和东南部地区饲养牲畜主要用于屠宰,农业区牲畜多用于农业生产。20世纪初,畜牧业取得显著成就,马匹数量由1900年的1920万匹增长至1913年的2330万匹。1913年,俄国35%的大型有角牲畜集中于西伯利亚、中亚和哈萨克斯坦等地①,中亚、东南部和南部草原、高加索山前地带养羊业最为发达,波罗的海、白俄罗斯和乌克兰地区养猪业发展迅速。

由于政治经济因素,20世纪初农业生产条件逐步恶化。1901~1915年,俄国粮食播种面积仅增长14.6%,低于人口增速。1906~1913年,虽然粮食和饲料总产量大幅增长（54.3%）,但单产量仅增长10.4%。农村畜力短缺严重,到1912年,农户户均马匹数量由1888年的2.3匹降至1.97匹,拥有一匹马和无马的农户比例则由1888年的55.9%升至65.2%。② 总体上看,农奴制改革之后俄国农民获得人身自由后经济状况有所改变,社会地位也不断提升。

二 俄国农民的社会地位

俄国农民阶层形成于18世纪末,至19世纪初期农民阶层并不复杂。1861年农奴制改革之后农民形成统一的阶层,社会经济地位有所提高。农民占俄国居民的绝大多数,地主农民是其主体。分地区看,欧俄地区农民数量最多,其他地区农民比重各异,波兰、高加索、西伯利亚和中亚地区农民比重分别为73.0%、74.8%、70.9%和5.0%。中亚地区以畜牧业为主,农民占比最低。各城市农民占比不同,工业越发达的城市农业居民占比越低,但外地农民涌入城市中务工又致使城市中农民比重提升,如20世纪初,圣彼得堡和莫斯科市农民占比分别为58.9%和63.7%。③

---

① Федоров В. А. История России 1861–1917. С. 189.
② Анфимов А. М. Крестьянское хозяйство Европейской России. 1881–1904. С. 217.
③ Общий свод по империи результатов разработки данных первой всеобщей переписи населения, произведенной 28 января 1897 г. Ч. I. СПб., Паровая типо-литография Н. Л. Ныркина, 1905. С. 68.

农民阶层自 18 世纪形成历经 200 余年，于 19 世纪末最终确立其地位。1861 年农奴制改革后成为自由民，既承担相应的义务，也具有一定的权利。改革后俄国农民通过赎买的方式获得大量土地，但贵族地主仍拥有大宗土地。这一时期，从土地所有权划分可看出农民的地位。1878～1879 年，欧俄地区可耕种土地的数量为 3.9 亿俄亩，北部等地可耕种土地超过 1 亿俄亩，77.4% 的土地掌握在贵族手中。19 世纪末，随着人口的增长，农民掌握的土地不增反降，农业矛盾突出，比如，1900 年俄国男性居民的数量已从 1861 年的 2360 万人增加到 4420 万人，但人均占有土地的数量却从 5.1 俄亩降至 2.6 俄亩。[①]

随着商品经济的发展，农民阶层开始发生分化，到 19 世纪八九十年代这一分化已经非常显著。俄国农民分化的结果是农民中出现富农、中农和贫农等阶层。富农阶层成为农业资产阶级，占农民数量的 1/5 左右，除从事农业生产外，还从事副业和手工业，在农村经济中发挥巨大的作用。农奴制改革也使工人阶级形成，因贫农只能出卖自己的劳动力，一部分人在地主和富农的农场或手工作坊中务工，另一部分人被迫外出打工。到 1870 年，欧俄地区外出务工农民的比例从 1861 年的 13.9% 增加至 53.1%（每 100 名贫农中外出务工人员的比例），大部分人到中部工业区和首都务工。[②] 据统计，19 世纪八九十年代，欧俄 7 省 23 城富农、中农和贫农的比例分别为 20%、30% 和 50%。[③]

农民的分化是资本主义发展的必然结果，无财产农民失去独立经济地位，只能出卖自己的劳动力，成为产业工人，促进无产阶级加速形成。部分农民依靠打短工或者外出务工贴补家用，为资本主义发展提供劳动力，形成劳动力市场。富农经济状况较好，他们在获得大量土地后开始使用机器、改善农业生产条件、使用肥料，促进农业资本主义的发展。

土地租赁数量也可证明 1861 年农奴制改革后俄国的农民分化状况。19

[①] Федоров В. А. История России 1861 – 1917. С. 70.
[②] Хромов П. А. Экономическая история СССР. Период промышленного и монополистического капитализма в России. С. 55.
[③] Федоров В. А. История России 1861 – 1917. С. 75.

世纪末，个别县城中无土地农民达 50%。贫农租赁土地是为解决温饱问题，富农租赁土地则是为了扩大再生产。19 世纪末，欧俄地区农民租赁土地的数量达 2000 万~2500 万俄亩，随着资本主义生产关系的发展，不但货币地租增加，实物地租也有所增加。1895 年，23% 的租赁者支付产品的 1/3 作为地租，1900 年 72% 的租赁者支付 1/2 的产品作为地租，农奴制改革后，实物地租的占比仍居高不下。① 各地区土地租赁价格和租赁期限各异，波罗的海地区主要是继承租赁，土地大多数属于德国地主，资本主义生产关系最为发达。波罗的海地区的农民由雇农、无土地农民和个体农户组成。农奴制改革之后，土地租赁价格提升，以辛比尔斯克省为例，该省每俄亩土地租赁价格由 1864 年的 3 卢布增加至 1872 年的 7 卢布，19 世纪末，其价格又提高数倍。②

村社在农民的生活中具有特殊地位。经过数百年的发展，村社行使着经济、税收和其他职能，在俄国历史进程中发挥了不可替代的作用。③ 1905 年欧俄地区农民村社土地占有量平均为 83.4%，波罗的海沿岸和西南部地区村社土地占有率最低，分别为 0% 和 3.7%，北部、中部工业区、伏尔加河中下游地区村社土地占有率最高，大部分村社的土地占有量高达 99%~100%。④ 村社土地所有制成为俄国农业发展的桎梏，为此斯托雷平实施了改革，主要目的是保留地主土地私有制，破坏农民村社，培育富农阶层，让贫农成为雇佣劳动力，保障资本主义快速发展，但效果甚微。

20 世纪，俄国政府颁布了一系列关于村社和农民的法令，其主要目的是使农民和其他阶层地位平等，但不平等的状态仍长期存在。虽然农民可离开农村进城务工，但要服从城市法律。与市民相区别的是，农民在城市

---

① Хромов П. А. Экономическая история СССР. Период промышленного и монополистического капитализма в России. С. 55.
② Хромов П. А. Экономическая история СССР. Период промышленного и монополистического капитализма в России. С. 56.
③ Громыко М. М. Традиционные нормы поведения и формы общения русских крестьян XIX в. М., Наука, 1986. С. 155.
④ Анфимов А. М. Крупное помещичье хозяйство Европейской России (Конец XIX - начало XX века). С. 364.

中的经营活动处在当地政府的监督之下，还需承担许多差役。

20世纪初，俄国农业仍相对落后，农业中保留着大量的农奴制残余，约有7000万俄亩土地掌握在3万名地主手中。① 农村两极分化严重，导致阶级斗争逐渐尖锐化，农民不仅反对地主，而且反对农业资产阶级。1902年，因收成欠佳，波尔塔瓦、哈尔科夫和萨拉托夫等省份发生农民运动，持续数年。1905年春，库尔斯克、奥廖尔和萨拉托夫等省份也发生了农民运动，并传播至乌克兰、白俄罗斯和中伏尔加河流域。到该年秋季，波及范围不断扩大，整个欧俄地区都被席卷在内。农民运动的不断展开，迫使俄国政府通过改革来挽救危机。改革后俄国农业也开启了资本主义进程，农民中产生新阶层，即农业资产阶级和农民无产阶级。19世纪80年代末90年代初，各省贵族和富农掌控全俄34%~50%的土地，贫困农民掌控的份额为18%~32%。19世纪90年代，农产品价格降低导致农民阶层分化更为严重，到1900年无土地农民数量迅速增加，由1896年的560万人增加到660万人。② 贫农只能出卖劳动力，去城市打工。

十月革命前，俄国一直是农业国，农业在国民经济中占的比重很高，并且是俄国资本主义发展的保障，依靠农业、工商业完成最初的资本积累。农奴制改革后，俄国工业革命开始，农业现代化进程随之开启，但进程十分缓慢，成为经济的掣肘。

---

① Чунтулов В. Т., Кривцова Н. С., Тюшев В. А. Экономическая история СССР. С. 121.
② Чунтулов В. Т., Кривцова Н. С., Тюшев В. А. Экономическая история СССР. С. 96.

第二章　俄国工业发展追溯

俄国工商业发展较早，基辅罗斯时期以小手工业为主，商业资本占优势，工业发展规模有限。俄国真正意义上的大工业始于彼得一世时期，为增强本国经济和军事实力建立了大型手工工场，奠定了俄国的工业基础。发展最为迅速的重工业部门是冶金业，乌拉尔冶金业初具雏形。为保障军队物资供应，纺织工业也开始发展，以呢绒和麻纺织工业为主。19世纪上半叶，俄国封建生产关系仍占主导地位，但解体趋势已凸显，其具体表现如下：商品货币关系发展、国内外贸易发展迅速、农奴制经济危机开始显现、工业中资本主义生产关系开始普及、以农奴制为主导的生产制度开始衰落。19世纪下半叶，俄国工业迅速崛起，工业化进程开启后工业步入新的发展阶段，轻重工业都快速发展，小手工业一直在夹缝中求生存。本章主要阐释工业化发展的内涵和意义，分析影响俄国工业化的国内外社会和经济因素，探寻其发展规律。

第一节　农奴制改革前俄国工业发展滞后

19世纪上半叶，俄国主要的工业模式为世袭和领有手工工场，但二者都以农奴劳动为基础。随着资本主义手工工场的发展，一些部门的中小手工业、家庭手工业和手工工场有所发展。这一时期的手工工场与早期的手工业一样，以手工劳动为基础，但随着市场的发展，机器逐步在工业中推广，雇佣工人的数量也有所增加。俄国手工工场诞生于封建农奴制度之中，受制度所限，农奴制改革前大工业发展十分缓慢。即便如此，19世纪上半叶，俄国诸多工业部门中已经逐步推广机器，丰富的自然资源、农产品的大量出口和较高的冶金工业水平为俄国工业发展奠定了基础。农奴制改革之前，家庭棉纺织工业已开始雇用工人，机器已在运输业、机器制造业和造纸业等工业中普及，欧俄50省已有99家机械制造厂和130家铸造厂。[①]一些工业部门中大型工厂得以诞生，棉纺织工业工厂数量最多。1861年农奴制改革前，生产力发展虽然较快，但封建生产关系仍制约着资本主义的发展。

俄国重工业真正发展始于彼得一世时期，茁壮成长于19世纪下半叶至20世纪初，工业革命促使诸多工业部门迅速崛起。本章以冶金和纺织工业为例探究俄国工业发展状况。

一　乌拉尔冶金工业

18世纪初，俄国经济明显落后于西欧国家，工业品的产量低于英国、荷兰和法国等国。俄国手工工场刚刚诞生，资本主义类型的手工工场无从谈起。彼得一世改革后，工业逐渐发展，其中冶金业较为发达。十月革命前，俄国最重要的冶金基地为乌拉尔和南俄。19世纪上半叶之前，乌拉尔冶金基地的优势地位无人能及，19世纪下半叶至20世纪初，随着南俄冶金工业的崛起，俄国冶金中心才从乌拉尔地区转移至南俄地区。19世纪以前，乌拉尔曾是俄国冶金业的代名词，辉煌一时。

（一）乌拉尔冶金工业诞生

18世纪，俄国改革的经济目的是促进生产力发展、增加商品种类、扶持手工业、建立大型手工工场、发展贸易和加速俄国与国际市场的联系。虽然17世纪俄国改革已初见成效，但很多方面仍需完善。彼得一世改革更加深入，不但创建手工工场，还将西方先进技术引入俄国，获得出海口，保障了俄国与国际市场的联系，其经济意义十分显著。

[①] Хромов П. А. Экономическая история СССР. Период промышленного и монополистического капитализма в России. С. 14.

彼得一世经济改革的措施之一是建立大型手工工场，国家为企业主提供建厂所需的资金①，免费划拨土地，免除赋税，甚至为其提供劳动力。为提高本国产品的竞争力，俄国政府提高了商品进口关税，乌拉尔冶金业在此契机下茁壮成长。

18世纪上半叶，俄国除拥有国有手工工场外，还有商人、农民、世袭和领有手工工场。手工工场的诞生与政府密切相关，彼得一世以前俄国并没有大型手工工场，而在彼得一世统治期间俄国诞生了233家国有和私人手工工场。②

尽管莫斯科公国时期贸易有所发展，但彼得一世以前俄国经济仍十分落后。小生产者完全依附于商人，但商人并未进行原始资本积累。因技术水平低下，小手工业者只能生产小商品，如呢绒、麻布和丝质布料等。直到18世纪上半叶，手工工场才开始有一定的资本主义特征。

国家保障手工工场的产品销售，军械、冶金、呢绒、帆布、造纸等手工工场的产品主要供给国家。随着市场的发展，大企业迅速垄断国内市场，如1717年，沙菲罗夫与托尔斯泰公司完全垄断丝绒、锦缎、花缎等产品的生产与销售。1718年，俄国已经禁止从国外进口丝线。1724年，为保证本国工业发展，提高进口关税，对国外个别商品征收50%~75%的关税。桌布、餐巾、麻布、帆布、丝织品、针织品的关税较高，手写纸、皮革商品、毛制品也征收保护性关税，比例为25%。彼得一世时期建立了众多手工工场，一些手工工场的规模已非常大，如彼尔姆数十家手工工场男工数量达2.5万名，谢斯特罗列茨克军事手工工场工人达683名，莫斯科国有帆船手工工场工人达1162名。1729年莫斯科呢绒手工工场中工人达730名，机器130台；米克利亚耶夫国有呢绒手工工场工人有724名；莫斯科塔梅斯国有

---

① Чунтулов В. Т., Кривцова Н. С., Чунтулов А. В., Тюшев В. А. Экономическая история СССР. С. 44.

② Туган-Барановский М. И. Русская фабрика в прошлом и настоящем：Историко-экономическое исследование. Т. 1. Историческое развитие русской фабрики в XIX веке. С. 14.

亚麻手工工场工人为 841 名，车床 443 台。① 俄国大型冶金工业在此契机下产生。

俄国采矿业于 17 世纪上半叶兴起，最早的矿山分布于诺夫哥罗德和土拉等省份。俄国第一家冶金手工工场于 1631 年诞生于乌拉尔，1632 年土拉省也建立大型冶金手工工场。随着开采和冶炼技术的提高，冶金业由原始的家庭冶炼逐渐过渡到高炉冶炼，但产量仍有限。据统计，17 世纪 90 年代初，俄国的生铁和铸铁产量分别为 15 万和 5 万普特。② 北方战争开始后，俄国意识到发展军事工业的必要性，乌拉尔冶金工业得到了良好的发展契机，并逐渐改变了俄国主要从瑞典进口铁制品的情况。1693 年、1694 年、1697 年和 1699 年俄国从瑞典进口生铁分别为 1.7 万、1.4 万、2.2 万和 2.7 万普特，但从瑞典进口的生铁量只占瑞典生铁出口量的 2.6%。③ 北方战争时期，乌拉尔地区已建立几家大型手工工场，如涅夫亚尼斯克、卡梅什、乌克杜斯克和阿拉巴耶夫国有手工工场。涅夫亚尼斯克工场建立之初产量有限，不能满足国家军需，1702 年 3 月 4 日，彼得一世下令将该工场转给尼克金·杰米多夫经营，从而使杰米多夫家族成为乌拉尔冶金工业的龙头。尼克金·杰米多夫是土拉省一名技师，1700 年，其所属手工工场为沙皇军队提供大量武器，彼得一世对其技艺赞不绝口，因此决定将涅夫亚尼斯克手工工场交给他经营。尼克金·杰米多夫接手涅夫亚尼斯克手工工场后金属产量大幅度提高，质量也明显改善。1716 年，杰米多夫获得向西欧出口铸铁的权利，因产品质量较高，获得欧洲国家的一致好评。在杰米多夫手工工场蓬勃发展的同时，俄国政府对乌拉尔冶金工业的兴趣大增，凭借资源和原料优势在乌拉尔建立诸多大型手工工场，乌拉尔也迅速成为俄国大型冶金工业区。

---

① Туган-Барановский М. И. Русская фабрика в прошлом и настоящем: Историко-экономическое исследование. Т. 1. Историческое развитие русской фабрики в XIX веке. С. 16.
② Струмилин С. Г. История черной металлургии в СССР. М., Изд-во АН СССР, 1954. С. 94.
③ Русско-шведские экономические отношения в XVII веке: сб. документов. М-Л., Изд-во Акад. наук СССР, 1960. С. 554；Кафенгауз Б. Б. История хозяйства Демидовых в XVIII – XIX вв.: Опыт исследования по истории уральской металлургии. Т. 1. М-Л., Издательство Академии наук СССР, 1949. С. 55 – 56.

杰米多夫工场为满足国家订单需求，不断扩大生产规模，1716年、1718年、1720年、1723年和1722年分别建立书拉轧件手工工场、别尼加夫、上塔吉克、下拉伊斯克和里维斯炼铜手工工场，并着手组建下塔吉克铸铁和铁制品手工工场。到尼克金·杰米多夫去世时，杰米多夫家族冶金手工工场已形成规模，在俄国冶金业中具有不可撼动的地位。18世纪中叶以前，杰米多夫家族共有55家冶金手工工场，其中44家分布于乌拉尔地区。1740年，杰米多夫冶金手工工场的金属产量占乌拉尔地区金属总产量的64%，占全俄金属总产量的46%。① 乌拉尔大型冶金手工工场诞生后，诸多中小企业主也纷纷在该地建厂。

1723年，塔吉耶夫建立叶卡捷琳堡高炉、铸铁、炼铜和机械手工工场，该工场迅速成长为乌拉尔采矿业的龙头之一，亦是乌拉尔地区最大的国有冶金手工工场。18世纪30年代，该手工工场已有30个生产车间，50台水力驱动装置，焊接、锻造、轧制车床也都达到10台。同时，有611名技师，5000多名工人，总人数达5785人。② 随着乌拉尔地区金属产量的提高，俄国金属制品出口量明显增加，1716年，俄国铁制品出口量仅为2140普特，北方战争结束后金属制品的出口量大幅度增加，1722年和1731年，金属制品的出口量分别为4.2万普特和8.1万普特。③ 1725年，乌拉尔铸铁产量占俄国的73%，生铁和钢达73.4%。④ 1700~1740年俄国铸铁产量详见表2-1。

表2-1 1700~1740年俄国铸铁产量

单位：千普特，%

年份	全俄产量	中部区域		乌拉尔地区	
		产量	占比	产量	占比
1700	150	150	100.0	—	—

---

① Струмилин С. Г. История черной металлургии в СССР. С. 195，197.

② Геннин В. И. Описание Уральских и сибирских заводов. 1736. М.，Государственное издательство《История заводов》，1937. С. 74－81.

③ Струмилин С. Г. История черной металлургии в СССР. С. 227－229.

④ Алексеев В. В.，Гаврилов Д. В. Металлургия Урала с древнейших времен до нашей дней. М.，Наука，2008. С. 323.

续表

年份	全俄产量	中部区域		乌拉尔地区	
		产量	占比	产量	占比
1710	316	188	59.5	128	40.5
1718	566	338	59.7	228	40.3
1720	610	305	50.0	305	50.0
1725	815	220	27.0	595	73.0
1730	957	317	33.1	640	66.9
1735	1402	467	33.3	935	66.7
1740	1530	433	28.3	1097	71.7

乌拉尔冶金基地发挥了重要作用，第一，为军队提供武器，保障国家军事安全；第二，促进经济发展，乌拉尔冶金工业崛起后不但为本国提供金属制品，而且出口国外，这也使乌拉尔地区迅速成为俄国重要的工业中心之一。

（二）乌拉尔冶金工业的繁荣

18世纪下半叶是乌拉尔冶金工业的黄金时期。18世纪上半叶乌拉尔冶金工业多集中于乌拉尔西部地区和卡马河沿岸地区，东部、南部和巴什基尔等地未开发。18世纪下半叶，随着乌拉尔冶金工业的繁荣，其冶金基地范围逐渐扩大。1744年，基里洛夫在巴什基尔地区建立沃斯克列谢尼斯克炼铜厂，此后业务迅速扩展，到1755年，已建成20家炼铜厂[①]。

乌拉尔地区冶金工业的繁荣使冶金工人数量迅速增加，1747~1795年，南乌拉尔地区男工数量为9.4万人，其中俄罗斯人、鞑靼人数量最多，分别为3万和2万人，占工人总数的31.7%和21.2%。乌拉尔冶金工业崛起后大量外来移民涌入该地，1762年乌拉尔地区居民数量已近14万人，其中俄罗斯人和巴什基尔人数量最多，分别为10万和1万人，其比例分别为76.0%和8.0%。整个乌拉尔地区俄罗斯人数量最多，1762年彼尔姆、维亚特

---

① Материалы по истории Башкирской АССР. Т. V. М., Изд-во АН СССР, 1960. С. 514 - 517, 667 - 672.

卡和南乌拉尔地区俄罗斯居民的比重分别为96.6%、85.4%和15.2%。①

18世纪40~60年代，乌拉尔建立了三家大型手工工场，分别为巴拉尼奇铸铁和轧件手工工场、上尤科福炼铜手工工场和下图里斯克铸铁和轧件手工工场。18世纪中叶，仅杰米多夫家族在乌拉尔地区就建立了40家冶金手工工场。1750年，该家族所属手工工场铸铁产量为86.7万普特，生铁产量为60.9万普特，铸铁产量分别为全俄和乌拉尔地区铸铁总产量的43.2%和60.9%，其生铁产量分别为全俄和乌拉尔地区的45.7%和61.7%。②到18世纪中叶，乌拉尔地区共有82家冶金手工工场，此后手工工场数量不断增加，1751~1760年新建手工工场37家，1761~1770年新建手工工场20家。③1770年开始，乌拉尔采矿业已扩展至整个乌拉尔地区，工场多沿河而建，其中维亚特卡省、卡马河沿岸、中北乌拉尔地区的手工工场数量最多。到1800年，乌拉尔地区共建成116家新冶金手工工场，主要为铸铁、生铁冶炼和炼铜手工工场，其中4家为国有，其余112家为私人所有。④

18世纪下半叶开始，乌拉尔地区金属产量迅速增加，铸铁产量从1750年的142.4万普特增至1800年的793.9万普特，增长5.6倍；生铁产量从98.7万普特增至543.4万普特，增长5.5倍。18世纪末，乌拉尔铸铁产量为全俄的80%，生铁产量为全俄的90%。1800年，乌拉尔地区的铸铁、生铁和铜产量分别占全俄总产量的80.1%、88.3%和100%。⑤18世纪末，杰米多夫手工工场的地位下降，在全俄铸铁产量中的比重从1750年的60.9%降至1800年的26.0%。⑥1740~1800年，乌拉尔和俄国铸铁与生铁产量详

---

① Кабузан В. М. Изменения в удельном весе и территориальном размещении русского населения России в XVII – первой половине XIX в. //Проблемы историческое демографии СССР. Сб. статей. Таллин., Наука, 1977. С. 193；Алексеев В. В., Гаврилов Д. В. Металлургия Урала с древнейших времен до наших дней. С. 333.
② Алексеев В. В., Гаврилов Д. В. Металлургия Урала с древнейших времен до наших дней. С. 334.
③ Любомиров П. Г. Очерки по истории русской промышленности. XVII, XVIII и начало XIX вв. М., Госполитиздат, 1947. С. 382.
④ Алексеев В. В., Гаврилов Д. В. Металлургия Урала с древнейших времен до наших дней. С. 338.
⑤ Струмилин С. Г. История черной металлургии в СССР. С. 201，203.
⑥ Алексеев В. В., Гаврилов Д. В. Металлургия Урала с древнейших времен до наших дней. С. 340.

见表 2-2。

表 2-2 1740~1800 年乌拉尔和俄国铸铁和生铁产量

单位：千普特，%

年份	铸铁			生铁		
	全俄	乌拉尔地区		全俄	乌拉尔地区	
		绝对数	占比		绝对数	占比
1740	1530	1097	71.7	1020	765	75.0
1750	2009	1424	70.9	1330	984	74.0
1760	3663	2746	75.0	2271	1703	75.0
1770	5106	3984	78.0	3205	2514	78.4
1780	6718	5459	81.3	3761	2967	78.9
1790	7837	6224	79.4	5388	4410	81.8
1800	9788	7939	81.1	6154	5434	88.3

资料来源：Струмилин С. Г. История черной металлургии в СССР. С. 197, 201。

19 世纪初，俄国金属产量超过瑞典和英国，跃居世界第一位，乌拉尔地区贡献了绝对力量。乌拉尔金属制品主要出口到英国、荷兰、西班牙、法国、美国。1799 年，俄国铁制品出口量为 250.9 万普特，仅出口至美国的铁制品就为 24 万普特。[①] 铁制品主要出口国为英国，1793 年，乌拉尔铁制品占英国同类进口产品的比例为 74%。[②]

与西方诸多国家一样，19 世纪上半叶，乌拉尔冶金手工工场也使用木炭冶铁。[③] 乌拉尔冶金业工业化进程开始较早，18 世纪初的大型冶金手工工场就主要使用高炉冶铁，1701 年，乌拉尔高炉产出的第一批铸铁即为高炉铸铁。18 世纪初，乌拉尔冶金手工工场日均铁产量提高了 120 倍。[④]

蒸汽机逐渐在乌拉尔冶金业推广成为乌拉尔冶金手工工场技术革新的标志。1799 年，乌拉尔冶金手工工场出现第一台蒸汽机，早于英国人发明

---

① Струмилин С. Г. История черной металлургии в СССР. С. 230.
② Алексеев В. В., Гаврилов Д. В. Металлургия Урала с древнейших времен до нашей дней. С. 352.
③ Гаврилов Д. В. Техносфера уральской черной металлургии//Уральский исторический вестник, 2000. №5-6. С. 231.
④ Струмилин С. Г. История черной металлургии в СССР. С. 421.

的蒸汽鼓风机。乌拉尔冶金手工工场主逐渐意识到蒸汽机的重要性，杰米多夫曾专门派人去英国和瑞典学习。到1840年，乌拉尔冶金业已有73台蒸汽机，1860年增加到141台。1860年，私人冶金手工工场中蒸汽机动力所占比例为32.6%，国营工厂中其比例为68.2%。[①] 俄国乌拉尔冶金手工工场凭借先进的冶炼技术，铁产量在欧洲遥遥领先，从金属进口国变成金属出口国，19世纪初以前地位显著。

（三）农奴制改革后乌拉尔冶金工业缓慢发展

与1800年相比，1860年乌拉尔地区铸铁产量增长1.8倍，生铁和铜产量分别增长1.9倍和1.7倍，此时英国铸铁产量增长24.6倍，法国、德国和美国的铸铁产量分别增长15.1倍、13.1倍和20.4倍。农奴制导致19世纪乌拉尔冶金工业缓慢发展，世界市场上俄国金属制品的比重下降。俄国铸铁产量低于英国、法国、德国、美国和奥匈帝国，甚至低于比利时，已降低至世界第七位。世界市场上俄国铸铁比重已从1800年的30.7%降至1860年的3.76%；铜的比重从18世纪末的27%降至1860年的3.9%。[②] 19世纪上半叶，世界主要国家的铸铁产量详见表2-3。

表2-3 19世纪上半叶世界主要国家的铸铁产量

单位：百万普特

国家	1800年	1820年	1830年	1840年	1850年	1860年
英国	9.5	24.4	44.5	86.2	139.5	246.0
法国	3.7	8.7	13.6	21.7	35.3	54.5
美国	2.5	6.8	11.2	18.0	34.7	53.0
德国	2.5	5.6	7.4	10.4	24.9	31.0
比利时	—	—	3.4	—	8.8	20.0
奥匈帝国	—	—	5.0	7.7	8.0	19.0
俄国	9.9	8.2	11.4	11.5	13.9	17.5

---

① Кулагина Г. А. Горнозаводской Урал накануне отмены крепостного права//Вопросы истории Урала，Свердловск.，Урал. ун-т, 1958. С. 60－61.

② Алексеев В. В.，Гаврилов Д. В. Металлургия Урала с древнейших времен до нашей дней. С. 398.

19 世纪 30 年代，俄国铸铁产量约占世界总产量的 12%（约 9000 万普特），其产量超过比利时、普鲁士与美国，到 1859 年，其铸铁产量只为世界总产量的 4% 左右（世界总产量为 46 亿普特）。乌拉尔冶金制品主要在国内市场销售，1846～1850 年，乌拉尔生铁出口量仅占全俄生铁总产量的 8%，1851～1855 年其比例降至 6%。① 19 世纪下半叶，乌拉尔冶金业开始衰落，南俄冶金业迅速崛起，呈现此消彼长的态势。

19 世纪下半叶，俄国主要冶金基地已从乌拉尔地区转移至南俄地区。虽然此时期乌拉尔冶金工业逊色于南俄地区，但一些工业部门仍取得重要成就，同时垄断程度开始加强。以屋顶铁皮行业为例，19 世纪 90 年代，乌拉尔最大的屋顶铁皮生产商阿拉帕耶夫斯克厂同上伊谢季工厂签订卡特尔协定，规定其产品销售市场和价格②，卡特尔集团的规模不断扩大，20 世纪初该公司产品产量已占乌拉尔屋顶铁皮总产量的 80%。③

19 世纪末南俄冶金工业迅速崛起，其金属产量占全俄总产量的 3/4，乌拉尔冶金业则快速衰落。20 世纪初，经济危机过后国内经济恢复，南俄工厂产量已不能满足国内市场需求，乌拉尔和中部工业区恢复生产。尽管铸铁产量大幅度提高，但仍不能满足市场需求，1910 年至一战初期产品的供应处于不足状态。

二 纺织工业

俄国纺织工业起步较早，但以小作坊生产为主，彼得一世时期俄国才产生真正意义上的大型纺织手工工场，其中呢绒工业发展最为迅速。彼得一世时期出台的政策加速了呢绒工业的发展，为俄国纺织工业发展奠定了基础。下文分别探讨呢绒、麻纺织和棉纺织工业。

---

① Туган-Барановский М. И. Русская фабрика в прошлом и настоящем: Историко-экономическое исследование. Т. 1. Историческое развитие русской фабрики в XIX веке. С. 65.
② Гаврилов Д. В. Горнозаводский Урал XVII – XX вв. Екатеринбург., УрО РАН, 2005. С. 168.
③ Цууерник А. Л. К история синдиката "Кровля" //Исторические записки. Т. 52. М., Издательство Академии наук СССР, 1953. С. 118 – 120; Китанина Т. М. Виндикат "Кровля" в годы Первой мировой войны, 1914 – 1917 гг. //Очерки по истории экономики и классовых отношений в России конца XIX – начала XX в. М., Наука, 1964. С. 53 – 85.

(一) 呢绒工业

彼得一世时期是俄国呢绒工业大生产的开端。为保障军队物资供应，彼得一世建立了诸多呢绒手工工场，并且规模较大，如 1729 年，谢戈里尼呢绒手工工场工人和机器的数量分别为 730 人和 130 台，米克利亚耶夫国立呢绒手工工场中工人数量为 724 人，塔梅斯国立亚麻手工工场中工人与车床数量分别为 841 人与 443 台，雅罗斯拉夫省塔梅斯手工工场中工人与车床数量分别为 180 人与 172 台①。

彼得一世时期呢绒手工工场多在政府扶持下建立，政府赏赐给手工工场主大量农奴，如塔梅斯在建立亚麻手工工场时就获得书伊县城科赫姆纳村的所有居民，共计 641 户。② 在政策的推动下，俄国呢绒工业发展迅速。1724 年，喀山省米克良耶夫手工工场已有 40 台车床，工人 578 人，单位车床工人配给量为 14.5 人。1729 年，该手工工场车床和工人数量分别为 51 台和 748 人，单位车床工人配给量仍为 14.5 人。1727 年，普京夫里斯克手工工场车床和工人数量分别为 56 台和 455 人。③

呢绒手工工场的所有权也经历了一个变化的过程，18 世纪 20 年代前多为商人所有，此后开始从商人手中过渡到贵族手中。到 19 世纪初，大部分呢绒手工工场都属贵族所有。1809 年，98 家呢绒厂中只有 12 家属于商人，19 家手工工场属于有爵位的贵族（大公巴拉基、尤苏波夫、沙赫夫、赫瓦尼、乌鲁索夫、谢尔巴托夫、普洛佐洛夫等），55 家手工工场属于无爵位的贵族，其他手工工场属外国人所有。④

18 世纪是俄国呢绒工业快速发展期，呢绒产品主要满足军需，但因呢绒产品品质粗糙，仍大量从国外进口呢绒，主要进口国为英国。19 世纪初，

---

① Любомиров П. Г. Очерки по истории русской промышленности. XVII, XVIII, и начало XIX века. М., Государственное издательство политической литературы, 1947. С. 28.
② Туган-Барановский М. И. Русская фабрика в прошлом и настоящем: Историко-экономическое исследование. Т. 1. Историческое развитие русской фабрики в XIX веке. С. 26.
③ Любомиров П. Г. Очерки по истории русской промышленности. XVII, XVIII, и начало XIX века. С. 33.
④ Туган-Барановский М. И. Русская фабрика в прошлом и настоящем: Историко-экономическое исследование. Т. 1. Историческое развитие русской фабрики в XIX веке. С. 30–31, 41.

俄国国内呢绒的供给量首次超过需求量。俄国呢绒手工工场分为两类，第一类是创立时就获得国家扶持，国家提供劳动力，第二类是未获得国家任何补贴。第一类产品主要销售给国家，第二类产品可在市场上自由销售。随着国家订单需求的逐渐满足，加上国有呢绒手工工场产品品质低劣，1808年政府颁布法律禁止兴建第一类手工工场，因此第一类手工工场每况愈下。

因呢绒工业军事意义突出，俄国政府垄断该行业，政府甚至提供贷款和提高关税扶持该部门发展。到19世纪二三十年代，俄国呢绒工业得到快速发展，一是因为1809年俄国政府为呢绒手工工场提供了200万卢布贷款，尽管贷款条件相对苛刻，只有少数的工场主获得贷款，但仍有力地促进了呢绒工业的发展；二是1822年俄国政府实施禁止性关税保护呢绒工业。以上政策的实施，加之军队呢绒需求量增加，刺激了该产业规模不断扩大，呢绒工厂数量大幅增加。到1850年，呢绒工厂数量增至492家。1861年农奴制改革后，呢绒工业因丧失劳动力优势，迅速衰落。其实，这一衰落趋势从三四十年代就开始了，如1839年，卡卢加省呢绒工厂的数量为15家，1848年只剩下4家，1861年呢绒工厂则全部倒闭了。[①] 1856年，沃罗涅日省只剩下3家呢绒工厂，到60年代，只剩下一家。喀山省状况也大同小异，30年代，呢绒工人数量为1000名，50年代和60年代工人数量则分别为450名和260名。[②] 奥廖尔和斯摩棱斯克省贵族呢绒工厂完全衰落。此外，奔萨、唐波夫、梁赞、萨马拉、波尔塔瓦、哈尔科夫和波多利斯克省贵族呢绒工厂的数量也大幅度下降。

（二）麻纺织工业

俄国麻纺织业发展迅速，17世纪俄国粗麻布就已畅销国外，18世纪亚麻和大麻制品开始出口国外。俄国第一家私人亚麻手工工场为俄国商人安德烈·杜尔克和岑巴里希科夫所有，1711年，该企业转交给政府经营。1761~1763年麻纺织产品的产量详见表2-4所示。

---

① Туган-Барановский М. И. Русская фабрика в прошлом и настоящем：Историко-экономическое исследование. Т. 1. Историческое развитие русской фабрики в XIX веке. С. 63.
② Туган-Барановский М. И. Русская фабрика в прошлом и настоящем：Историко-экономическое исследование. Т. 1. Историческое развитие русской фабрики в XIX веке. С. 240.

俄国麻纺织手工工场的主要产品为粗帆布、薄款粗帆布、帆布、桌布、小桌布、花条棉布等，大部分产品销往国外。以 1760 年的数据为例，按拥有车床的规模划分，俄国麻纺织工厂可分为四类。第一类车床数量为 14～50 台，工厂数量为 12 家；第二类车床数量为 51～100 台，有 10 家；第三类车床数量为 101～300 台，有 14 家；第四类车床数量超过 300 台，仅有 5 家。①

表 2-4　1761～1763 年麻纺织品产量

单位：卷

产品种类	1761 年		1762 年		1763 年	
	产量	外销数量	产量	外销数量	产量	外销数量
粗帆布	32000	28000	42000	31000	45000	41000
薄款粗帆布	14000	13000	18000	13000	26000	21000
卡拉梅诺奇帆布	44000	33000	35000	29000	19000	17000
帆布	40000	35000	50000	43000	47000	42000

俄国麻纺织品出口量占生产总量的 1/3 左右，可见国外市场对麻纺织工业意义重大。19 世纪初是俄国亚麻工业辉煌期，1804 年，俄国亚麻手工工场数量增至 285 家，主要源于亚麻制品出口数量的增加。俄国帆布备受国外消费者青睐，主要出口到美洲市场。19 世纪 30 年代起，国外市场上帆布价格降低，卡卢加省麻纺织工厂数量从 1832 年的 17 家降至 1849 年的 4 家，机器数量从 3500 台降至 696 台，产品数量从 5 万匹降至 2000 匹。② 谢尔布赫夫斯基县城的帆（麻）布工厂全部停产。国外出口数量下降对俄国麻纺织工业冲击很大，加之生产技术落后和棉纺织工业的发展，麻纺织工业逐渐衰落。

（三）棉纺织工业

俄国棉纺织工业由来已久，早期以小手工作坊为主。18 世纪，棉纺织

---

① Любомиров П. Г. Очерки по истории русской промышленности. XVII, XVIII, и начало XIX века. С. 83.

② Туган-Барановский М. И. Русская фабрика в прошлом и настоящем: Историко-экономическое исследование. Т. 1. Историческое развитие русской фабрики в XIX веке. С. 59.

工业产量有限，19世纪迅速发展。19世纪上半叶，俄国纺织、采煤和冶金等工业部门广泛使用机器，尤其是蒸汽机的数量增加，新型生产工艺逐步推广，生产集中形式凸显，铁路运输的带动作用也逐步发挥，市场的不断完善和机器的普及促进了俄国棉纺织工业的发展。

棉纺织业早期主要以英国纱线织布，为摆脱对英国的依赖，俄国开始建立纺纱厂，以私人工厂为主。1808年，商人巴尼杰列夫在莫斯科创办第一家私人纺纱厂；1812年，莫斯科已有11家纺纱厂，纺纱机数量达780台。① 19世纪20年代以前，只有亚历山大洛夫手工工场生产棉纱，此后纺纱厂不断出现，莫斯科数量最多。1828年，俄国已有9家私人纺纱厂，其中，亚历山大洛夫纺纱厂纱锭数量为3.5万枚，纱线产量达2.1万普特，其他工厂纱锭的数量达3万枚，纱线产量为1.6万普特。② 1834年，俄国已有16家纺纱厂，工人数量达3412名。③ 1843年，莫斯科纺纱厂数量为22家，纱锭数量为13.8万枚，纱线产量达16.2万普特，产品价值达350万卢布；全俄纱锭总量为32.4万枚，纱线产量为32.5万普特。19世纪中叶，俄国棉纺织行业生产集中化程度加强，1850~1860年，莫斯科棉纱厂数量减少30%，产量却提高30%。④ 1860年，莫斯科省棉纱工人和产值分别占全俄的37%和24%。⑤ 1850~1860年俄国纺纱厂数量和工人数量详见表2-5所示。

表2-5　1850~1860年俄国纺纱厂情况

年份	工厂数量（个）	工人数量（人）	产品总值（千卢布）
1850	50	30841	15877

---

① Пажитнов К. А. Очерки истории текстильной промышленности дореволюционной России. С. 15；Рожкова М. Промышленность Москвы в первой четверти XIX в//Вопросы истории., 1946, № 11-12. С. 96.

② Рожковой М. К. Очерки экономической истории России. первой половины XIX века. С. 129.

③ Туган-Барановский М. И. Русская фабрика в прошлом и настоящем：Историко-экономическое исследование. Т. 1. Историческое развитие русской фабрики в XIX веке. С. 56.

④ Соловьева А. М. Промышленная революция в России в XIX в. С. 73.

⑤ Обзор различных отраслей мануфактурной промышленности России. Т. 2. СПб., Тип. Департамента внешней торговли, 1863. С. 460-475.

续表

年份	工厂数量（个）	工人数量（人）	产品总值（千卢布）
1851	47	25983	13466
1852	55	30976	15648
1853	52	28366	17315
1854	60	26488	15613
1855	44	24632	15203
1856	51	25136	18530
1857	54	28749	21855
1858	52	35131	23621
1859	60	40968	31331
1960	57	41295	28670

19世纪中叶，圣彼得堡纱锭数量最多，13家大工厂纱锭数量达60.5万枚。莫斯科居圣彼得堡之后，企业和纱锭数量分别为18家和37万枚。处于第三位的是弗拉基米尔省，企业和纱锭数量分别为9家和21万枚。① 19世纪50年代，俄国的纺锤数量位居世界第五，为11万枚，居前四位的分别是英国、法国、美国与奥地利，其纺锤数量分别为2097.7万枚、420万枚、250万枚和14万枚。② 虽然德国棉布产量远超俄国，但俄国纺锤数量已超过德国。

19世纪50年代，俄国2000台机器织布机半数以上集中于圣彼得堡③，其棉纱工人和产值分别占全俄的22%和39%。④ 15世纪，俄国就开始生产棉布，但以手工织布业为主。1790～1792年，从欧洲和亚洲进口纱线的数量分别为7635普特和9980普特，欧洲的主要进口国为英国，亚洲的主要进口国为伊朗和土耳其。到18世纪90年代，俄国年均进口纱线数量已达2万

---

① Пажитнов К. А. Очерки истории текстильной промышленности дореволюционной России. С. 19.
② Туган-Барановский М. И. Русская фабрика в прошлом и настоящем: Историко-экономическое исследование. Т. 1. Историческое развитие русской фабрики в XIX веке. С. 58.
③ Соловьева А. М. Промышленная революция в России в XIX в. С. 72.
④ Обзор различных отраслей мануфактурной промышленности России., СПб., Типография Иосафата Огризко, 1863. Т. 2. С. 522.

普特。① 1800～1802年和1811～1813年俄国棉纱的进口量分别为3.7万和12.7万普特。② 随着进口纱线数量的增加，俄国的棉纺织工业快速发展，但产量仍不足本国需求的1/3。③

俄国早期织布手工工场主要生产印花布，如1775年，俄国印花布手工工场数量为16家，其中10家位于阿斯特拉罕，其余位于莫斯科和喀山等地。阿斯特拉罕一度成为俄国重要纺织中心，1798年织布手工工场数量为52家，已经开始使用机器织布。1800年，莫斯科省已有18家织布手工工场，弗拉基米尔省有织布手工工场约60家。④ 1800年，俄国纺织机床总数达3709台，工人数量为6566名，手工工场工人平均数量为33名。到1811年，俄国有150家印花布手工工场，车床数量达5847台，工人数量已达1.2万名。⑤ 1812年，俄国主要省份棉纺织工业发展状况详见表2-6所示。

表2-6　1812年俄国主要省份棉纺织工业发展状况

省份	企业数量（家）	车床数量（台）	工人数量（人）	产量（俄尺）
弗拉基米尔	58	5089	7057	4300405
莫斯科	10	3050	5773	2576870
雅罗斯拉夫	2	110	182	111795
圣彼得堡	1	37	175	155940
沃洛格达	1	7	9	2800
合计	72	8293	13196	7147810

18世纪末至19世纪30年代，俄国棉纺织工业发展最为迅速，不但能满足国内市场需求，还出口到亚洲其他国家。19世纪初，俄国最大的纺织中心为圣彼得堡，其次为莫斯科和弗拉基米尔省。随着城市居民数量的增

---

① Семенов А. Изучение исторических сведений о российской внешней торговле и промышленности. Ч. 3. СПб., Типография И. П. Глазунова и компании, 1859. C. 440, 455, 463.

② Рожковой М. К. Очерки экономической истории России. первой половины XIX века. C. 133.

③ Рашин А. Г. Формирование промышленного пролетариата в России. М., Издательство социально-экономической литературы, 1958. C. 83.

④ Рожковой М. К. Очерки экономической истории России первой половины XIX века. C. 28.

⑤ Зябловский Е. Статистическое описание Российской империи. Кн. 2. Ч. 5. СПб., При Императорской Академии наук, 1815. C. 27-28, 31.

加，棉纺织品、毛纺织品等的需求也不断增加。1833 年，圣彼得堡建立了俄国最大的纺纱厂——什金格里茨工厂，纱锭数量为 2 万~3 万枚，年均纱线产量为 1.8 万~2 万普特。1835 年，俄国纺纱厂成立，注册资金为 350 万卢布，该纺纱厂的创始人为亚历山大洛夫纺纱厂的管理者和玛里索夫。①1835 年，莫斯科省成立了列佩什金纺纱厂，而亚历山大洛夫纺纱厂开始衰落，到 1843 年该厂纱线产量仅为全俄总产量的 3%。② 19 世纪中叶以前，俄国纱线增长保障了俄国棉纺织工业的发展，1845 年俄国棉花进口量已超过纱线。1850 年，俄国棉花进口量为 120.1 万普特，纱线进口量降为 17.3 万普特。纱锭数量增长也是俄国棉纺织工业发展的例证，1843 年、1849 年、1853 年和 1860 年纱锭的数量分别为 35 万枚、60 万枚、100 万枚和 150 万枚。③

19 世纪 60 年代，工业发展较快，尤其是纺织业。例如，1860 年，莫斯科省有 522 家织布厂，手工织布机和机器织布机的数量分别为 3.5 万和 2275 台，工人数量为 3.3 万人，产值为 770 万卢布。④ 弗拉基米尔和科斯特罗马省⑤织工数量达 15 万人，布匹产量达 300 万匹（每匹长 35.5 米），使用机器织布的产量仅有 5 万匹。此时，俄国棉布产量为 230 万普特，机器织布量仅占 20%，其余 80% 由手工作坊生产。⑥ 表 2-7 列示了 1804~1852 年俄国棉纺织工业发展状况。

虽然农奴制改革前俄国棉纺织工业粗具规模，但仍以手工生产为主。生产力的发展要求摆脱旧生产关系的束缚，这表明俄国农奴制改革势在必行，1861 年农奴制改革后，俄国纺织工业才真正步入大生产阶段。

---

① Рожковой М. К. Очерки экономической истории России первой половины XIX века. C. 175.
② Яцунский В. К. Роль отечественного машиностроения в снабжении прядильным оборудованием русских фабрик в первой половине XIX века//Исторические записки. Т. 42. М.，Издательство Академии наук СССР, C. 281.
③ Рожковой М. К. Очерки экономической истории России первой половины XIX века. C. 178.
④ Арсеньева Е. В. К вопросу о завершении перехода мануфактуры в фабрику хлопчатобумажной промышленности Московской губ.（1860-1870 гг）//Науч. докл. высш. шк. Ист. науки.，1961. № 1. C. 63.
⑤ 两省一个数据。
⑥ Соловьева А. М. Промышленная революция в России в XIX в. C. 75.

表 2-7　1804~1852 年俄国棉纺织工业发展状况①

年份	企业数量（家）	工人数量（千人）	年产棉布数量（百万俄尺）	单位工人的年产量（俄尺）
1804	199	8.2	6.1	743.9
1814	424	39.2	26.0	663.3
1820	440	36.1	35.0	969.5
1830	538	76.2	84.0	1102.4
1852	756	138.3	257.1	1859.0

三　其他工业部门

18 世纪，除纺织和冶金工业外，其他工业部门也有所发展，如造船业、制糖业、烟草业、酿酒业、制盐业、机器制造业和化学工业等，下文分别对这些工业部门进行阐释。

（一）造船业

俄国水运发达，造船业历史悠久。18 世纪，俄国造船业主要分布于伏尔加河流域，下文主要探讨该流域造船业发展状况。

伏尔加河流域造船业主要分布在伏尔加河上游至雷宾斯克河段，主要造船点为雷宾斯克码头、特维尔和科斯特罗马省。此外，奥卡河流域下诺夫哥罗德省、卡马河及其支流的彼尔姆、喀山、叶卡捷琳堡等地造船业也颇具规模。相对来讲，伏尔加河流域下游造船业发展较慢，只有阿斯特拉罕造船业尚可。伏尔加河上游和中游造船业发达与其造船业历史悠久、造船工匠经验丰富、森林资源丰富易于就地取材等因素密切相关。

18 世纪，伏尔加河流域船只主要为木船，如露舱货船、翁查木船、内河敞篷货船、驳船、巨型平底白木船、半甲板内河木驳船等。随着经济的不断发展，新型船只不断出现，到 18 世纪末，内河露舱船、多桅帆船、机械船、尖头船和平底小货船等新型船只较为常见。19 世纪上半叶，伏尔加

---

① Соловьева А. М. Промышленная революция в России в XIX в. С. 33.

河—卡马河流域的船只种类更加丰富，有划桨船、大木帆船、内河平底木船、帆船、舷内河平底船、划桨或张帆大船、半甲板内河木驳船、内河露舱货船、内河货运平底木驳船、渡船、桨划渡船、河运平底大船、尖底轻驶小船、拖带货船等。

18世纪初，伏尔加河流域船只主要借鉴荷兰的造船经验，多为平底驳船。1718年，开始推广两头尖的大木帆船，这类船只航速快、省人力、载重多，载重量可达到2.5万普特。[1] 到19世纪上半叶，伏尔加河流域大木帆船已经普及，而奥卡河支流船只多是内河露舱货船，这种船只长10～18俄丈，宽3.3～5俄丈，最大载重量可达到3万普特。[2] 卡马河流域运输铁和铁制品使用内河露舱货船、半露舱货船、平底小木船、四角的多桅帆船等平底船。

俄国商品经济的发展推动了造船业的发展，1831年俄国制造河船7025艘，而40年代每年新造船只为1万～1.5万艘[3]，到50年代末年均造船已达3万艘。[4] 造船业的兴盛促进了水运的发展。19世纪末，蒸汽船成为运输石油燃料、贵重商品与易腐烂货物的主角，而在河运方面，非蒸汽动力船只仍普遍使用。19世纪末，俄国境内约6%的货物是由蒸汽轮船运输，94%左右的货物仍由传统的非蒸汽船运输。[5] 涅瓦河、伏尔加河和第聂伯河非蒸汽船只运送的货物比例分别为66%、61%和49%。[6] 1815年，俄国出现第一艘轮船，即伏尔加轮船公司的第一艘拖轮——"伏尔加号"，该船从荷兰进口。到了60年代，伏尔加河及其支流航行的轮船几乎都由俄国制造。[7]

---

[1] Родин Ф. Н. Бурлачество в России. Историко-социологический очерк. М., Мысль, 1975. С. 74-75.

[2] Истомина Э. Г. Водные пути России во второй половине XVIII - начале XIX века. С. 56.

[3] Сметанин С. И., Конотопов М. В. Развитие промышленности в крепостной России. Издательство "Академический Проект", 2000. С. 406, 408, 409.

[4] Марухин В. Ф. История речного судоходства в России. 1996. С. 34.

[5] Халин А. А. Система путей сообщения нижегородского поволжья и ее роль в социально-экономическом развитим региона. Н. Новгород., Изд-во Волго-ветской академии государственной службы, 2011. С. 175.

[6] Экономическая история России с древнейших времен до 1917г. Энциклопедия. Том первой. М., РОССПЭН, 2009. С. 524.

[7] Марухин В. Ф. История речного судоходства в России. С. 227.

19世纪下半叶，俄国造船业开始进入黄金时期。

18世纪60年代后，私人造船厂的规模不断扩大，股份制公司出现，特别是在19世纪最后25年，伏尔加河股份制造船企业大量涌现。① 19世纪中叶以前，俄国没有专门生产商船的造船厂，商船建造水平远远落后于其他国家，对外贸易基本上控制在外国商船队之手。据统计，19世纪中叶，俄国海港每年有2万条商船光顾，俄国船只仅有900条，占4.5%。②

（二）制糖业

俄国制糖业发展较早，但原料多从国外进口。第一家制糖手工工场于1720年建立，但此后发展缓慢，到1773年仅有两家制糖手工工场，糖产量为2.3万普特，产品价值为16.6万卢布。到19世纪初有所发展，制糖手工工场的数量达8家，工人约为100人，糖产量约5万普特。③ 与此同时，制糖原料更加多样化。第一家甜菜制糖手工工场成立于1802年，位于土拉省，为政府扶植企业，政府提供期限20年每年5万卢布的贷款，促进糖产量不断提高。1812年，俄国制糖手工工场数量已达30家，工人和产量分别为940人和28.7万普特。制糖手工工场所需原料仍多从国外进口，19世纪初，俄国方糖原料的进口额达430万卢布，砂糖坯料的进口额达34万卢布，方糖的需求量明显高于砂糖。④ 1773~1860年俄国制糖工业的发展状况详见表2-8所示。

表2-8 1773~1860年俄国制糖工业发展状况

年份	工厂数量（家）	工人数量（人）	方糖（千普特）	砂糖（千普特）	金额（千卢布）
1773	2	—	23	—	166
1804~1810	6	110	45.3	—	523
1811~1820	40	792	402	1	4290
1814	50	962	327	1.4	4030

---

① Водарский Я. Е., Истомина Э. Г. Сельские кустарные промыслы Европейской России на рубеже XIX - XX столетий. М., Из-во РАН, 2004. С. 174.
② Сметанин С. И., Конотопов М. В. Развитие промышленности в крепостной России. С. 411 - 414.
③ Сметанин С. И., Конотопов М. В. Развитие промышленности в крепостной России. С. 146.
④ Сметанин С. И., Конотопов М. В. Развитие промышленности в крепостной России. С. 147.

续表

年份	工厂数量（家）	工人数量（人）	方糖（千普特）	砂糖（千普特）	金额（千卢布）
1821~1830	42	1302	720	1.9	8341
1825	49	1374	974	1.5	10724
1834	68	2809	869	20.7	10844
1841~1850	267	39830	2048	837	23414
1844	257	—	1739	405	18081
1851~1860	388	45538	3421	1522	21778
1855	358	59908	2449	1300	20369
1860	467	64763	2516.6	1936	29984

虽然俄国制糖业发展迅速，但仍不能满足国内需求，糖类产品的进口仍逐年增加。1700~1860年俄国糖类产品的进口数量详见表2-9所示。

表2-9 1700~1860年俄国糖类产品的进口数量

年份	砂糖		方糖	
	进口量（千普特）	金额（千卢布）	进口量（千普特）	金额（千卢布）
1700~1792	209.5	1799	200.4	1989
1802~1804	25.9	343	290	4257
1814~1815	494	4896	—	—
1820~1821	1142	8257	202	2409
1833~1835	1495	6768	26	172.5
1841~1845	1937	—	62.6	—
1842~1844	1946	7437	61	340
1846~1850	1785	7848	71.8	479
1851~1855	1346	5034	104	831
1856~1860	1152	4309	83.2	665
1860	977	—	1	—

由表2-9可知，与19世纪20年代相比，30年代俄国方糖类产品的进口量大幅下降，一方面与20年代俄国糖类产品的产量迅速增加有关，另一方面因为1810年俄国加征了保护性关税。1809年，俄国方糖产量较大的省

份是圣彼得堡和阿斯特拉罕，产量分别为9.5万和1.1万普特。① 方糖手工工场主要位于港口城市，多使用雇佣劳动力进行工作。总的来看，19世纪二三十年代单位手工工场工人的平均数量为30~40名，平均产量为16万~23万普特，采用甜菜作为原料的手工工场不多，30年代中期之前，甜菜制糖业发展缓慢，主要在于生产技术落后。1813~1814年，甜菜制糖手工工场的产量为1400普特，1825年为1500普特。② 30年代之后制糖业得到了快速发展，原因如下：第一，自1819年俄国政府提高了糖类产品的进口关税，分时段看1819年、1822年和1841年俄国每普特糖类产品的进口关税分别为75戈比、1卢布15戈比和3卢布80戈比；第二，俄国贵族经济危机凸显，大部分地主开始寻找新的出路，很多贵族将目标放在制糖和酿酒业上，到1844年已有40家方糖厂和217家甜菜制糖厂③，且大部分属于贵族和地主。

制糖技术的落后还使俄国制糖业原料消耗巨大。19世纪20年代，生产1普特方糖所需砂糖为2普特30磅。生产技术的改进使原料消耗逐步减少，如1859年，每普特砂糖可生产35磅方糖。可以说，30年代是俄国制糖业发展的分水岭。1834年，俄国33家甜菜制糖厂的砂糖产量为2.7万普特，仅能满足国家总需求量的3%。40年代，甜菜制糖厂已超过200家，产量达80万普特。50年代，砂糖年均产量已达150万普特，进口量降至120万普特。④

保护性关税政策的实施也对俄国制糖业产生了有利的影响，到1841年俄国已停止进口砂糖。19世纪中叶，俄国制糖厂数量明显增加，1849年俄国制糖厂已达340家。⑤ 乌克兰是较大的甜菜制糖厂所在地，1834年，仅有4家，到1842年45%的制糖厂都位于乌克兰，1847年和1860年其比例分别为81%和80%。⑥ 随着俄国工业化进程的开启，制糖业也开始使用蒸汽机，

---

① Сметанин С. И., Конотопов М. В. Развитие промышленности в крепостной России. С. 148.
② Сметанин С. И., Конотопов М. В. Развитие промышленности в крепостной России. С. 149.
③ Обзор различных отраслей мануфактурной промышленности России. Т. 2. СПб., Тип. Департамента внешней торговли, 1863. С. 13.
④ Сметанин С. И., Конотопов М. В. Развитие промышленности в крепостной России. С. 150.
⑤ Фабрично-заводская промышленность и торговля России. СПб., Тип. В. С. Балашева и Ко, 1893. С. 166, 167.
⑥ Сметанин С. И., Конотопов М. В. Развитие промышленности в крепостной России. С. 151.

1860～1861年，使用蒸汽机为动力的甜菜制糖厂比例已达41%，砂糖产量达3301万普特，占总产糖量的81%。虽然砂糖产量大幅度提高，但居民的人均糖消费量仍远落后于其他国家。1860年，俄国年人均糖消费量为0.08普特，而英国、法国、德国和奥地利居民则为0.88普特、0.34普特、0.26普特和0.1普特。①

（三）烟草业

俄国烟草工业同其他许多工业部门一样，崛起于彼得一世时期，而且早期手工工场都隶属于国家。1718年，俄国建立第一家国有卷烟手工工场，1727年该手工工场归私人所有，此后几经转手。烟草行业利润较大，从一个侧面促进了其发展。1804年俄国有7家烟草企业，但规模较小，手工工场工人平均低于3名，1805年为5名，1809年达17名。其中，圣彼得堡的纽哈杰尔手工工场较为有名，1809年该手工工场烟草产量达1.3万普特，几乎垄断全俄烟草业。②

随着居民需求量的不断提高，俄国烟草工业发展迅速。19世纪初，俄国居民年人均烟草消费量为800克，同期英国、法国和奥地利则分别为642克、926克和1245克。20年代后是俄国烟草工业快速发展的时段，1823年、1826年和1834年俄国卷烟厂的数量分别为26家、37家和63家，工人数量分别是218名、415名和414名。而到了50年代后，卷烟厂数量大增，1850年、1855年和1860年分别为303家、291家和551家，工人分别为4424名、4908名和6059名，该时期烟草产量和产值分别是30年代的1.7倍和4.3倍。③ 1800～1860年俄国烟草工业的生产状况详见表2-10所示。

由表2-10可知，虽然俄国烟草厂数量增加，但该行业并未出现生产集中化趋势，19世纪40年代初期，单位工厂平均工人数量减少至4人，50年代平均工人数量增长至13人，但单位工人生产量却降低了。其中，莫斯科省烟草产量最高，其次是圣彼得堡。圣彼得堡最大的卷烟厂由茹克夫所有，

---

① Обзор различных отраслей мануфактурной промышленности России. Т. 2. С. 14, 83.
② Сметанин С. И., Конотопов М. В. Развитие промышленности в крепостной России. С. 157, 163-164.
③ Сметанин С. И., Конотопов М. В. Развитие промышленности в крепостной России. С. 166.

表 2-10　1800~1860 年俄国烟草工业的生产状况

年份	单位工厂平均工人数量（人）	产量（千普特）	金额（千卢布）	人均产量（普特）	人均金额（千卢布）
1800~1810	6.7	4.5	—	670	—
1821~1830	8	1.1	—	133	—
1831~1840	4	0.9	10.2	230	2.6
1851~1860	13	0.6	14.1	49	1.1

年流动资金达 100 万卢布，其次为米列尔卷烟厂；莫斯科最大的卷烟厂是波斯塔茹格卷烟厂，年流动资金量也超过 100 万卢布。①

18 世纪，俄国烟草出口量是进口量的 6 倍，出口量为 4 万~17 万普特，进口量为 0.8 万~1.6 万普特，俄国多从国外进口原料，然后出口成品至国外。随着经济的发展和俄国居民购买力的增强，19 世纪初烟草进口量有所增加。20 年代出口量缩减。为扶持本国烟草工业发展，俄国政府数次提高进口关税，随着烟草关税的提高，烟草进口量迅速下降，1851~1853 年俄国烟草年均进口量为 16.1 万普特，1860 年降至 13.5 万普特。②

（四）酿酒业

俄国居民有饮酒的习惯，而啤酒在 16 世纪已经流行。伊凡四世时期，俄国建立了第一家酒肆，专门从事酒产品贸易，但其酿酒业真正产生于 18 世纪，并且长期由国家垄断，国家确定各省酒产品的配额。19 世纪初，俄国政府为保障居民的身体健康，采取措施戒酒，酒产品的需求量从 1819 年的 1850 万桶降至 1827 年的 1200 万桶。③ 18 世纪，俄国酒产品收入占国民收入的比重较大，达 46%，而同期英国、法国、奥地利和普鲁士酒产品的收入分别占国民收入的 24%、10%、9% 和 6%。④ 随着需求量的增加，俄国酒产品的价格也不断提升，1750 年、1820 年和 1840 年俄国每桶酒的价格

---

① Сметанин С. И., Конотопов М. В. Развитие промышленности в крепостной России. С. 166.
② Сметанин С. И., Конотопов М. В. Развитие промышленности в крепостной России. С. 164.
③ Обзор различных отраслей мануфактурной промышленности России. С. 240.
④ Сметанин С. И., Конотопов М. В. Развитие промышленности в крепостной России. С. 172；Обзор различных отраслей мануфактурной промышленности России. Т. 3. С. 244.

为 1 卢布 93 戈比、2 卢布 14 戈比和 2 卢布 28 戈比。①

18 世纪，俄国酒产品贸易主要由商人和地主垄断，19 世纪 20 年代国家开始垄断酒产品销售，因此酿酒业发展十分缓慢。俄国酒产品主要通过国有商店销售，1855 年欧俄主要省份酒产品销售量为 1620 万桶，总收入为 5450 万卢布，1801～1860 年欧俄主要省份酒产品销售量增长 97%。② 具体而言：1801 年，俄国共有 2500 家酿酒厂，特权省份酿酒厂数量为 1900 家，普通省份酿酒厂数量为 600 家；1824 年，38 省酒产量为 155.1 万桶，共消耗 27.7 万俄担粮食，酿酒厂工人数量为 2714 名。③

随着酿酒技术的提高，酿酒的原材料消耗量不断下降，19 世纪二三十年代，酿酒 5～7 桶约消耗 9 普特粮食，而 50 年代 9 普特粮食可酿酒 7.5 桶，产量为 7350 万桶。从世界范围看，俄国酿酒量一直居世界首位，1859 年俄国酿酒量达 5050 万桶，当时欧洲各国酿酒总量为 3840 万桶。50 年代，奥地利的酒产量为 1410 万桶，普鲁士、法国和英国的酒产量分别为 1090 万、880 万和 870 万桶。④ 总体来看，因居民购买力有限，俄国酿酒业仍长期停滞不前。

（五）制盐业

制盐业关系国计民生，所以一直受到国家重视。15～16 世纪，因熬制盐产品工序十分复杂，人工消耗大，一直由国家垄断。18 世纪前，俄国盐产品贸易并不由国家垄断，国家只是对盐产品的销售征收重税，如 1646 年每普特盐的消费税为 20 戈比。⑤

到 18 世纪初，俄国政府开始规定盐类产品的销售价格，国家征收 20% 作为税款。彼得一世时期，政府垄断了盐类产品的销售，1705 年设立专门机构售盐，并借此征收高额消费税。到 1727 年，国家售盐收入由

---

① Сметанин С. И., Конотопов М. В. Развитие промышленности в крепостной России. С. 173.
② Обзор различных отраслей мануфактурной промышленности России. Т. 3. С. 224.
③ Сметанин С. И., Конотопов М. В. Развитие промышленности в крепостной России. С. 179.
④ Сметанин С. И., Конотопов М. В. Развитие промышленности в крепостной России. С. 180 - 181.
⑤ Сметанин С. И., Конотопов М. В. Развитие промышленности в крепостной России. С. 192.

1705年的20万卢布增加至60万卢布，增加了2倍。1705年，政府售盐价格为8戈比/普特，1727年增加至12戈比/普特。1728~1731年，俄国政府也曾短暂放开盐市，对私人销售食盐征收5戈比/普特的消费税。因各地区售盐价格各异，国家为增加收入屡次抬高盐价。1750年，盐产品销售价格为35戈比/普特，相比1705年已经大幅提高。1756年，其价格又大幅提升至50戈比/普特。此后，因私盐严重和通货膨胀，政府征收的盐税额逐年降低，1759年国家盐税收入为200万卢布，1796年降至60万卢布，1801年只有3.3万卢布。自1803年开始，国家售盐出现了亏损，1809年亏损额达300万卢布。①

为降低亏损，盐价不断提升，1810年增加至1纸卢布/普特。虽然价格提升，但因通货膨胀（1纸卢布只可兑换30银卢布），制盐厂亏损严重，国外盐产品的进口量增加。1796年，盐的进口量为190万普特；1815年，其数量已达320万普特，进口盐的价格也十分昂贵。在这种情况下，俄国制盐企业大幅亏损。② 政府为平抑物价，增加盐的供给量，开始扶持本国制盐业。

18世纪末19世纪初，俄国主要产盐区为埃利通、彼尔姆和阿斯特拉罕等地，上述产盐地都位于伏尔加河流域。埃利通盐湖位于伏尔加河沿岸的伏尔加格勒州，自古就是俄国主要的产盐区。19世纪初，埃利通盐产量已达800万~1000万普特，占全俄盐产量的50%以上。③ 埃利通湖因处于伏尔加河下游，加上盐价格低廉（在本地的售价仅为0.7戈比/普特），因此迅速占领俄国市场。到19世纪中叶，埃利通盐价格提升为30戈比/普特，1855年增加至93戈比/普特。受市场影响，埃利通盐产量有所浮动，19世纪20年代，年均产量为800万~1000万普特，而1852年和1860年其产量仅分别为700万和300万普特。④

---

① Введенский Р. М. Экономическая политика самодержавия в конце XVIII - первой поливины XIX в. М., МГПИ, 1983. С. 31.
② Введенский Р. М. Экономическая политика самодержавия в конце XVIII - первой поливины XIX в. С. 47.
③ Сметанин С. И., Конотопов М. В. Развитие промышленности в крепостной России. С. 196.
④ Сметанин С. И., Конотопов М. В. Развитие промышленности в крепостной России. С. 196 - 197.

卡马河流域也是重要的产盐基地，1812 年卡马河流域产盐量为 470 万普特，1815~1826 年年均开采量约 560 万普特，1852 年产量为 540 万普特。① 卡马河大部分盐运往下诺夫哥罗德，从下诺夫哥罗德转运至中部、西南部、西北部省份。

阿斯特拉罕为伏尔加河下游的重要产盐地，19 世纪初，该地盐产品年产量就为数十万普特。② 此地盐一部分运往下游萨拉托夫等省，其余沿伏尔加河运往沿岸各口岸。18 世纪中叶，俄国北部产盐区每年向圣彼得堡、诺夫哥罗德、普斯科夫等城市供应 40 万普特盐。③

（六）机器制造业

俄国机器制造业虽产生较早，但俄国工业化进程开启后机器制造业才开始真正发展。1790 年，俄国生产出第一台蒸汽机④。19 世纪初，机器制造业主要生产纺织机器，如 1826 年，乌拉尔冶金工厂就为亚历山大洛夫纺纱手工工场生产了 200 台纺纱机。⑤ 随着机器需求量的不断增加，工厂规模不断扩大。如 19 世纪四五十年代，沃特金工厂为亚历山大洛夫纺纱手工工场生产了 200 台蒸汽机。总的来看，19 世纪上半叶，俄国机器制造业有所发展，以别尔德工厂为例，1809~1850 年该工厂机器产量增长了 16 倍。⑥

19 世纪 20 年代，俄国已有 7 家机器制造厂，年制造蒸汽机 6~13 台，制造纺纱机 100~200 台，制造其他类型车床 50~60 台，制造涡轮机 100 台。这个时期，圣彼得堡伊里萨工厂、唐波夫省乌尼热斯基工厂也开始生产蒸汽机。1823 年，全俄机器制造厂工人数量已达 641 名。⑦ 30 年代，俄国机器制造厂增加到 12 家，年均机器产量约为 600 台，主要为涡轮机和纺

---

① Введенский Р. М. Экономическая политика самодержавия в конце XVIII – первой поливины XIX в. С. 73.
② Марухин В. Ф. История речного судоходства в России. С. 238.
③ Экономическая история России с древнейших времен до 1917 г. Том первой. С. 406.
④ Фабрично-заводская промышленность и торговля России. С. 144.
⑤ Розенфельд С. Я., Клименко К. И. История машиностроения СССР. М., Изд-во Акад. наук СССР, 1961. С. 21.
⑥ Сметанин С. И., Конотопов М. В. Развитие промышленности в крепостной России. С. 329 – 330.
⑦ Сметанин С. И., Конотопов М. В. Развитие промышленности в крепостной России. С. 332.

纱机。1850年，工厂数量增长到27家，工人数量约为1500人，产品价值达43万卢布。虽然俄国机器制造业有所发展，但仍需从国外进口，20~60年代俄国进口机器数量增长35倍，但因俄国工业发展滞后，所以进口数量有限。值得一提的是，俄国本土机器制造厂大部分为外资企业，以圣彼得堡为例，1860年，12家私人机器制造厂只有4家属于俄国企业主，其他工厂都属于外国资本家。圣彼得堡是俄国机器制造业的中心，圣彼得堡机器制造厂工人占该部门工人总量的70%，生产全俄2/3的机器。莫斯科机器制造业也十分发达，且工场主多为俄国人，60年代莫斯科8家大型机器制造厂只有3家为外资企业。① 表2-11列出了1811~1860年俄国本国机器产值以及进口机器价值，从中可以看出进口量仍相当大。

表2-11 1811~1860年俄国本国机器产值和进口机器价值

单位：千卢布

年份	进口价值	生产价值
1811~1820	18	20
1821~1830	48.7	220
1831~1840	411.1	275
1841~1850	1425.7	486
1851~1860	4766.4	3700
1860	8526.7	7953.8

随着俄国铁路建设的蓬勃发展，很多企业开始专门为铁路部门生产机器设备和车厢，早期此类工厂都由外资企业掌控。1825~1844年，美国公司共生产200台蒸汽机、253节载人车厢和2700节载货车厢。② 圣彼得堡大型工厂诺贝尔兄弟集团、列赫杰别格工厂、亚历山大洛夫工厂也专门为铁路部门生产产品。莫斯科主要大型工厂为列什加尔工厂，专门生产农业机

---

① Лившиц Р. С. Размещение промышленности в дореволюционной России. М., Государственное издательство политической литературы, 1955. С. 107-108.

② Фабрично-заводская промышленность и торговля России. С. 145.

器；多布罗夫工厂专门生产蒸汽机等；马里采夫工厂主要生产农业机器、车厢和蒸汽机；希波夫工厂主要生产蒸汽机和蒸汽机车。1850年之前，俄国大型机器制造厂都为国有企业，其后私人工厂数量快速增加，1850年私人机器制造厂已达25家，工人数量为1475人，产品价值为42.3万卢布，而外国进口机器价值达231.5万卢布。①

（七）化学工业

俄国化学工业始于17世纪初，早期主要生产炸药。17世纪初，莫斯科建立俄国第一家炸药手工工场，最初只有8名工人。1626年，建立第二家手工工场，上述两家企业都为国有企业。17世纪80年代，在该行业劳动的工人已达55名，年生产炸药2440普特，价值4664卢布。② 17世纪末，化学工业快速发展，年均生产炸药3900普特。③ 除炸药外，还生产焦油和钾碱，17世纪俄国年均钾碱产量为6万～12万普特，17世纪末年均产量已达25万普特。④ 焦油一直是俄国主要的出口产品之一，1688年焦油出口量为6万普特，1699年为7.5万普特，这些数据显示俄国化学工业已粗具规模。⑤

18世纪初，俄国炸药手工工场数量迅速增加，彼得一世时期已有2家国有炸药手工工场和6家私人炸药手工工场。70年代俄土战争时期炸药产量迅速增加，到1790年已达8.3万普特。总体来看，虽然炸药手工工场数量减少，但工人数量却明显增加，增长13倍，产品产量增长7.5倍。硝酸钾和硫黄，也是较重要的化学产品，18世纪初俄国诞生第一家生产硝酸钾的手工工场，20年代乌克兰有10家国有手工工场专门生产硝酸钾，喀山附近也有几家手工工场专门生产硝酸钾。1792年，国有手工工场硝酸钾产量

---

① Фабрично-заводская промышленность и торговля России. С. 146.
② Сметанин С. И., Конотопов М. В. Развитие промышленности в крепостной России. С. 339.
③ Лукьянов П. М. Истории химических промыслов и химической промышленности России до конца XIX в. Т 5. М-Л., АН СССР, 1955. С. 132 – 170.
④ Лукьянов П. М. Истории химических промыслов и химической промышленности России до конца XIX в. Т 2. С. 19 – 34.
⑤ Сметанин С. И., Конотопов М. В. Развитие промышленности в крепостной России. С. 344；Лукьянов П. М. Истории химических промыслов и химической промышленности России до конца XIX в. Т 2. С. 332 – 333.

约占全俄总产量的 2/3。①

第二节　19 世纪下半叶俄国工业蓬勃发展

19 世纪下半叶，俄国不但传统工业部门蓬勃发展，新型工业部门也快速崛起，如煤炭、石油等工业部门。俄国工业地理分布也随之发生变化，莫斯科、圣彼得堡、波罗的海地区和乌拉尔等工业区在俄国经济中仍发挥较大作用，但顿巴斯和巴库等新工业区成为后起之秀，俄国经济重心逐渐南移。具体而言，俄国采矿业发展最为迅速，铸铁产量从 1860 年的 2100 万普特增加到 1895 年的 8900 万普特，煤炭开采量由 1800 万普特增加至 5.6 亿普特，石油开采量由 50 万普特增加至 3.7 亿普特。② 下文分别对此阶段的轻、重工业发展状况进行分析，主要以较具代表性的能源工业、南俄冶金业、纺织工业为研究对象。

一　能源工业

19 世纪 80 年代，俄国主要工业部门机器生产已经比较普遍了，水力驱动装置亦被蒸汽机所替代，在采矿业、金属加工业、冶金和纺织业等工业部门，蒸汽机和机械车床已占主导地位。1861 年农奴制改革后，俄国工业化进程开启，促使能源工业迅速崛起，尤其是石油产业和煤炭产业。到 19 世纪末，俄国石油业已经取得较大的成绩，在垄断国内市场的同时在国际石油市场上可与美国一较高下，甚至曾一度主导国际石油市场。煤炭产业起步虽较早，但真正崛起是在 19 世纪末，南俄煤炭产业最具代表性。

（一）石油业

俄国石油业崛起于 19 世纪 70 年代，采油量、钻井数和石油加工业发展状况是反映石油产业发展的重要指标，以下分别进行分析。

---

① Сметанин С. И., Конотопов М. В. Развитие промышленности в крепостной России. С. 347 – 348, 353.
② Федоров В. А. История России 1861 – 1917. С. 84.

采油量增加是石油业发展的标志。19世纪70年代，俄国工业化进程开启后石油业飞速发展。1821年，俄国政府对巴库石油工业兴趣大增，开始推行包税制度。整个19世纪上半叶，俄国石油开采量稳居世界第一位，1821年、1831年、1840年、1850年和1859年石油开采量分别为20万、25万、33.7万、22.1万和23万普特。70年代，巴库主要采油中心为巴拉罕和萨布奇油田，其中巴拉罕油田采油量增长最为迅速。①恩巴和拉马尼油田采油量也不断增加。到1894年，上述油田已有229个矿区，分属88家石油公司。②19世纪末是俄国石油工业发展的黄金时期，1898年俄国石油产量达6.3亿普特，占世界总采油量的51.6%，1901年俄国采油量达最高值，超过7亿普特。③

钻井数量增加也是石油工业发展的主要指标之一，自80年代开始，钻井数量持续增加。1876年，巴库地区钻井数量为101个，1879年达到301个，石油产量也大幅度增加，1874年、1876年和1878年石油产量分别为520万、1057万和2019万普特。④1895年巴拉哈尼、萨布奇、拉马尼和恩巴油田钻井数量分别为162个、201个、41个和23个。⑤19世纪末，巴库油田采油量迅速增加主要源于自喷井的使用，1887年、1888年、1892年、1893年、1895年、1896年、1897年、1898年、1899年、1900年和1901年自喷井产油量

---

① Першке С. и Л. Руссская нефтяная промышленность, ее развитие и современное положение в статистических данных. С. 15 – 31.

② Наниташвили Н. Л. Экспансия иностранного капитала в Закавказье (конец XIX – начало XX вв.). С. 47.

③ Ахундов В. Ю. Монополистический капитал в дореволюционной бакинской нефтяной промышленности. С. 23; Монополистический капитал в нефтяной промышленности России 1883 – 1914. С. 19; Маевский И. В. Экономика русской промышленности в условиях первой мировой войны. С. 8; Лившин Я. И. Монополии в экономике России. М., Изд-во Социально-экономической литературы, 1961. С. 323, 328.

④ Наниташвили Н. Л. Экспансия иностранного капитала в Закавказье (конец XIX – начло XX вв.). С. 46; Кафенгауз Л. Б. Эволюция прошмышленного производства России (последняя треть XIX в. –30-е годы XX в). С. 27.

⑤ Дьяконова И. А. Нефть и уголь в энергетике царской России в международных сопоставлениях. С. 50, 51; Наниташвили Н. Л. Экспансия иностранного капитала в Закавказье (конец XIX – начало XX вв.). С. 50; Лившин Я. И. Монополии в экономике России. М., Изд-во Социально-экономической литературы., 1961. С. 324; Баку и его окрестнности. Тифлис., Типография М. Д. Ротинанца, 1891. С. 23.

占总采油量的比例分别为42%、40%、26%、33.6%、33%、22.5%、21%、23%、15.3%、11.3%和14.6%。①

石油加工业发展是石油工业崛起的又一例证。19世纪70年代起,巴库地区石油加工厂数量迅速增加。1872年,石油加工厂数量为50家,煤油产量约为40万普特;1879年达193家,煤油产量为622.5万普特。② 1887年,巴库地区煤油供货量为2440万普特,煤油出口量为1159万普特。③ 到1890年,巴库地区已有148家石油加工厂,1893年虽减少至73家,但煤油产量从1890年的6800万普特增加到9000万普特。④ 自80年代起,俄国煤油开始出口国外,在国际市场上竞争力不断加强,逐步冲击美国石油产业。1870年,俄国采油量只为美国的1/20,1892年两国石油开采量几乎持平,1893年俄美两国占世界石油开采总量的97%,两国的比例分别为46%和51%,1898年俄国采油量超越美国,跃居世界第一位。⑤

石油业作为第一次工业革命的产物,在为运输业和其他工业提供大量燃料的同时,也促进了石油深加工和运输业的发展。煤油、润滑油和汽油等新型燃料的广泛使用不但为石油业主带来巨大利润,同时推动了石油工业的飞速发展。

(二) 煤炭业

在工业革命影响下,俄国煤炭业茁壮成长,其发展速度和规模在一定程度上左右了俄国的工业化进程。由于政府引进外资、大幅度提高关税、

---

① Першке С. и Л. Руссская нефтяная прошленность, ее развитие и современное положение в стастических данных. С. 56; Кафенгауз Л. Б. Эволюция прошмышленного производства России (последняя треть XIX в. - 30-е годы XX в). С. 28; Хромов П. А. Экономика России периода промышленного капитализма. С. 138.
② Першке С. и Л. Руссская нефтяная промышленность, ее развитие и современное положение в статистических данных. С. 29; Наниташвили Н. Л. Экспансия иностранного капитала в Закавказье (конец XIX – начало XX вв.). С. 260.
③ Кафенгауз Л. Б. Эволюция прошмышленного производства России (последняя треть XIX в. -30-е годы XX в). С. 27.
④ Лисичкин С. М. Очерки по истории развития отечественной нефтяной промышленности (дореволюционный период). С. 360.
⑤ Наниташвили Н. Л. Экспансия иностранного капитала в Закавказье (конец XIX – начало XX вв.). С. 47.

统一运输税率、大规模修建铁路和煤炭开采技术提高等，煤炭工业飞速发展。

18世纪初，俄国已展开煤炭勘探工作，但煤炭开采量有限，冶金业的发展又使煤炭需求量逐渐增加，因此从1715年起俄国长期由英国进口煤炭。直到19世纪中叶，俄国才正式大规模开采煤炭，主要是顿涅茨克和东布罗夫煤田。① 比较有名气的大煤田还有莫斯科近郊煤田、乌拉尔煤田、西伯利亚煤田、远东煤田和库兹涅茨煤田，开采的煤炭多用于当地手工冶金业和居民取暖。

（1）顿涅茨克煤田。顿涅茨克煤田又称顿巴斯煤田，该煤田位于哈尔科夫省南部、叶卡捷琳诺斯拉夫省和塔夫里达省东部、顿河军团西部地区，为从西至东不规则的三角形，长度和宽度分别为350和150俄里。② 顿巴斯煤炭埋藏深度较浅，平均开采深度只有0.75~1.25俄丈，个别地区为2~2.5俄丈③，同时岩层较为单一，煤炭含量丰富，因此该煤田于19世纪下半叶迅速崛起。

19世纪开始，顿巴斯煤炭开采量增加，1796~1810年顿巴斯煤田年均煤炭产量约为15万普特，1820年、1830年、1840年、1850年和1860年开采量已达25万、59万、85万、350万和600万普特。1861年更是高达1000万普特，约占全俄煤炭开采量总量的50%。④ 但开采量不是很稳定，1863年开采量开始下降。⑤

顿巴斯煤炭工业的迅速崛起与铁路的大规模修建息息相关。19世纪中期以前顿巴斯煤田小工业占主导，60~80年代顿巴斯矿区先后修建格鲁什

---

① Братченко Б. Ф. История угледобычи в России. С. 99.
② Братченко Б. Ф. История угледобычи в России. С. 102.
③ Тихонов Б. В. Каменноугольная промышленность и черная металлургия России во второй половине XIX в. С. 131.
④ Баканов С. А. Угольная промышленность Урала: жизненный цикл отрасли от зарождения до упадка. С. 42; Тихонов Б. В. Каменноугольная промышленность и черная металлургия России во второй половине XIX в. С. 32, 126.
⑤ Тихонов Б. В. Каменноугольная промышленность и черная металлургия России во второй половине XIX в. С. 126; Дьяконова И. А. Нефть и уголь в энергетики царской России в международных сопоставлениях. С. 58.

夫—顿涅茨克、格鲁什夫—叶卡捷琳诺斯拉夫、康斯坦丁等铁路，到 80 年代矿区煤炭产量已占全俄总采煤量的 50%，个别时期煤炭产量已超过 50%，此后几年比重逐年增加，1898 年、1899 年和 1900 年比例分别为 61.5%、66.0% 和 68.1%。①

19 世纪下半叶，顿巴斯煤田不但为南俄冶金工厂、黑海和亚速海蒸汽轮船提供燃料，还开始外运至中部工业区和伏尔加河流域。总体来看，19 世纪下半叶，因石油燃料竞争，煤炭外运量有限。20 世纪经济危机之后，俄国石油工业长期萧条，各工业部门和运输业开始大规模使用煤炭，顿巴斯煤炭市场范围逐渐扩大，开采量也逐年提高，俄国能源结构煤炭化趋势日益凸显。

（2）东布罗夫煤田。东布罗夫煤田位于波兰王国的华沙附近，蕴藏煤炭、铁矿和锌矿等资源。1872 年以前，东布罗夫煤田采煤量一直较高，19 世纪末，已经有 20 个露天煤矿和 1 个钻采露天煤矿，主要供应华沙等城市工厂和西南部铁路。② 1860 年，俄国总采煤量为 1800 万普特，东布罗夫煤田采煤量就达 1080 万普特。③ 80 年代以后，东布罗夫煤田采煤量开始下降，1860 年、1870 年、1880 年、1890 年和 1900 年，该煤田采煤量占全俄的比例分别为 59.3%、47.3%、39%、41.1% 和 25.5%。④

（3）莫斯科近郊煤田。莫斯科近郊煤田主要位于特维尔、莫斯科、卡卢加、土拉、诺夫哥罗德、梁赞、弗拉基米尔和唐波夫省境内，该煤田长 600 俄里，宽 400 俄里，煤层甚至经阿尔汉格尔斯克省延伸至白海。18 世纪初，俄国政府就已关注莫斯科近郊煤田，1723 年矿工伊万·巴里琴在莫斯科附近的彼得罗夫村附近找到煤炭资源，另外一个矿工马尔克也在梁赞省

---

① Тихонов Б. В. Каменноугольная промышленность и черная металлургия России во второй половине XIX в. С. 36.
② Братченко Б. Ф. История угледобычи в России. С. 128.
③ Баканов С. А. Угольная промышленность Урала: жизненный цикл отрасли от зарождения до упадка. С. 42; Тихонов Б. В. Каменноугольная промышленность и черная металлургия России во второй половине XIX в. С. 32.
④ Тихонов Б. В. Каменноугольная промышленность и черная металлургия России во второй половине XIX в. С. 34 - 35; Баканов С. А. Угольная промышленность Урала: жизненный цикл отрасли от зарождения до упадка. С. 44.

的别列斯拉夫里区发现煤炭，这揭开了莫斯科近郊煤田建立的大幕。19世纪末，莫斯科近郊煤田已经有200多个煤矿，但煤炭开采量不稳定①，1879年煤炭产量为2859万普特，到1896年降至963万普特，此后煤炭开采量稍有增加，1900年达到1761万普特，但仍落后于1879年的水平。② 19世纪60年代后，莫斯科近郊煤田在全俄采煤量的比重逐渐降低，1860年、1870年、1880年、1890年和1900年产量为全俄产量的3.5%、12%、12.5%、3.9%和1.8%。总体来看，莫斯科近郊煤田煤炭产量无法与顿巴斯和东布罗夫煤田相较，甚至落后于乌拉尔煤田。③

（4）乌拉尔煤田。乌拉尔煤田分布在彼尔姆、车里雅宾斯克和斯维尔德罗夫斯克省等境内。1786年，乌拉尔地区第一个煤矿基泽尔煤矿诞生。1807年在鲁尼维河附近发现弗拉基米尔矿区，1814年又发现伊万诺夫矿区，1848～1854年在丘索瓦河附近发现大量煤炭岩层。乌拉尔地区煤炭硫含量为3%～5%，含灰量达10%～12%。④ 其煤炭开采量有限，1860年、1870年、1880年、1890年和1900年，煤炭开采量分别为42.7万、672.1万、37.8万、1484.7万和2217.9万普特，分别占全俄总采煤量的3.5%、12%、12.5%、3.9%和1.5%。⑤ 随着乌拉尔地区采矿铁路的修建，其煤炭开采量逐年增加。乌拉尔煤田有五家大型煤矿，其中基泽尔煤矿开发最早，其他煤矿分别为鲍戈斯洛沃、叶戈尔希诺、车里雅宾斯克和波尔塔夫，但产量明显逊于基泽尔。1917年，基泽尔、鲍戈斯洛沃、叶戈尔希诺、车里雅宾斯克和波尔塔夫矿区的采煤量为乌拉尔地区总采煤量的50%、22%、5%、

---

① Братченко Б. Ф. История угледобычи в России. С. 112.
② Тихонов Б. В. Каменноугольная промышленность и черная металлургия России во второй половине XIX в. С. 200.
③ Тихонов Б. В. Каменноугольная промышленность и черная металлургия России во второй половине XIX в. С. 34 - 35；Баканов С. А. Угольная промышленность Урала：жизненный цикл отрасли от зарождения до упадка. С. 44.
④ Баканов С. А. Угольная промышленность Урала：жизненный цикл отрасли от зарождения до упадка. С. 48.
⑤ Тихонов Б. В. Каменноугольная промышленность и черная металлургия России во второй половине в XIX в. С. 34 - 35, 79, 109 - 110；Баканов С. А. Угольная промышленность Урала：жизненный цикл отрасли от зарождения до упадка. С. 44, 51.

5%和1%，乌拉尔地区采煤量占全俄采煤量的比重已从1900年的2.2%增加至1917年的5%。① 但此后，乌拉尔煤田又进入萧条期。

（5）西伯利亚煤田。因西伯利亚大铁路修建，该地区煤炭工业开始发展。切列姆霍沃矿区始建于1895～1896年，到20世纪初该矿区已有20多个小煤矿，日开采量达2.4万普特。伊尔库茨克省是西伯利亚地区的主要产煤区，1900年其产量达380万普特。② 日俄战争和一战期间煤炭开采量迅速增加。1917年，切列姆霍沃矿区采煤量已达7637.5万普特，为1900年的15倍。③

（6）远东煤田。远东地区煤炭工业主要集中于乌苏里斯克边疆区，1858年，该地建立第一个小型矿井，煤炭开采量不高，19世纪七八十年代发现新矿区，20世纪初因西伯利亚大铁路修建和日俄战争，西伯利亚地区煤炭需求量大增，该地区煤炭产量迅速增加。煤炭工业快速发展促进了西伯利亚地区铁路建设速度提升，1895～1904年托木斯克省和伊尔库茨克省煤炭开采量分别增长13和34倍，1910年西伯利亚的煤炭开采量增至1.2亿普特。④

（7）库兹涅茨煤田。库兹涅茨煤田主要位于阿尔泰山麓东部，在阿尔泰和萨莱尔岭之间，该煤田长、宽分别为400和100俄里，总面积近4万平方俄里。该矿区煤层较厚，煤炭资源丰富。1721年，该地已发现煤田，但矿区地质条件十分复杂，岩层较厚，19世纪末以前煤炭开采量很少，西伯利亚大铁路建成后库兹涅茨煤田煤炭开采量迅速提高，但其产量很难与顿涅茨克等大型矿区相比。

二　南俄冶金业

19世纪下半叶，以木柴为主要燃料的乌拉尔冶金业迅速衰落。乌拉尔

---

① Панкратов Ю. А., Шолубько И. Г., Эллис А. М. Челябинский угольный бассейн (краткий историко-экономический очерк). Челябинск., Челябинское кн. изд-во, 1957. С. 12; Баканов С. А. Угольная промышленность Урала: жизненный цикл отрасли от зарождения до упадка. С. 78.

② Тихонов Б. В. Каменноугольная промышленность и черная металлургия России во второй половине XIX в. С. 261.

③ Братченко Б. Ф. История угледобычи в России. С. 118.

④ Алексеев В. В., Алексеева Е. В., Зубков К. И., Побережников И. В. Азиатская Россия в геополитической и цивилизационной динамике XIX – XX века. М., Наука, 2004. С. 504.

是十月革命前俄国著名的冶金中心之一，南俄冶金业崛起之前，乌拉尔铁制品在全俄一直独占鳌头。1800年，乌拉尔生铁产量约占全俄生铁产量的81.1%、铸铁占88.3%[1]，19世纪中叶以后逐渐衰落，原因有四：第一，西方国家实现工业革命，但俄国工业革命严重滞后；第二，冶金工业技术落后；第三，以木柴为主要燃料致使生产效率低下；第四，交通运输滞后制约乌拉尔冶金业发展。以上几方面原因致使乌拉尔冶金业无力与英国及其他欧洲国家相竞争。即便如此，19世纪下半叶乌拉尔仍是俄国重要冶金中心，大型工厂如下塔吉尔、杰米多夫等影响力犹在。[2] 随着南俄冶金业的快速发展，乌拉尔冶金业龙头地位丧失。1880年，南俄冶金企业的铸铁产量仅占俄国铸铁产量的5%，乌拉尔铸铁产量占70%；1900年，二者铸铁产量占比分别为52%和27%，南俄工业的动力装备率已经跃升为乌拉尔地区的24倍，南俄冶金工人的人均铸铁产量也为乌拉尔的5倍。[3]

南俄地区有丰富的煤炭、铁矿石、锰矿石、石灰岩和白云石等矿产资源（矿石中金属含量高达40%~52%）[4]，采矿业历史悠久，其发展史即顿涅茨克采矿业发展史。19世纪八九十年代，南俄地区冶金业飞速发展，一战前南俄地区铁矿石、煤炭、铸铁、焦炭、钢轨和蒸汽机车产量约占全俄总产量的72.2%、86.9%、73.7%、99.4%、75%和40%。[5] 南俄主要的铁矿区为克里沃罗热和科尔钦矿区，克里沃罗热矿区矿石含量巨大，但科尔钦矿区的铁矿石纯度并不逊色于克里沃罗热矿区。此外，尼古拉耶夫矿区铁矿石含量也十分丰富，矿石含铁量较高。

农奴制改革后，南俄冶金工业快速发展主要得益于两个因素：一是改革后南俄交通运输业明显改善，二是铁路的大规模修建提高了需求，打开

---

[1] Тихонов Б. В. Каменноугольная промышленность и черная металлургия России во второй половине XIX в. C. 103.

[2] Алексеев В. В., Алексеева Е. В., Зубков К. И., Побережников И. В. Азиатская Россия в геополитической и цивилизационной динамике XIX - XX века. C. 500 - 501.

[3] Федоров В. А. История России 1861 - 1917. C. 84.

[4] Тихонов Б. В. Каменноугольная промышленность и черная металлургия России во второй половине XIX в. C. 40.

[5] Бакулев Г. Д. Черная металлургия Юга России. C. 9.

了市场。

1795年，政府颁布命令在顿涅茨克煤田的卡卢加河附近建立铸铁厂，使用石煤冶铁。1799年，第一次尝试使用焦炭炼铁。因焦炭质量较好，所以卡卢加工厂铸铁质量明显高于乌拉尔地区。1859年，巴赫姆特地区的彼得罗夫国有工厂已使用焦炭生产出9.1万普特铸铁，此后焦炭开始大规模用于冶铁。1870年，卡卢加区里西恰尼克国有工厂也开始使用焦炭生产铸铁。[1] 1869年，尤兹工厂建立，但1870年才正式开工，第一台高炉的容量为333立方米，预计年生产铸铁量为200万普特。1872年该工厂建设完毕，1873年和1875年铸铁产量为30.7万和32.7万普特，不足预计产量的1/4。1876年尤兹工厂建立第二台高炉，至1900年该工厂已有7台高炉，铸铁产量远超预期，1899年铸铁产量达1000万普特。[2] 此后其他使用焦炭作为燃料的冶金工厂陆续建立，亚历山大洛夫工厂、顿涅茨克彼得罗夫工厂、德鲁日科夫冶金工厂都开始使用焦炭冶铁，1900年亚历山大洛夫工厂煤炭消耗量为4.4万节车厢（每节车厢的容量为600普特），顿涅茨克彼得罗夫工厂和德鲁日科夫冶金工厂的煤炭需求量为5.7万和2.5万节车厢。[3]

19世纪下半叶，南俄冶金业蓬勃发展，冶金业和煤炭工业相互依赖程度逐渐提高，南俄地区丰富的煤炭资源成为其冶金业繁荣的基础。1887年以前，南俄地区只有两家大型冶铁工厂，即尤兹和巴斯杜霍夫冶铁厂，1887年后因顿巴斯煤炭产量逐年提高，冶金工厂犹如雨后春笋，1899年南俄地区已有17家大型冶铁工厂，共有29个大型高炉，还有12个高炉在建设之中，高炉日产量为1万普特。19世纪90年代是南俄冶金业蓬勃发展的时期，德鲁日科夫、顿涅茨克—尤里耶夫、尼科波利—马里乌波里、马可耶夫斯基、塔甘罗格等大型冶金工厂都于此时成立。至1900年，南俄已有16家大型金属冶炼工厂，高炉51个。此外南俄地区还有2家大型冶金工厂在建设中，并有20多家炼钢、机器制造、管道和机械工厂。1900年和1910

---

[1] Струмилин С. Г. История черной металлургии в СССР. С. 364.
[2] Бакулев Г. Д. Черная металлургия Юга России. С. 113.
[3] Бакулев Г. Д. Черная металлургия Юга России. С. 132.

年南俄地区使用焦炭作为燃料的高炉数量分别为51和57个，其金属产量分别为1亿和1.4亿普特。① 亚历山大采矿公司、南俄石煤工业公司和加鲁波夫斯克冶金集团都在顿巴斯地区购买石煤和焦炭，上述企业都有炼焦炉，1900年布里亚石煤矿井的石煤开采量超过1600万普特，亚历山大洛夫工厂的石煤需求量为1500万普特、焦炭和无烟煤需求量为1120万和18万普特。② 冶金工厂如此庞大的煤炭需求量需要丰富的煤炭资源做后盾。

南俄冶金工厂主要集中在顿巴斯、第聂伯河沿岸和亚速海沿岸地区，其中顿巴斯地区金属产量最高。以铸铁产量为例，一战前夕，顿巴斯地区铸铁产量为1.1亿普特，约占南俄地区的58%，而第聂伯河沿岸和亚速海沿岸地区铸铁产量分别为5050万和2400万普特，其比例分别为26.7%和12.6%。③ 随着南俄冶金工业的发展，19世纪末其金属产量已超过乌拉尔地区。乌拉尔地区金属产量增加主要依靠增加工人数量，而南俄冶金业飞速发展主要源于蒸汽机大规模使用和丰富的矿物原料，1900年乌拉尔冶金工人数量为南俄冶金工厂工人数量的4倍④，但其金属产量明显逊色于南俄地区。凭借丰富的燃料资源，南俄冶金工业快速发展，传统乌拉尔工业区因使用木柴作为燃料而地位日趋下降。

三　纺织工业

19世纪下半叶，俄国轻工业也有所发展，其中纺织工业最具代表性，棉纺织工业最为突出。圣彼得堡棉纱工业发展最为迅速，棉纱工厂人均拥有机械纱锭数量是莫斯科同类企业的2.6倍，蒸汽动力指标比全俄高9倍。圣彼得堡棉纱厂因装备蒸汽机，劳动生产率提高，年人均产值为1150卢布，比莫斯科同类企业年人均产值高2.6倍。⑤ 棉纱生产机器化推动了印花布生

---

① Туган-Барановский М. И. Русская фабрика в прошлом и настоящем: Историко-экономическое исследование. Т. 1. Историческое развитие русской фабрики в XIX веке. С. 154.
② Тихонов Б. В. Каменноугольная промышленность и черная металлургия России во второй половине XIX в. С. 150, 155.
③ Бакулев Г. Д. Черная металлургия Юга России. С. 92.
④ Соловьева А. М. Промышленная революция в России в XIX в. С. 222 – 223.
⑤ Соловьева А. М. Промышленная революция в России в XIX в. С. 68.

产机器化。农奴制改革后,俄国纺织工业发展呈上升趋势。1861年初,俄国纺织工业产值占俄国加工工业产值的36%,工人占比为49.3%。[①] 1863~1879年俄国棉纺织工业产值的增长状况详见表2-12所示。

表2-12　1863~1879年俄国棉纺织工业产值增长率

单位:%

生产部门	1863~1868年	1869~1875年	1876~1879年
棉纱	16.5	5.7	13.2
棉布	24.3	2.1	14.9
印花布、染织物	10.7	5.7	17.3

19世纪80年代前,俄国棉纺织业主要靠从美国进口原棉,1861~1864年美国内战使其棉花出口量锐减,导致国际市场原棉价格居高不下。原料危机使俄国竞争力较弱的中小棉纺企业大量倒闭,仅1860~1863年就有40%的棉纱和棉布企业破产。1863年,棉纱和棉布产量分别下降10%和15%,价格却分别上涨75%和100%。在这种情况下,一些大型棉纺厂乘机发展起来。[②]

19世纪下半叶,俄国棉纺织工业机器化程度逐步提高。1859~1879年,棉纺织企业机器织机增长46倍,而手工织机减少23%。[③] 总体来看,19世纪下半叶俄国棉纺织工业有如下特征:一是机器生产排挤和取代手工劳动的趋势不可逆转,手工织布工人数量大幅减少,机器化程度逐步提高;二是生产集中度提高,大工厂开始垄断棉纺织工业;三是生产技术和机器化程度落后于欧洲国家;四是工人的集中程度开始提升,无产阶级逐步形成。

19世纪末,水力纺锤在纺织工业中广泛使用,1890~1900年棉纱产量增加86.2%。1890~1900年,俄国纱锭增长92.2%,织布机、纱线和坯布数量分别增加73.6%、95.7%和75.4%。棉纺织工厂的年均生产总值由

---

① Соловьева А. М. Промышленная революция в России в XIX в. С. 68.
② Соловьева А. М. Промышленная революция в России в XIX в. С. 118-120, 146.
③ Соловьева А. М. Промышленная революция в России в XIX в. С. 68.

1865 年的 8.7 万卢布增至 1900 年的 46.2 万卢布，增幅达 431%。①

大部分纺织、印花、染色设备都已更新，降低了棉纺织工业的成本，使商品种类增加，棉纺织品的销售数量大幅度提高。随着棉纺织行业的发展和棉纺织品的普及，亚麻制品需求量大幅降低。1887~1900 年，俄国境内毛纺织行业总体增长速度为 58.5%。丝织业增长率也较高，增长 95.3%。②

与 1900 年相比，1908 年俄国大型纺纱厂增加 8 家，工人增长 4.4 万人，纱锭数量由 1900 年的 605 万枚增至 1908 年的 709 万枚，增长 17.2%。③ 1908 年，棉纺织工业中蒸汽机的数量达 2054 台，总功率为 37.8 万马力，涡轮和水轮发动机分别为 67 台和 50 台，其功率分别为 1473 马力和 17000 马力。此时大型棉纺织工厂数量为 72 家。④

一战期间，棉纺织品产量从 1913 年的 1648.4 万普特增至 1915 年的 1819.3 万普特、1916 年的 1813.2 万普特。总体来看，粗糙纺织品产量增加较快，从 1913 年的 85.5 万普特增至 1916 年的 311.4 万普特，上等品产量大幅下降。战争中棉纺织行业被破坏最为严重的是服装和染色部门。与 1913 年相比，1916 年高级印染和染料加工厂产量下降 46.9%。⑤ 1915 年，普通花纹纺织品产量仍维持在战前水平，主要为部队生产军装；而印花布及其他相关产品产量逐年下降。

农奴制改革后，莫斯科、弗拉基米尔、圣彼得堡省成为丝织生产中心，但粗放型特征亦十分明显，工厂中织布机仅占 7.6%，仅有 1/5 的丝织企业使用蒸汽机。⑥ 一战期间，亚麻工业与其他纺织部门相比发展态势良好。随

---

① Хромов П. А. Очерки экономики России периода монополистического капитализма. С. 6, 55.
② Кафенгауз Л. Б. Эволюция прошмышленного производства России（последняя треть XIX в. -30 - е годы XX в）. С. 56 - 57.
③ Пажитнов К. А. Очерки истории текстильной промышленности дореволюционной России. С. 121.
④ Пажитнов К. А. Очерки истории текстильной промышленности дореволюционной России. С. 123.
⑤ Кафенгауз Л. Б. Эволюция прошмышленного производства России（последняя треть XIX в. -30-е годы XX в）. С. 200 - 201.
⑥ Соловьева А. М. Промышленная революция в России в XIX в. С. 171.

着军队对粗糙纺织品和麻袋制品的需求量增加，不受国外进口产品竞争影响的亚麻工业发展迅速。麻纺织厂数量从1908年的45家增至1912年的65家，增长44.4%，工人数量从4.3万人增至4.6万人。① 与1913年相比，1915年的麻线产量增长31.6%，1916年增长14.9%。麻纺织工业生产增长主要源于军队对纺织品的需求大增。一战期间混合纤维制品产量明显增加，其中内衣制品和各种日用百货产量增加最为明显，针织品的产值从1913年的662.9万卢布增至1915年的1895.1万卢布、1917年的2483.6万卢布。②

四 其他工业部门

19世纪下半叶，俄国工业快速发展，除能源、冶金和纺织等外，其他工业部门也蓬勃发展，最具代表性的是机器制造业、化学工业、建材行业、酿酒业和制糖业等工业部门。

（一）机器制造业

19世纪下半叶，俄国机器制造业快速发展，其中国有机器制造业发展最为迅速。俄国最大的运输机器制造中心为索尔莫沃，位于下诺夫哥罗德附近，主要生产蒸汽机车、车厢和轮船。此外，卢加斯克和科洛姆纳也是重要的运输机器生产中心。农业机器的主要生产中心为哈尔科夫、敖德萨、亚历山大洛夫和伊的萨维塔城。圣彼得堡、莫斯科和弗拉基米尔等地也是俄国重要的机器制造中心。

19世纪50年代，铁路、航运不断发展以及纺织业机械化程度提高，促进机器制造业迅速发展，圣彼得堡和伏尔加河流域最具代表性。圣彼得堡是俄国机器制造业的中心，在俄国机器工业中起着主导作用。圣彼得堡机器制造业享受政府补贴和优惠，同时由国家订货。1860年，圣彼得堡的16家机器制造厂工人和产量占全国的比例分别为56%和91%。同期，莫斯科仅有8家机器制造厂，工人数和产量相当于圣彼得堡的1/6和1/9

---

① Пажитнов К. А. Очерки истории текстильной промышленности дореволюционной России. С. 273.
② Кафенгауз Л. Б. Эволюция промышленного производства России（последняя треть XIX в. -30-е годы XX в）. С. 204.

左右。①

农奴制改革后，俄国政府为扶持机器制造业发展采取了一系列措施。首先，政府以零关税进口机器制造厂所需的铸铁和生铁；其次，提高机器进口关税，关税税率从30戈比/普特增至75戈比/普特。在此期间，俄国建立了诸多大型机器制造厂，圣彼得堡较大的机器制造厂是诺贝尔工厂和奥布赫夫工厂，莫斯科较大的工厂是李斯特工厂、彼列尼德工厂和维伊赫里德工厂。到1870年，俄国机器制造厂达145家，工人达2.7万名，产品价值为2739.1万卢布。1880年，欧俄地区共有237家机器制造厂，工人数量为5.6万名，产品价值为7228.9万卢布，国外进口产品价值为6734.5万卢布，俄国机器产量已超过国外进口量，进口设备的垄断地位丧失。② 1861～1879年，俄国共建成187家机器制造厂，主要生产蒸汽机、机车、车厢、轮船、机床和钢轨等产品。同期，俄国机器制造厂的数量增加2倍，生产价值增长6.5倍③，机器制造厂仍集中于圣彼得堡和莫斯科。

1880～1890年是俄国机器制造业发展的一个黄金时期，1890年俄国共有大型机器制造厂331家，俄国企业主和外国企业主所属企业分别为221和100家。④ 19世纪末，火车机车和车厢制造业飞速发展，车厢和蒸汽机车产量增长最快，相比1880年，1900年产量增长6倍。20世纪初，俄国已有7家蒸汽机车制造厂，年产火车机车1200台；同期，法国境内火车机车的年产量为500台，德国为1400台，美国为3153台，俄国机车产量已超过法国，但仍逊于美国、德国。20世纪初，俄国机器制造厂年产车厢数量约为3万节，其中包括6000节载人和无轨电车车厢。19世纪末，俄国蒸汽机产量已能满足国内需求量的50%以上，国外同类机器的进口数量减少50%。⑤

---

① Лившин Р. С. Размещение промышленности дореволюционной России. М., Наука, 1955. С. 107.
② Фабрично-заводская промышленность и торговля России. С. 149.
③ 刘祖熙：《改革和革命——俄国现代化研究（1861—1917）》，北京大学出版社，2001，第113页。
④ Фабрично-заводская промышленность и торговля России. С. 152.
⑤ Кафенгауз Л. Б. Эволюция прошмышленного производства России（последняя треть XIX в. - 30 - е годы XX в）. С. 40.

20世纪初，俄国铁路建设速度放缓，但蒸汽机车的需求量仍在增加。1902～1906年，火车机车订购量为4925台，价值为1.8亿卢布；1907～1911年，订购数量降为2853台，价值为1.2亿卢布。1912年，蒸汽机车的需求量仅为467台，1913年增至609台。与此同时，车厢制造业发展速度也放缓。[1]

（二）化学工业

俄国工业化进程开启后，化学工业飞速发展。19世纪八九十年代，新建诸多大型化工厂，奠定了俄国现代化学工业的基础。此前俄国化学工业明显落后于西欧国家，由于未使用勒布朗苏打生产工艺，因此碳酸钾需求量大幅增加。俄国碳酸钾、纯碱都是从木材灰烬和草灰中提取的。19世纪初，西欧使用纯碱生产苏打，但俄国的纯碱产量十分有限。80年代初期，纯碱生产需要大量灰烬和苏打，试剂多从国外进口，纯碱和其他碱类产品进口量由1870年的91.6万普特增至1880年的177.0万普特，到1885年增至207.6万普特。1883年，俄国第一家纯碱厂建立，使用氨气加工纯碱。1890年，在卡姆区的邦久格镇建立使用勒布朗工艺生产纯碱的工厂，附带生产其他化学产品。随着制碱业的快速发展，酸和盐制品产量也快速增长，1900年俄国的化学产品已基本能满足国内市场的需求。纯碱工厂主要集中于内陆各省份，硫酸和化肥工厂在波罗的海和波兰地区最为发达。随着纺织品工业的发展，染料需求急剧增加。1882年提高染料关税之后，染料半成品关税大幅度下降。1883年干茜素价格为300卢布/普特，1890年降为110卢布/普特，1896年为65卢布/普特，1898年为55卢布/普特。[2]

硫酸最初从国外进口，因利润较高，很多大公司从国外进口设备在俄国建立硫酸工厂。1894年，诺贝尔兄弟集团硫酸厂、希巴耶夫硫酸厂、杜巴耶夫硫酸厂和加里德留斯特硫酸厂硫酸产量分别为25万、18万、3万和

---

[1] Кафенгауз Л. Б. Эволюция прошмышленного производства России（последняя треть XIX в. -30-е годы XX в）. С. 140.

[2] Кафенгауз Л. Б. Эволюция прошмышленного производства России（последняя треть XIX в. -30-е годы XX в）. С. 47.

2万普特。① 1895年，巴库地区有6家硫酸工厂，到1909年巴库地区有7家大型专业硫酸工厂，年生产量达100万普特以上，同时还有4家苛性钠生产厂家，年生产量为20万普特。② 20世纪初，硫酸主要产区为波兰和波罗的海区域，主要源于该地黄铁矿价格远远低于中部工业区内乌拉尔黄铁矿。加上国外廉价原料不断出口至俄国，波兰和波罗的海区域的硫酸产量大幅提高，从1900年的4554吨增至1908年的6.3万吨。③ 此后几年，由于过磷酸盐的需求量迅速提高，国内该产品的生产数量也大幅增加，生产仍集中在波兰和波罗的海区域。

（三）建材行业

俄国建材行业中，水泥生产较早，但因早期俄国城市化规模有限，水泥产量不高，一直从国外进口水泥等建筑材料。俄国于1851年建立第一家大型水泥厂，位于圣彼得堡郊区。1853年，该工厂水泥产量达25万普特。④ 19世纪六七十年代，又陆续建立几家大型水泥厂，但因经营不善陆续倒闭，随着俄国工业化进程的加快，19世纪末俄国水泥产量迅速增加。

19世纪90年代，建筑行业蓬勃发展，各种建筑材料需求量明显提高。1887~1900年，该行业平均增长速度为343.7%。⑤ 19世纪末，建筑材料生产规模跃居国内第三位，仅次于燃料和铁路部门，其他行业望尘莫及。自19世纪60年代开始，水泥使用范围更加广泛，不足部分从国外进口，90年代水泥产量增加。

20世纪初，经济危机期间建材工业也遭遇危机。因铁路订单明显下降，水泥、制砖、玻璃制造等行业的发展速度也都明显下降。1900年，硅酸盐

---

① Наниташвили Н. Л. Экспансия иностранного капитала в Закавказье（конец XIX – начало XX вв.）. С. 68.

② Ахундов Б. Ю. Монополистический капитал в дореволюционной бакинской нефтяной промышленности. С. 18.

③ Наниташвили Н. Л. Экспансия иностранного капитала в Закавказье（конец XIX – начало XX вв.）. С. 68；Кафенгауз Л. Б. Эволюция прошмышленного производства России（последняя треть XIX в. – 30-е годы XX в）. С. 98.

④ Фабрично-заводская промышленность и торговля России. С. 323.

⑤ Фабрично – заводская промышленность и торговля России. С. 326.

水泥的产量为 278.7 万袋，1903 年达 335 万袋，1905 年降至 247.3 万袋。①

（四）酿酒业

19 世纪末，俄国酿酒业发展缓慢，酒产品产量下降。以白酒行业为例，1887~1900 年只有 7 年（1888 年、1891 年、1893 年、1894 年、1895 年、1896 年及 1900 年）生产规模扩大，其他年份产量下降。而啤酒产量却迅速增加，1887~1900 年只有 1891~1893 年产量减少，其他年份产量持续增加。

随着居民购买力的提高，酒类产品需求量也增加。1901~1903 年经济危机期间酒产量明显下降，1904 年酒产量又开始增加，1905~1908 年酿酒业的年均增长率为 2.3%，同 19 世纪末一样，啤酒需求量仍高于白酒。啤酒主要需求者为城市和工业区居民。1887~1900 年啤酒产量增长 5.8%，1893~1900 年增长 8.9%。②

（五）制糖业

自 19 世纪 70 年代开始，南俄制糖工业飞速发展，主要集中在三大区域：一是基辅、沃伦、比萨拉比亚和波兰；二是哈尔科夫、沃罗涅日、库尔斯克等省；三是中部工业区和圣彼得堡等地。由此看出，俄国制糖业主要集中于南俄地区。俄国政府减少糖类产品消费税和提高进口关税后，制糖工业快速发展。19 世纪末，随着交通运输业的发展和国内市场的扩大，制糖厂分布发生变化，主要分布区域如下。第一，西南部省份，主要为别萨拉比亚、基辅、沃伦和波多利斯克省，1892~1893 年上述省份产糖量占比为 51.8%；第二，中部工业区，主要省份为沃罗涅日、叶卡捷琳诺斯拉夫、库尔斯克、奥廖尔、萨马拉、土拉和唐波夫等，上述省份的产糖量占比为 29.9%；第三，波兰各省，其比例为 17.9%。③ 由此可见，制糖业最为发达的地区仍为南俄。

19 世纪 80 年代，俄国生产糖果的小作坊很多，1887 年俄国境内已有制

---

① Кафенгауз Л. Б. Эволюция прошмышленного производства России（последняя треть XIX в. – 30-е годы XX в）. С. 96.
② Кафенгауз Л. Б. Эволюция прошмышленного производства России（последняя треть XIX в. – 30-е годы XX в）. С. 105 – 106.
③ Фабрично-заводская промышленность и торговля России. С. 175.

糖厂215家，工人3918名，单位工厂工人数量为18名。90年代，受城市规模扩大和工业居民快速增多的影响，糖果需求量大增，大型糖果厂纷纷建立，工人数量快速增加，1900年为1.1万名。①

1901~1908年，砂糖年均增长7.6%，明显高于19世纪末的6.8%，只有1904年下半年至1906年上半年增长速度稍有下降。由于需求量大幅度提高，居民对产品质量的要求也提高，产品质量提升较快。甜菜制糖业在制糖业中的比例从1900年的12.5%增加到1907年的14.0%。此后大企业生产集中程度提高，劳动生产率也有所提高，工厂日产量从1900年的393吨增至1907年的433吨。② 制糖工业的发展带动了相关部门的发展，如糖果和巧克力的产量大幅提高。

克里米亚战争失败后，俄国政府采取措施促进国内工业的发展。③ 19世纪60~90年代，俄国历任财政大臣，如赖滕、本格、维什涅格拉德斯基、维特等进行大刀阔斧的改革。1890年，工业生产产值为15亿卢布，1900年增加到30亿卢布，1909~1913年生产资料和生活资料年均增长率分别为13%和6.2%。④ 到20世纪初，俄国工业生产总值稳居世界第五位，远超奥地利、匈牙利、意大利、西班牙和日本。

---

① Кафенгауз Л. Б. Эволюция прошмышленного производства России（последняя треть XIX в. -30 -е годы XX в）. С. 53.

② Кафенгауз Л. Б. Эволюция прошмышленного производства России（последняя треть XIX в. -30-е годы XX в）. С. 105.

③ Кризис самодержавия в России 1895 -1917 гг. Л., Наука, 1984. С. 30.

④ Бовыкин В. И. Россия накануне великих свершений. М., Наука, 1988. С. 127 -128.

第三章 俄国工业发展动力和特征

19世纪下半叶,俄国工业快速发展,有其原因及特征,政策制定、外资进入、技术革新、全俄市场进一步深化等都加速了俄国的工业化进程;与此同时,俄国摆脱农奴制的桎梏,也加快了经济发展。俄国工业化既有一般国家经济发展的普遍性,又有其特殊性,其中工业发展的循环性和周期性、工业分布失衡、经济重心南移和垄断组织诞生等特征最为显著。

第一节 俄国工业快速发展的原因

俄国大工业崛起于18世纪初,很多工业部门的基础基本奠定,但到19世纪俄国工商业才步入快速发展时期。1861年农奴制改革为工业发展提供了所需的资金和劳动力,促进了工业的进一步发展。与此同时,交通运输设施也逐步完善,政府制定了一定的灵活政策,也为工业发展增添了新的活力。

一 政府政策决定俄国工业的兴衰

虽然工业发展受诸多因素影响,如资源禀赋、地理位置、交通状况、技术水平、劳动力供应等,但综合来说,政府对待工业发展的态度才决定了各工业部门的发展程度、规模和走向。这些政策包括农奴制改革、包税制度废除和关税政策等。下文以俄国能源工业受政策影响的情况进行分析。

(一)保护性关税奠定工业发展的基础

关税政策是保护本国工业发展的重要措施,俄国关税政策历经自由贸易关税、禁止性关税、温和保护关税和强制性保护关税几个阶段，虽然历任政府关税改革侧重点和目的不同，但其出发点都是保护本国工业、增加税收、维持对外贸易平衡，旨在促进民族经济发展。具体途径包括制定高关税禁止外国商品输入或限制进口量。

俄国关税保护政策由来已久，1822年俄国虽未从名义上禁止棉布、毛织品、丝织品、香烟、葡萄酒、香料和食糖等商品进口，但征收商品价值1~2.5倍的关税；生铁关税为产品价值的6倍，铁制品关税为其价值的2.5倍，等同于禁止性关税。① 这一时期关税政策的实施促进了棉纺织工业的发展，也为冶金工业和其他工业的发展奠定了基础。

1823年，坎克林就任财政大臣。为扶持本国工商业发展，他推行禁止性关税政策，恢复酒产品的包税制度、对香烟征收消费税。随后，颁布法令征收营业执照税，一等、二等和三等商人的营业执照税分别为2200卢布、880卢布和220卢布。1839年，营业执照税进行改革，一等、二等商人征税数额分别为660卢布和264卢布，三等商人的税率有所浮动，根据经营状况和店铺位置分别征收66卢布、43卢布、30卢布和20卢布四个档次的税额。在坎克林就任期间，即1823~1827年，俄国预算赤字明显缩减，共节省6500万卢布。② 克里米亚战争俄国军费支出为5亿卢布，其间国家预算赤字达6亿卢布③，卢布严重贬值，卢布牌价大跌，税收改革势在必行，但俄国并未出台有效的措施和法律。

随着工业的发展，工业品的进口关税大幅度提高，反之，原材料进口关税则降低。以毛纺织品为例，关税从商品价格的40%提高至225%，关税额达4卢布/普特，丝织品的关税额达1卢布20戈比/普特。④ 关税增加明显促进了

---

① Лященко П. И. История народного хозяйства СССР. Т. I. М., Государственное издательство политической литературы, 1956. С. 537.
② Захаров В. Н., Петров Ю. А., Шацилло М. К. История налогов в России IX - начало XX века. М., РОССПЭН, 2006. С. 61.
③ Захаров В. Н., Петров Ю. А., Шацилло М. К. История налогов в России IX - начало XX века. С. 173.
④ Соболев М. Н. Таможенная политика России во второй половине XIX века. Ч. I. М., РОССПЭН, 2012. С. 147.

毛纺织工业的发展，19世纪50年代，俄国毛纺织品的销售额已达4600万卢布，其中300万卢布产品出口至亚洲。进口毛纺织品的数额迅速降低，1851年、1852年和1853年进口数量分别为1.7万、1.4万和1.4万普特，只占国内总需求量的3.3%。① 纺织品的进口趋势大致如此，商品进口税率提高后，从国外进口商品的数量大幅度降低。克里米亚战争后，俄国政府采取措施保护本国工业，1857年进一步调整关税，新税率随之诞生。为扶持工业发展，1857年税率政策规定海运和陆运进口纱线关税从原来的5卢布/普特降至3卢布50戈比/普特，继而下调至2卢布50戈比/普特。② 生丝、铁矿石、锌的进口关税由1卢布/普特调整为40戈比/普特。毛线进口税额由1卢布20戈比/普特降至20戈比/普特，此外多种工业原料实行零税率。1857年税率政策为金属材料、机器设备的进口提供优惠，规定机器和设备进口免征关税。取消生铁进口的限制，但仍课以重税，为其价值的35%~70%。③ 因此，1857年税率政策具有温和保护性关税特征。赖滕继任财政大臣后对1857年税率政策进行修订，但为促进国家工商业发展，税率改革的保护性特征愈加凸显。1868年税率政策的保护性更强，皮革和亚麻产品的关税税率为其价值的22%，棉布、毛织品和棉织品税率为其价值的24%、26%~30%和34%~36%。④

19世纪70年代，俄国关税保护等级更强，目的是缓解经济危机的压力，几乎所有商品关税都增加1/3左右。维特继任财政大臣之后俄国关税屡次提高，目的是增加政府收入和保护本国工业。为增加财政收入，1881年俄国政府将进口关税又提高了10%。⑤ 1882年、1884年和1885年俄国连续

---

① Соболев М. Н. Таможенная политика России во второй половине XIX века. Ч. I. С. 151.
② Собелев М. Н. Таможенная политика России во второй половине XIX века. Ч. I. С. 123 – 126.
③ Кулищер И. М. История русской торговли и промышленности. Челябинск., Социум，2002. С. 38.
④ Собелев М. Н. Таможенная политика России во второй половине XIX века. Ч. I. С. 301 – 310.
⑤ Китанина Т. М. Россия в первой мировой войне 1914 – 1917гг: экономика и экономическая политика. Часть 1. СПб. ，Из-во спб-университета，2003. С. 51 – 52；Хромов П. А. Экономическая история СССР. Период промышленного и монополистического капитализма в России. С. 97.

三次提高关税税率。1882年，所有原材料和工业半成品的进口关税均提高，其中碳酸钠和硫酸等化学产品的进口关税提高幅度最大，1885年工业品关税税率又提高20%。① 可以说，整个80年代为保护重工业的发展，燃料、金属和金属制品的进口关税连续提高，而1890年多数商品关税在原有的基础上再提高20%。② 1891年，税率再次大幅度提高，包括432种商品，其中67种商品征收额度达到其价值的101%～200%，44种商品关税比例达201%～500%，35种商品关税额度超过500%。③ 1893年，俄国实行双轨关税制，对俄国粮食出口给予优惠的国家，俄国给予其最惠国关税待遇。1900年，俄国又经历了一次关税调整，食品进口关税提高50%，工业原料关税调高10%～20%，棉纺织品、生丝、宝石进口关税分别提高30%、100%和122%，但与俄国签署贸易协定的国家除外。④

为保护本国产品利益，俄国不惜发动关税战，其中俄德关税战最具代表性。俄国农产品大量输往德国，19世纪末德国的工业品大量输入俄国，德国政府对俄农产品的关税一提再提，而与奥匈帝国、意大利、美国、罗马尼亚等国签订的贸易协定具有互惠性质，俄国被排除在外，因此俄国也提高德国工业品的进口关税。俄德关税战导致俄国政府通过了1891年禁止性关税政策，与1868年相比，生铁、煤油、钢轨、机器、蒸汽机车、棉布和硫酸的关税税率分别增长9倍、2倍、3.5倍、7倍、3倍、1倍和3.5倍。⑤ 从此时起，俄国建立了强有力的保护关税体制，俄国工业处在高关税羽翼之下，取得巨大成就，这也使20世纪初的俄国成为关税最高的国家。

---

① Куприянова Л. В. Таможенно-промышленный протекционизм и российские предприниматели (40–80-е годы XIX века). М., Из-во РАН. 1994. С. 118.

② Шепелёв Л. Е. Царизм и буржуазия во второй половине XIX века. Проблемы торгово-промышленной политики. Л., Наука, 1981. С. 166–167.

③ Соболев М. Н. Таможенная политика России во второй половине XIX века. Ч. II. С. 356.

④ Обухов Н. П. Внешнеторговая, таможенно-тарифная и промышленно-финансовая политика России в XIX – первой половине XX вв. (1800–1945). М., Бухгалтерский учет, 2007. С. 183.

⑤ Субботин Ю. Ф. Россия и Германия: партнеры и провмники (торговые отношения в конце XIX в. –1914 г.). М., Из-во РАН, С. 20–23.

就煤炭工业而言，俄国工业快速发展后燃料需求量大增，每年需从国外进口大量煤炭，1860年本国煤炭产量仅为世界总产量的0.2%，进口煤炭占俄国煤炭总需求量的55%～60%，英国煤炭垄断俄国煤炭市场的状况一直持续至1887年。① 1884年以前，除波兰地区外，国外煤炭和焦炭可以零关税进入俄国市场，从而垄断了国内市场，最终造成俄国对进口煤炭的高度依赖，严重制约了煤炭工业发展。19世纪80年代，俄国政府意识到发展本国重工业的重要性，不遗余力地发展能源工业，实施保护性关税就是其重要手段之一。80年代中期以后，俄国政府为扶持煤炭工业发展，开始对进口煤炭征收关税，俄国政府三次提高煤炭进口关税，借此保护本国煤炭工业和减少煤炭进口量。1884年，亚速海和黑海、俄国西部边境和波罗的海港口煤炭的进口关税税额分别为2金戈比/普特、1.5金戈比/普特和0.5金戈比/普特。为刺激顿巴斯煤炭工业发展，1886年，黑海和亚速海港口煤炭进口关税税额增至3金戈比/普特，1887年，俄国西部地区和波罗的海港口煤炭进口关税税额增至2金戈比/普特和1金戈比/普特。此外政府大力提高焦炭进口关税，亚速海和黑海、俄国西部边境和波罗的海港口焦炭进口关税税额分别为4.5戈比/普特、3戈比/普特和1.5戈比/普特。② 煤炭关税提高后，亚速海和黑海地区英国煤炭进口量迅速下降，俄国煤炭逐渐垄断该地区市场，进口煤炭主导地位丧失。煤炭关税政策实施后亚速海和黑海地区煤炭进口量从19世纪60年代的770万普特降至19世纪90年代的200万普特③，顿巴斯煤炭已垄断该地市场。90年代，因尼古拉耶夫铁路停止从圣彼得堡向莫斯科输送进口煤炭、顿巴斯煤炭运至莫斯科的费用降低和重

---

① Баканов С. А. Угольная промышленность Урала: жизненный цикл отрасли от зарождения до упадка. Челябинск., Издательство ООО "Энциклопедия", 2012. С. 42.

② Соболев М. Н. Таможенная политика России во второй половине XIX века. Том II. С. 117, 122, 128; Тихонов Б. В. Каменноугольная промышленность и черная металлургия России во второй половине XIX в. М., Наука, 1988. С. 126; Фомин П. И. Горная и горнозаводская промышленность Юга России. Том II. Харьков., Хозяйство Донбасса, 1924. С. 87–88; Куприянова Л. В. Таможенно-промышленный протекционизм и российские предприниматели 40–80-е годы XIX века. М., Из-во РАН. 1994. С. 230, 238; 张广翔、梁红刚：《19世纪俄国保护关税政策问题》，《史学集刊》2015年第3期，第55页。

③ Бакулев Г. Д. Черная металлургия Юга России. М., Изд-во Гос. техники, 1953. С. 113.

油广泛使用，进口煤炭逐渐被排挤出中部工业区市场。① 俄国关税税率提高使顿巴斯煤炭行销国内大部分地区。

国家为扶持冶金工业，不断提高金属制品的进口关税。19世纪上半叶，俄国实行保护关税政策，基本上禁止进口外国金属，保证本国企业在国内市场的独占地位。然而到19世纪中叶时，国内工业、运输业和军工业的金属需求量猛增，因国产金属供应量不足，俄国政府先后于1850年、1857年和1859年对进口外国金属重新实行适当的保护关税税率。例如，1857年，国务会议批准降低金属制品的进口关税，使俄国金属进口量直线上升，1851～1860年，进口铁23.9万普特。② 19世纪下半叶，为扶持本国机器制造业和加速铁路建设进程，俄国政府曾取缔生铁和铸铁的进口关税。但随着南俄冶金工业的发展，政府又多次提高关税税率，1885年农业机器、化学产品和毛纺织品等商品的关税税率也大幅提高。与1868年相比，1877～1890年铸铁关税税额提高近9倍，煤油、轨道、机器、蒸汽机车、棉纺织产品的关税税额分别提高2倍、3.5倍、7倍、3倍和1倍。随着关税税额的增加，俄国国民收入大幅度提高，1860年、1880年、1890年和1900年关税收入约为4990万、1.1亿、1.3亿和2.1亿卢布。以上数据显示，俄国主要工业品关税明显高于德国、法国和意大利。③

1894年，俄国政府提高生铁进口关税，每普特生铁关税为45戈比。20世纪初，又进一步提高冶金产品进口关税，1908～1912年每普特生铁、熟铁、小型钢和钢轨的进口关税相当于产品成本的100%、70%～95%、108%～125%和90%。④ 20世纪初，南俄和乌拉尔冶金工厂每普特生铁的成本分别

---

① Обухов Н. П. Внешнеторговая, таможенно-тарифная и промышленно-финансовая политика России в XIX – первой половине XX вв. (1800 – 1945). М., Бухгалтерский учет, 2007. С. 114; Фомин П. И. Горная и горнозаводская промышленность Юга России. Том II. С. 87.

② Купрянова Л. В. Таможенно-промышленный протекционизм и российские предприниматели 40 – 80 годы XIX в. С. 56.

③ Хромов П. А. Экономическая история СССР. Период промышленного и монополистического капитализма в России. С. 97.

④ Цукерник А. А. Синдикат "Продамет". М., Издательство социально экономической литературы, 1959. С. 101.

为50戈比和60戈比,国外冶金产品因关税较高,已无力与俄国同类产品进行竞争。俄国对冶金产品的关税保护制度,限制了国外同类产品进入俄国市场,客观上促进了俄国冶金工业的发展。

(二) 农奴制改革为工业发展奠定基础

1861年农奴制改革后,工业中的农奴强制劳动力被自由雇佣劳动力所替代,在自由劳动力增加的同时各部门劳动生产率也迅速提高,由于高加索石油工业较有代表性,下文以农奴制改革对高加索石油工业的影响展开分析。19世纪初,高加索地区已完全纳入俄国版图,该地区不但保留着封建依附关系,且存在形形色色的奴隶制残余。清理农奴关系开启了高加索地区的现代化之路,对该地区社会经济发展产生了较大影响。

以石油工业为例,1861年农奴制改革是推动高加索地区纳入俄国政治和军事体系的重要因素,虽然各地改革的幅度、质量、深度和效果有所差异,但改革所采取的诸多措施是社会、政治和经济实现一体化的主要动力。改革为矛盾统一体,欲消除内部消极和落后因素,保持社会稳定,必须进行改革;但改革也必定损害一部分人的利益,具有阵痛过程;改革还将引起社会关系变革,其成败取决于是否能促进社会进步、区域社会经济发展,这些特征在19世纪下半叶的高加索地区表现明显。19世纪70年代,高加索地区开始农奴制改革,90年代农奴制改革彻底完毕。高加索地区的改革取得较大成果,不仅抵御了外国势力的渗入,还促进了本地物产的应用,为政府开辟财源,增加收入,减少国库支出。农奴制改革一方面为石油工业提供发展契机——改革后大部分土地收归国有和地主所有,便于土地大面积租赁和石油开采作业,另一方面为工业提供了大量劳动力,至1913年时北高加索地区解放12.7万名农奴。① 劳动力增加和土地包税制度的废除成为石油工业发展的动力,可以说农奴制改革为该地工业创造了良好的发展环境。

(三) 包税制度废除促进俄国工业崛起

俄国诸多工业部门实行包税制,农奴制改革后该制度成为工业发展的

---

① 〔俄〕П. А. 库吉米诺夫:《19世纪中期俄国北高加索地区的社会改革》,邓沛勇译,《吉林大学社会科学学报》2014年第6期,第164页。

掣肘，如包税制度严重阻碍了俄国石油工业发展，废除包税制度已势在必行。在包税制度废除之前，法律保障包税人垄断石油工业的权利，除包税人外，任何人无权开采和出售石油，违者将处以 1000 卢布的罚款。煤油加工厂业主为资产阶级代表，包税人为封建农奴制代表，二者之间的矛盾日益加深，为争夺石油开采权进行激烈斗争。包税制度已严重抑制俄国石油工业的发展，很多学者和工程师都呼吁废除包税制度。①

1872 年，俄国政府颁布法律取消包税制度，这使俄国石油工业进入全新发展阶段。1872 年 2 月 1 日，俄国政府颁布石油工业生产规章，石油工业业主将以竞标方式获得油田，租期可以大幅度延长，这使企业主投资石油工业的兴趣大增，俄国石油工业得到了飞速发展。

二　外资是刺激俄国工业崛起的重要推力

外资对俄国经济发展作用巨大，其主要投入领域是运输、冶金和采矿工业，也包括化工、纺织、机械、电气和贸易领域。总体而言，1861～1917 年俄国外资引入量由 5.5 亿卢布增至 156.7 亿卢布。② 因外资大量投入和大肆举债，19 世纪俄国已成为世界上最大的债务国，其借款额已占全球债务的 11%。③ 19 世纪 90 年代初期，俄国 3/4 的外资投入金融业和重工业，投入铁路部门的外资比例为 1/5。④ 俄国外资中法国资本占据第一位，紧随其后的是英国、德国、比利时和美国。据统计，革命前投入俄国银行、工业和贸易股份制企业中的外资就达 22.4 亿卢布，占俄国股份资本的比例为 38%，外资作用不言而喻。⑤ 外资主要投资领域是俄国工业和金融业，1885～1915 年

---

① Менделеев Д. И. Нефтяная промышленность в Пенсильвании и на Кавказе. Соч. Т. Х. М., Изд-во академии СССР, 1949. С. 63.

② Бовыкин В. И. О вопросу о роли иностранного капитала в России//Вестник МГУ, 1964. №1. С. 69.

③ Грегори П. Экономический рост Российской империи (конец XIX - начало XX в.). М., РОССПЭН, 2003. С. 41.

④ Бовыкин В. И. Финансовый капитал в России накануне первой мировой войны. С. 34.

⑤ Гиндин И. Ф. Банки и экономическая политика в России XIX - начало XX в. М., Наука, 1997. С. 226 - 227；Федоров В. А. История России 1861 - 1917. С. 193.

工业投资中外资所占比例达60%，投入金融业的外资比例为30%~40%。①至20世纪，因世界经济危机影响，外资主要投资实业。

19世纪下半叶，外资大量投入俄国铁路，至1913年时，即使俄国铁路建设规模收缩，外资仍占资本投入量的50%。就具体工业部门而言，1881年前外资仅占采矿、冶金和金属加工工业总投入量的32.2%，化学、纺织、木材加工、造纸和印刷工业多依靠本国资本发展。1900年，外资在采矿、冶金和金属加工、矿产品加工、化学、纺织、食品和畜产品加工工业股份资本中所占的比例分别为61.8%、43.2%、42.2%、18.6%、10.1%、19.9%。②一战前，外资一般以生产性投资为主，1900~1908年，生产性投资和非生产性投资领域外资数量分别增加3.5亿卢布和13.4亿卢布，1908~1914年生产性投资中外资的比例增至14.0亿卢布，非生产性投资则减少至2.1亿卢布。③此外，1861~1914年，俄国铁路建设投资额为48.2亿卢布，外资和俄国本国资本所占比例分别为74.5%和25.5%，而在1861~1881年和1893~1900年，外资分别占94.25%和82.95%。④

俄国工业高度依赖外国资本。1861年改革后，俄国通过贷款、发行有价证券和鼓励外国人赴俄建厂等方式引进国外资本。1900年，外资约占俄国股份公司总资本的29%，一战前，提高至33%。俄国银行业严重依赖外国资本，1914年52%的银行资本由7家大型银行掌控，这些银行大多是外国银行子公司。1916年，俄国工业外资总投入量增加到22.5亿卢布，约占工业投资总额的1/3。⑤外国资本垄断南俄70%的冶金业、高加索地区60%

---

① Хромов П. А. Экономическое развитие России. Очерки экономики России с древнейших времен до Великой Октябрьской революции. М., Наука, 1976. С. 473-474.
② Бовыкин В. И. О вопросу о роли иностранного капитала в России. С. 78.
③ Бовыкин В. И. О вопросу о роли иностранного капитала в России. С. 71-77.
④ Бовыкин В. И. О вопросу о роли иностранного капитала в России. С. 74.
⑤ 俄国学者对革命前投入俄国工业中的外资数额的看法存在分歧，В. С. 季夫教授认为，1917年投入俄国工业的外资数额为14.3亿卢布，其中采矿工业为7.7亿卢布、冶金和机器制造业为3.5亿卢布、化学工业为8000万卢布、纺织和食品工业分别为1.2亿和3600万卢布。〔美〕尼古拉·梁赞诺夫斯基、马克·斯坦伯格：《俄罗斯史》，杨烨、卿文辉主译，上海人民出版社，2007，第399页；Донгаров А. Г. Иностранный капитал в России и СССР. С. 21；Предпринимательство и предприниатели России от истоков до начала XX века. М., РОССПЭН, 1997. С. 100。

的石油开采量和90%的电力企业。① 以上数据足以说明俄国工业对外资的依赖程度，某种程度上说，外资可左右俄国经济。

19世纪末，外资在俄国经济中发挥巨大作用，俄国政府引进外资的方式主要包括政府举债、外国企业对俄直接投资和购买俄国公司的股票和债券。以石油工业为例，19世纪末，国际大型石油公司为垄断俄国国内外石油市场，几度抬高油价，利用本身资金优势并购中小企业，完善运输工具和设施，完善开采和钻探技术，最终垄断了俄国国内外的石油市场。俄国石油工业中最具影响力的国外垄断集团为诺贝尔兄弟集团、里海—黑海石油工商业公司和英荷壳牌石油公司。诺贝尔兄弟集团因资金和运输优势，长期垄断俄国国内石油市场。20世纪初以前，里海—黑海石油工商业公司凭借其资金实力和国际影响力，垄断了俄国国外石油市场。20世纪初，该公司地位逐渐下降，诺贝尔兄弟集团一家独大，逐渐垄断俄国国内外石油市场，英荷壳牌石油公司则垄断东方市场上的俄国石油出口业务。三大外资集团对俄国石油工业影响十分巨大，控制了50%以上的石油开采和贸易，掌控了俄国石油工业的命脉。

值得一提的是，各国企业主关注重心不同，英国企业主主要投资俄国冶金业和机器制造业，德国企业主主要投资电力和化学工业，法国和比利时企业主青睐采矿和冶金工业。从时间上看，19世纪下半叶外资大量涌入南俄地区，主要投资采煤业和冶金业，其中法国、比利时和英国资本所占比例最高。19世纪末，俄国经济发展较快与国外资本大量涌入密不可分，俄国也逐步融入世界资本主义经济体系之中，成为全球资本主义体系的有机组成部分。

三 技术革新是俄国工业发展的动力

19世纪工业革命席卷全球，各大国相继推进工业化，在工业革命迅速扩展的同时，技术革命也随之发展。19世纪下半叶，俄国也开启工业革命，

---

① История социалистической экономики СССР. Т. Ⅰ. Советская экономика в 1917 – 1920 гг. М.，Наука，1976. С. 19.

各大工业部门争相引进先进技术和设备，生产力迅速提高，其中石油、煤炭和冶金工业技术革新最具代表性。

（一）石油工业技术革新

技术革新是巴库石油产量不断提升的动力。19世纪末，巴库地区石油开采和钻探技术迅速发展，而石油蒸馏和加工工艺也不断提高。巴库地区盛产石油，早期主要使用原始手工打井方式采油。随着石油需求量的急剧增加，原始方法已不能满足各行业的石油需求，手工打井法逐渐被坑井采油法和钻井取油法所替代。

石油开采技术完善。1861年农奴制改革前，俄国石油开采技术主要是坑井采油法，改革后才发展为钻井采油法。虽然坑井采油法技术落后，但对于俄国石油工业而言仍具有重大意义。坑井采油法的主要工艺仍是挖井取油，坑边两侧设置台阶以方便人工取油，坑井直径取决于岩石的厚度。坑井采油法主要使用羊皮皮囊捞油，借助手动滑轮将皮囊升至地面，皮囊容量很小，与普通水桶相等。随着钻井深度和采油量的增加，开始使用马皮和牛皮制作皮囊，皮囊容量达5普特。皮囊边缘先缝上铁皮，两面使用铁轭加固，铁轭上绑上绳子，然后将石油提升至井口。巴库油田各地坑井深度不一致，1825年巴拉罕油田坑井的平均深度为12米，恩巴地区只有3米。随着挖井技术的不断完善，坑井深度也逐渐增加，1870年巴拉罕油田坑井深度达14米，恩巴地区达5米。因坑井采油法采油量有限，石油开采技术仍有待改进。

钻井采油法的初步尝试和大规模使用。俄国打井钻探由来已久，但最初并非用于石油钻探，多用于打水井和采盐。直到19世纪初，钻井才用于莫斯科近郊煤田采煤。饮用水钻井深度一般为36~189米，各段钻管长度为1.2~1.8米，由锅炉铁制成，钻井直径为4~10英寸。[①] 19世纪60年代，俄国工程师开始尝试用钻井采油法采油，因国外专家指出巴库地区岩层复杂，不适合钻井开采，只有少数工程师进行尝试。1864年，俄国工程师初次使用

---

① Лисичкин С. М. Очерки по истории развития отечественной нефтяной промышленности. С. 51.

金属钻管采油，最初结果不尽如人意，但经过多次试验后于1866年俄国第一口钻井钻探成功，该钻井连续出油近2个月，钻井深度达37.6米，出油量达10万普特。[①] 70年代，巴库地区钻井总量迅速增加，1876年和1879年其数量分别为101口和301口，1872～1900年巴库地区钻井数量超过3000口。1901年、1908年和1913年钻井数量分别为1301口、2456口和3450口，单位钻井平均采油量分别为34万普特、18万普特和11万普特，钻井寿命一般为5～7年。[②] 采油方法由旧式的皮囊捞油法替换为钻井抽油法，不但提高了采油效率，采油量也大幅度提升。

（二）煤炭工业技术革新

最初，俄国煤炭开采方式落后，直到19世纪上半叶才进行井下采煤，但矿井深度只有17～35俄丈[③]，矿井为单独井筒，煤炭先放入吊桶或箱子之中，然后使用手动绞盘拉出。到19世纪下半叶，蒸汽机开始应用于采煤业，但主要用于通风、排水和煤炭提升设施，很少用于井下作业。19世纪末，随着钻探技术的不断完善，钻井深度已达50余俄丈[④]，井筒已由传统的圆形截面转变为方形和直角截面，并使用木材加固。

俄国采矿业技术革新始于19世纪90年代中期，明显落后于其他工业部门。20世纪初，顿巴斯矿区已开始使用钻探爆破方式采煤，其主要工作流程为钻探钻井、放入炸药、炸药爆破、井底通风、井体加固和煤炭外运。随着手动打孔机或气动钻锤钻探方式的逐渐普及，煤炭开采水平也迅速提高，钻探机械化程度提高。一个重要的发展是，19世纪末炸药开始用于采

---

① 张广翔：《19世纪60～90年代俄国石油工业发展及其影响》，《吉林大学社会科学学报》2012年第6期，第120页。

② Дьяконова И. А. Нефть и уголь в энергетике царской России в международных сопоставлениях. С. 73，74，75，76；Наниташвили Н. Л. Экспансия иностранного капитала в Закавказье (конец XIX – начало XX вв.). С. 46；Матвейчук А. А., Фукс И. Г. Истоки российской нефти. Исторические очерки. С. 40；Ахундов Б. Ю. Монополистический капитал в дореволюционной бакинской нефтяной промышленности. С. 199.

③ Братченко Б. Ф. История угледобычи в России. С. 106；Фомин П. И. Горная и горнозаводская промышленность Юга России. Том I. С. 143－145；Очерк месторождения полезных ископаемых в Еройской России и на Урале. СПб．，Типография В. О. Демакова，1881. С. 111.

④ Струмилин С. Г. Черная металлургия в России и в СССР. С. 77；Хромов П. А. Экономика России периода промышленного капитализма. С. 133.

煤业，胶质炸药和甘油炸药最为常见，安全性能高的颗粒炸药也逐步推广，主要使用雷管或发电机引爆炸药。开采技术不断更新，成本也随之降低。

（三）冶金业技术革新

乌拉尔地区铁矿资源丰富，17世纪之前当地居民就开始冶炼铁矿石，主要使用冶炼坑和黏土炉炼铁。彼得一世改革后，乌拉尔冶金业迅速崛起，冶金工厂开始使用土高炉冶铁，但工厂规模有限。随着乌拉尔冶金工业的发展，冶铁手工工场出现，部分工场主开始雇用自由劳动力生产，冶金业由家庭手工业发展为手工工场，社会分工日趋明显。17世纪末，乌拉尔冶金工厂冶铁技术进一步提高，开始大规模使用高炉和大型机械设备，传统的土高炉逐步被淘汰。

18世纪初，俄国已出现大型冶金手工工场，主要使用高炉炼铁，1701年，乌拉尔涅维扬斯克工厂使用高炉产出第一批铸铁。传统生吹炉演化至高炉标志着乌拉尔冶金业的第一次技术革新，此时炼铁高炉高度达8.5～9米。技术水平的提升使铁产量迅速提高，劳动力消耗与之前相比却少了许多。①

18世纪，俄国冶金技术明显高于西欧，当时英国、德国、法国、比利时和瑞典仍使用传统方式炼铁，而乌拉尔地区冶金手工工场已经用高炉冶炼铁矿石，并配备鼓风机和大锤。

1838年，工匠萨甫诺夫成功制造出俄国第一台液压式水轮机，随后该机器在乌拉尔冶金手工工场中广泛应用，其功率多为30～40马力，冶铁量大幅度提高。但水轮机缺陷较为明显，一是功率较小，二是受季节影响较大，春夏季节水库水量充足，水能供应不成问题，旱季水库水位较低，金属产量大幅度降低。因水轮机缺点突出，蒸汽机逐渐在乌拉尔冶金业推广，蒸汽机的使用可以说是乌拉尔冶金工业的第二次技术革新。②

高炉是冶金业的核心设备，19世纪乌拉尔冶金工厂开始改善高炉结构。18世纪，俄国的高炉多为土高炉，为提高金属产量，19世纪开始改善高炉

---

① Струмилин С. Г. История черной металлургии в СССР. С. 421.
② Иосса Н. А. Материалы для изучения горнозаводской промышленности России//Горный журнал.，СПб. 1890. Т. 1. С. 244.

结构。18世纪初，高炉高度达9米以上，其内部截面为圆形，此时西欧国家大部分高炉截面为方形。因冶炼技术较先进，乌拉尔高炉燃料消耗量明显低于其他国家，如乌拉尔高炉冶炼100公斤生铁需要156~172公斤木炭，同期瑞典新式高炉木炭消耗量为300~350公斤。① 19世纪中叶，乌拉尔高炉主体高度已达15.7米，一般矿区高炉高度也超过12米。②

冶铁技术进步主要源于搅拌法炼铁技术的广泛采用。1851~1860年，乌拉尔使用该法炼铁的工厂由92家增至337家。1800年，乌拉尔地区单位高炉年均产铁量为8.7万普特，1860年达13.7万普特。③ 即便如此，俄国冶金业的动力系统仍十分落后，使用蒸汽机的工厂数量较少，大部分工厂仍使用古老的木制水力磨轮动力系统。19世纪下半叶，俄国高炉数量大幅度增加，1885年和1890年，高炉数分别为102座和105座，使用热吹工艺的高炉数量分别为43座和62座。1890~1900年，俄国生铁产量从5600万普特跃升到1.8亿普特，增长近2.2倍；钢产量从2600万普特上升为1.4亿普特，增长近4.4倍，比同期世界炼钢生产增长速度快3倍。④ 1900年，南俄共有冶金工人5.3万人，占全国冶金工人总量的16%，而黑色金属产量占全国50%以上。南俄冶金企业的机器平均功率为乌拉尔老式冶金企业的24倍，人均动力功率为乌拉尔的26倍。⑤ 因此，技术革新对俄国冶金业的发展功不可没。

四 交通运输发展为工业发展增添新活力

影响市场的首要因素是交通运输，不同时期各种运输方式所起的作用各异，对市场形成和发展的影响程度也不尽相同。交通运输是影响市场范

---

① Струмилин С. Г. История черной металлургии в СССР. Т. 1. С. 150.
② Путилова М. В. Казенные горные заводы Урала в период перехода от крепостничества к капитализму: К проблеме промышленного переворота. Красноярск., Изд-во Краснояр. ун-та, 1986. С. 34.
③ Алексеев В. В., Гаврилов Д. В. Металлургия Урала с древнейших до наших дней. С. 377, 389, 380.
④ Соловьева А. М. Промышленная революция в России в XIX в. С. 226–227.
⑤ Соловьева А. М. Промышленная революция в России в XIX в. С. 226–227.

围、规模和容量扩大的关键所在，因此下文以俄国交通运输为例阐述市场变化，并以此为切入点分析俄国交通运输发展和市场强化对工业的影响。交通运输对商品流通影响最大，与畜力运输相比，水路优势明显，俄国水路四通八达，流经范围广，但其影响范围、市场规模及容量仍无法与铁路相比，速度更是落后不少。俄国统一市场虽于18世纪末至19世纪上半叶初步形成①，但全俄市场形成初期市场范围、规模及容量有限，铁路对全俄市场的影响远大于水路，但总体来说两种运输方式相互补充、相互协调，共同促进全俄市场进一步深化。

（一）水路运输

随着俄国商品经济的发展，畜力运输的弊端凸显，政府开始关注水路运输。俄国的水路运输包括两大部分：一是内河运输，即由俄国内部众多河流组成的庞大运输网；二是海外运输，是促进俄国国内外贸易发展的有力保障。在基辅罗斯时期，河流对国家形成至关重要。俄国国家区域划分与历史发展都受自然因素影响，河流就是重要的因素之一，每一个地区都有其所依赖的河流，其中伏尔加河流域范围最广，这也是莫斯科公国迅速崛起的原因之一。

17世纪，内河运输已成为俄国经济发展的重要推动力，内河运输业也是国民经济的重要部门。18世纪，俄国内河运输网络彻底形成，其欧俄水系部分主要包括伏尔加—卡马河流域、西北部的上沃洛茨克水系、北部与西北部诸河流、马林斯基和季赫温运河，第聂伯河、德涅斯特河、涅曼河和顿河也是欧俄水系的重要组成部分。欧俄四通八达的水运体系保障了俄国商品的流通，促进了俄国经济的快速发展。

18世纪下半叶至20世纪初，俄国交通运输业快速发展，交通运输方式发生巨大变化，即从传统的水路运输逐渐转变为以蒸汽动力为主导的铁路运输，但水路凭借其投资少、成本低等优势仍是商品运输的主力。19世纪

---

① 关于全俄市场何时形成，俄国学界众说纷纭，下文将详细阐述，笔者认为19世纪末全俄市场最终形成。详见Миронов Б. Н. Внутренний рынок России во второй половине XVIII – первой половине XIX в. Л., Наука, 1981；张广翔《全俄统一市场形成于何时》，《世界历史》2001年第3期，第92页。

中叶前，俄国公路里程不足，仅有 6500 俄里，主要分布在圣彼得堡和莫斯科等欧俄地区①，因此水路、铁路运输作用不言而喻。

自 17 世纪开始，伏尔加河及其支流成为俄国最重要的内河航线。伏尔加河连接里海、伏尔加中下游、乌拉尔、中部黑土区域的商业中心，且与西北部的手工业和商业区域相联系，是整个俄国商业网络的基础。伏尔加河水路干线与支流流经 17 个省份，总长度约为 1.3 万俄里。19 世纪中叶，欧俄地区水路货物的 3/4 都依赖伏尔加河。俄国水路运输虽然发展较快，但其局限性也暴露无遗。俄国虽然自然资源丰富，但 1861 年农奴制改革前，81.3% 的煤炭、69.8% 的化学制品、50% 的钢、46% 的亚麻制品依靠进口②，主要原因在于运输业滞后和运费昂贵，限制了市场的发展。

随着经济的发展，铁路网开始快速发展，促进了全俄市场进一步形成，这也源于劳动力流动性增强和机器的广泛使用。铁路修建之初，因里程有限，对水路的冲击较小，但发展较快。19 世纪末，俄国河运、畜力、海运运输所占的比例为 30%，其余 70% 为铁路运输。③

（二）铁路运输

19 世纪下半叶，俄国铁路作用不断强化。1861 年农奴制改革后，俄国开始工业革命，水路运输已不能满足市场需求，迫切需要兴修铁路。铁路的大力兴修成为撬动俄国工业革命的强大杠杆，至 1898 年，俄国铁路网已覆盖欧俄 64 省、芬兰 8 省和俄国亚洲部分 7 省，20 世纪初俄国的 949 个城市中已有 418 个城市通铁路。④ 铁路逐渐成为商品运输的主要方式，与水路运输形成互补，铁路与水路运输有力地保障了经济发达地区与落后地区、工业中心与粮食和原料产地以及能源产地的密切往来，极大地促进了国内市场的规模及容量的扩大。俄国铁路运输发展加快了社会分工的进程，促

---

① Китанина Н. С. Политика русской самодержавия в области промышленности М., Изд-во МГУ, 1985. С. 151 – 152.

② Дулов А. В. Географеческая среда и история России. Конец XV – середина XIX вв. М., Наука, 1983. С. 101.

③ Федоров В. А. История России 1861 – 1917. С. 88.

④ Соловьева А. М. Железнодорожный транспорт России во второй половине XIX в. С. 272, 275.

进了各个经济领域快速发展，为俄国经济发展提供了坚强后盾。

资本主义生产关系的发展也对运输业提出了更高的要求。农奴制改革后俄国铁路网迅速扩张，1871年、1881年、1891年和1901年俄国铁路网的长度分别为1.1万、2.2万、3万和5.8万俄里。[①] 19世纪70年代中期，欧俄建立了以莫斯科为中心的铁路网，主要枢纽为莫斯科、波罗的海沿岸港口、亚速海—黑海沿岸港口和西部枢纽。莫斯科成为俄国铁路网的中心，共18条线路长度近8000俄里的铁路与之相连。波罗的海沿岸铁路枢纽包括通向波罗的海的8条铁路，总长度近3000俄里。20世纪初，俄国85%的铁路网集中在欧俄，俄国亚洲部分仅有15%。[②]

19世纪60年代末70年代初，俄国主要建成的铁路线有莫斯科—库尔斯克、库尔斯克—基辅、库尔斯克—哈尔科夫、哈尔科夫—敖德萨、哈尔科夫—罗斯托夫、莫斯科—雅罗斯拉夫、雅罗斯拉夫—伏尔加格勒、莫斯科—唐波夫、唐波夫—萨马拉、莫斯科—布列斯特和布列斯特—基辅等。19世纪70年代末80年代初，欧俄边远地区也开始修建铁路，高加索、中亚和乌拉尔地区纷纷建设铁路，彼尔姆至叶卡捷琳堡、萨马拉至乌法及叶卡捷琳诺斯拉夫等铁路建成。1883~1888年，建成高加索和环里海铁路，至90年代铁路已将俄国中部地区与伏尔加河主要城市连为一体，莫斯科—里加—温道、伏尔加格勒—阿斯特拉罕、彼尔姆—科特拉斯等铁路建成。19世纪末20世纪初，建设的主要铁路为奥伦堡—塔什干、圣彼得堡—伏尔加格勒、秋明—奥姆斯克、萨拉托夫—阿斯特拉罕等，俄国与边疆地区的联系愈加紧密。

铁路对俄国经济发展的作用毋庸置疑，促进了社会分工的专门化，推动了国内外市场的发展，加速了商品的流动和人口的重新分布。首先，铁路引起货物结构的变化，19世纪六七十年代，粮食仅占铁路运输的40%，90年代其比例降低，不超过25%，至20世纪初铁路的粮食运输量已经超过

---

① Федоров В. А. История России 1861 – 1917. С. 87; Хромов П. А. Экономическая история СССР. Период промышленного и монополистического капитализма России. С. 56.
② Галицкий М. И., Данилов С. К., Конеев А. И. Экономическая география транспорта СССР. М., Экономика, 1965. С. 28.

水路。其次，除运输粮食外，金属、机器、木材、煤炭、石油和其他工业品也大量依赖铁路运输。最后，铁路的大量建设使货物运输成本降低。19世纪初，铁制品经伏尔加河运往莫斯科和圣彼得堡的运费占其成本的70%以上①，畜力运铁的成本更是居高不下。19世纪末，铁路运输以其货运量大、速度快、准时、运费低、安全系数高、受气候影响小等种种优势成为陆上货物运输的主导。俄国铁路大量兴修后，货物运输成本大幅度降低，19世纪70年代铁路运输煤炭费用只为采煤成本的1/4，到1893年仅为1/6，这使铁路货物流量与日俱增，河运地位受到冲击。1880~1890年，铁路长度增长58.1%，货运周转量增长139%，货运里程增长132%。②

交通运输发展除扩大市场范围、提高物流速度外，还促进了市场容量及规模的进一步扩大。19世纪末20世纪初，俄国铁路总长度达5.5万俄里，此时铁路货运里程为20.9万俄里③，货运里程增加成为全俄市场规模进一步扩大的前提，促进了全俄市场的进一步深化。

第二节 俄国工业化特征和影响

19世纪下半叶，俄国工业迅速发展，工业化成就举世瞩目。与西方国家相比，俄国工业既有资本主义工业发展过程中的共性，又有其独特性。19世纪下半叶至20世纪初，俄国工业有如下特征。第一，工业发展具有循环性和周期性，19世纪下半叶尤为突出；第二，工业对外资依赖程度高，外资掌控俄国工业的半壁江山；第三，俄国工业分布不平衡，主要工业部门集中于中部工业区、乌拉尔工业区和南部工业区；第四，俄国工业重心逐渐南移，以高加索和南俄地区最具代表性；第五，俄国大工业与手工业博弈颇具特殊性，手工业具有顽强生命力；第六，交通运输业是工业发展的推力，水路和铁路运输分别带动石油、煤炭和冶金等工业部门崛起；第七，

---

① Струмилин С. Г. История черной металлургии в СССР. С. 184-187.
② Лященко П. И. История народного хозяйства СССР. Т. 2. С. 136.
③ Соловьева А. М. Железнодорожный транспорт России во второй половине XIX в. С. 137, 207, 286.

大型垄断集团形成，重工业尤甚。

一 工业发展的循环性和周期性

第一次工业革命后，俄国与世界市场的联系日趋紧密，逐渐融入世界资本主义经济体系，在世界经济一体化过程中扮演着重要角色。如果对俄国经济史进行归纳和分析，就会发现具有如下一些特征：第一，经济发展的周期性和循环性特征十分明显，但每个经济周期都有其特殊性；第二，各阶段改革都遇到一定阻力，但经济现代化潮流势不可当，同时反改革事件不断出现，社会冲突异常尖锐，有时甚至演变成革命和战争；第三，俄国经济与世界经济周期密切相关，俄国经济发展受世界经济状况的影响。

经济危机理论的代表者是图甘－巴拉诺夫斯基及其学生康德拉季耶夫。图甘－巴拉诺夫斯基主要研究俄国经济危机和工业发展循环性和周期性特征，他认为经济危机产生的原因是生产、交换、分配和消费环节遭到破坏，在市场状况良好时商品需求量增加，生产规模扩大，可能会出现生产过剩，从而影响整个工业领域，最终使所有商品价格降低，市场萧条。康德拉季耶夫在详细研究18世纪至20世纪初世界各国工业发展模式和状况的基础上首创长波理论，他指出经济周期是资本主义经济发展的必然规律，经济危机不可避免，其周期为7～11年。康德拉季耶夫发展图氏的经济周期理论，其长波理论主要内容如下：一是在每个长周期上升波开始前，甚至在上升波最初阶段，社会经济生活会出现显著变化；二是上升波时段的重大社会动荡和巨变（如革命、战争）通常多于下降波时段，下降波通常伴随着工农业长期萧条；三是与长周期下降波重叠的中周期波段都表现出长期极度萧条、上升短暂乏力特征。[①] 康德拉季耶夫把资本主义经济发展过程分为3个波长为48～55年的长周期，并且每个长周期都由上升波（也称上升期）和下降波（也称下降期）组成。工业提升时期为创业高涨期，萧条时期为

---

① Кондратьев Н. Д. Большие циклы конъюнктуры // Вопросы конъюнктуры，1925. Т. 1. Вып. 1. С. 48，54，55，58；Кондратьев Н. Д. Мирное хозяйство и его конъюнктуры во время и после войны. Вологда.，1922；Кондратьев Н. Д. Спорные вопросы мирного хозяйства и кризиса // Социалистическое хозяйство.，1923. № 4 – 5.

创业低谷期，俄国的工业发展很好地验证了康氏所提出的周期特性。

自1895年起，资本主义世界进入史无前例的经济提升时期，俄国工业也显示了较强的周期性特征。19世纪90年代是俄国工业飞速发展和高涨时期，受1901～1903年世界经济危机、日俄战争和1905年国内革命影响，1901～1908年，俄国工业进入衰退和萧条时期，1909～1914年为俄国工业复苏阶段。经济周期不同阶段各工业部门发展状况各异，具体特征如下。

第一，19世纪90年代是俄国工业高涨期。俄国工业布局和工业结构发生明显变化，新工业中心出现，新企业大量诞生。根据轻、重工业发展状况，此时期可划分为三个子阶段，即19世纪80年代末的经济增长期、1890～1891年的低谷期和1892～1900年的高涨期。19世纪90年代，俄国工业企业数量增长1/5，工人数量增加2/3，生产总量增长1倍，煤炭、矿石、石油、铸铁和钢产量分别增加1.7倍、2.5倍、1.6倍、2.2倍和1.8倍，其中石油产量跃居世界第一位，南俄金属产量增长6倍，工业生产总值跃居世界第五位，经济增长率遥遥领先。① 经历19世纪90年代经济高涨后，1900年俄国工业达到巅峰期。1900年世界经济危机来临，俄国工业也步入萧条期。

第二，1901～1908年是俄国工业衰退和萧条期。1901和1902年俄国倒闭企业数量分别为1016和840家，大量工人失业。② 1903年，俄国工业开始回暖，但因日俄战争和1905年革命影响，此势头被迫中断，军费支出庞大，达26亿卢布③，加大了财政负担。此次工业萧条一直持续到1908年，某些部门甚至持续至1909年。国际金融市场上俄国债券和股票滞销，外资流入量锐减。工厂和仓库中存有大量原料、燃料、建筑材料和工业制品。重工业部门只有能源工业缓慢增长，化学工业停滞不前，采矿、冶金和硅酸盐

---

① Чунтулов В. Т., Кривцова Н. С., Чунтулов А. В., Тюшев В. А. Экономическая история СССР. С. 94；Конотопов М. В., Сметанин М. В. История экономики России. М., Логос. 2004. С. 78.

② Ковнир В. Н. История Эконоики России. С. 254.

③ Чунтулов В. Т., Кривцова Н. С., Чунтулов А. В., Тюшев В. А. Экономическая история СССР. С. 114.

工业明显衰落。铁路建设速度放缓，建筑业日趋萧条，但轻工业发展迅速。

第三，1909~1914年为俄国工业复苏期。1909年，俄国工业开始复苏。与19世纪90年代相比，铁路建设和外资进入虽然仍是促进工业发展的重要因素，但此时经济发展主要归功于国内资源的广泛利用和各经济部门的平衡发展。一战前俄国经济增长速度已经接近1887~1900年的水平，个别工业部门甚至超过19世纪末，但能源工业增速明显低于90年代同行业水平。一战前经济发展改变了俄国各经济部门之间的关系，众多工业部门重新崛起。粮食收成较好也是该阶段工业迅速发展的重要原因之一。世界粮价提高促使俄国粮食出口量大增，农民收入增加使国内市场范围扩大。1909~1913年，俄国经历了新一轮的经济提升，工业品的增长速度超过德国、美国、英国和法国。

二 俄国工业分布不平衡

19世纪末20世纪初，俄国工业布局严重失衡，南俄地区工业快速发展，其工业发展速度和规模超过中部工业区，不但成为俄国主要工业区之一，亦是重要的粮食生产和贸易基地；波兰和波罗的海等工业区的工商业也迅速发展，波兰主要从中部工业区获取原料，其生产的工业品畅销全俄；中部工业区仍是俄国主要的工业区之一，其工业底蕴和基础仍在，在俄国工业品市场中仍占有一席之地。但也有一些地区工业发展规模十分滞后，如芬兰、高加索部分地区和白俄罗斯等地，仍保留落后的种族和半封建残余，严重阻碍了这些地区工商业的发展。自19世纪开始，俄国大工业都集中于欧俄地区，西北部地区大企业集中于圣彼得堡。值得一提的是，大企业多集中于城市，中部工业区、南俄、乌拉尔、西北部和波罗的海工业区内城市企业数量占全俄企业总数的57.8%，产值占全俄工业总产值的64.7%，工人数量占比为68.5%。[①] 各地区生产集约化水平和劳动生产率差距较大，如南俄和波罗的海地区为集约型生产模式，而乌拉尔和中部工业

---

① Динамика российской и советской промышленности в связи с развитием народного хозяйства за 40 лет （1887 – 1926）. Т. Ⅰ. М-Л.，Государственное издательство，1929. С. 7 – 8.

区则为粗放型生产模式。

19世纪上半叶，中部工业区、西北地区是欧俄工业生产中心，圣彼得堡、莫斯科和弗拉基米尔省占欧俄各省工业总产值的比例为56.9%。

（1）乌拉尔工业区。乌拉尔工业区地理位置优越，它是沟通俄国中部与西伯利亚地区，以及中亚和中国商品贸易的桥梁，乌拉尔在上述地区商品交流中作用显著，其中卡马河水路是该地区最重要的交通线路。尽管乌拉尔工业区人口稀少，但便利的交通条件和丰富的矿产资源为本地的发展创造了条件。

乌拉尔冶金业最具代表性。18世纪，乌拉尔已经建成23家冶金工厂，其中冶铁厂14家、炼铜厂9家。卡马河流域、叶卡捷琳堡等地已建立诸多冶金工厂，这些都使乌拉尔地区迅速成为俄国重要的冶金基地。1725年，乌拉尔冶金工厂铸铁产量已达59.5万普特，占全俄铸铁产量的73%；生铁产量为27.6万普特，占全俄生铁产量的73.4%。19世纪中叶以后，乌拉尔冶金业逐渐衰落，技术落后使其无力与英国和其他欧洲国家竞争。① 即便如此，19世纪下半叶乌拉尔仍是俄国重要的冶金中心。

（2）中部工业区。19世纪末20世纪初，中部工业区工业发展水平明显高于其他工业区，该地区地理位置优越、资源丰富、交通便利，工业发展迅速。中部工业区包含诸多省份，莫斯科、弗拉基米尔、卡卢加、科斯特罗马、下诺夫哥罗德、特维尔、雅罗斯拉夫省最为著名。中部工业区交通便利，通过奥卡河与伏尔加河流域和乌拉尔地区相连；燃料充足，与中部黑土区相邻，粮食供应有保障，因此具有得天独厚的优势。中部工业区是俄国传统工业区之一，该地区工商业发达，其工商业发展状况本书其他章节有所阐述，此处不再赘述。

（3）西北部工业区。该区主要包括圣彼得堡、诺夫哥罗德和普斯科夫等省份。② 圣彼得堡为俄国政治、经济和文化中心。该地区经济发达，人口

---

① Алексеев В. В., Алексеева Е. В., Зубков К. И., Побережников И. В. Азиатская Россия в геополитической и цивилизационной динамике XIX – XX века. М., Наука, 2004. С. 500.

② Сметанин С. И., Конотопов М. В. Развитие промышленности в крепостной России. С. 46, 49, 52.

众多，1917 年圣彼得堡省人口达 200 万。① 西北部工业区与波罗的海相连，也可称为波罗的海工业区。俄国工业化进程开启之前，中部工业区、乌拉尔工业区和波罗的海工业区一直是俄国重要的工业基地，无论是在工人数量、产品价值还是发展速度方面都处于领先地位，纺织、机械制造和化学等工业部门最发达。因其他书籍和文章曾详细分析过俄国的工业区划，此处不再赘述。

三　19 世纪末俄国经济重心南移

19 世纪末，俄国传统工业区逐渐衰落。乌拉尔工业区因技术落后，金属产量锐减，其冶金中心地位被南俄所代替，加上高加索石油工业飞速发展，南俄和高加索地区在俄国工业中所占比例较高，俄国工业重心出现南移趋势，笔者以南俄煤炭和高加索石油工业成就来探析俄国经济重心南移过程。

燃料结构矿物化是衡量一个国家是否完成工业化进程的重要标志，矿物燃料工业的发展对各国工业化进程都有推动作用，俄国也不外如是。虽然 19 世纪 80 年代以前煤炭工业就有所发展，但每年仍需从国外进口大量煤炭。19 世纪 80 年代能源工业崛起后，石油和煤炭产量迅速提升。因能源工业勃兴，19 世纪末燃料结构中矿物燃料比例已达 70%，至 20 世纪初俄国燃料结构逐渐完成了由木质燃料向矿物燃料的转变过程。②

1917 年以前，俄国石油工业经历了三个阶段。第一阶段为 18 世纪至 19 世纪 70 年代初，此时期为俄国石油工业起步阶段，虽然该阶段采油量低、开采方式落后，但俄国采油量在世界上依然独占鳌头。第二阶段为 19 世纪

---

① Водарский Я. Е. Исследования по истории русского города（факты, обобщение, аспекты）. М., Институт российской истории РАН, 2006. С. 232; Веселовский Н. А. От Волги до Балтики. Исторический очерк о водных путях и судоходстве. С-Путербургский гос. университет водных коммуникаций. СПб., СПГУВК, 2009. С. 38; Сахаров А. Н. История России с начала XVIII до конца XIX века. М., АСТ, 2001. С. 302.

② Баканов С. А. Угольная промышленность Урала: Жизненный цикл отрасли от зарождения до упадка. С. 45; Кафенгауз Л. Б. Эволюция прошмышленного производства России（последняя треть XIX в. – 30-е годы XX в）. С. 131.

70年代至1900年，该阶段凭借资源、资金、技术和政策等优势，高加索地区石油工业迅速崛起，石油不但可以自给，还大量出口国外。俄国采油量一度超过美国，主导世界石油市场。1898年俄国石油产量达6.3亿普特，占世界总采油量的51.6%，1901年达到最高值，超过7亿普特。① 第三阶段为1901年至十月革命期间，该阶段俄国国内政治经济形势复杂，历经世界经济危机、日俄战争、1905年革命、一战、二月革命和十月革命，石油工业长期衰落，很难回到1900年以前的水平。

巴库油田是俄国最大的油田。1884年、1890年、1895年和1901年高加索地区采油量占全俄总采油量的98.9%、98.7%、93%和95%。② 虽然格罗兹尼和迈科普等地石油工业有所发展，但无法与巴库石油工业相媲美。1870~1879年、1880~1889年和1890~1899年，巴库地区年均采油量分别为744万、1.0亿和3.6亿普特。19世纪90年代，世界石油市场上，俄国采油量比重由1890年的38%增加至1900年的51%，而美国采油量比重从60.1%降至43%。1897年，俄国采油量超过美国，跃居世界第一位。③

俄国煤炭工业发展较早，彼得一世时就成立了专门机构勘探煤炭，但18世纪俄国煤炭主要从英国进口。随着俄国经济的不断发展，采煤量迅速

---

① Ахундов В. Ю. Монополистический капитал в дореволюционной бакинской нефтяной промышленности. С. 23； Монополистический капитал в нефтяной промышленности России 1883-1914. С. 19； Маевский И. В. Экономика русской промышленности в условиях первой мировой войны. С. 8； Натиг А. Нефть и нефтяной фактор в экономике Азербайджана в XXI веке. С. 111； Матвейчук А. А, Фукс И. Г. Истоки российской нефти. Исторические очерки. С. 39，40； Менделеев Д. И. Проблемы экономического развития России. С. 444； Ковнир В. Н. История эконоики России: Учеб. пособие. М., Логос, 2005. С. 87； Хромов П. А. Экономика России периода промышленного капитализма. С. 137； Лившин Я. И. Монополии в экономике России. М., Изд-во Социально-экономической литературы, 1961. С. 323，328.

② Менделеев Д. И. Проблемы экономического развития России. С. 445； Мир-Бабаев М. Ф. Краткая история Азербайджанской нефть. Баку., Азернешр, 2009. С. 40； Лисичкин С. М. Очерки по истории развития отечественной нефтяной промышленности (дореволюционный период). С. 345.

③ Ахундов В. Ю. Монополистический капитал в дореволюционной бакинской нефтяной промышленности. С. 13； Иголкин А. А. Источники энергии: экономическая история (до начала XX века). С. 188.

增加，1860年，俄国采煤量已达1800万普特，但远落后于西欧国家。① 俄国主要产煤区为顿涅茨克、莫斯科近郊、东布罗夫和乌拉尔煤田。80年代以前，东布罗夫和莫斯科近郊煤田采煤量较高，80年代以后，顿涅茨克煤田采煤量居前。

顿涅茨克煤田崛起与诸多因素有关。19世纪60~80年代，顿巴斯矿区先后修建格鲁什夫—顿涅茨克铁路、格鲁什夫—叶卡捷琳诺斯拉夫、康斯坦丁等铁路，对煤炭工业产生了较大的影响。早期，铁路多为私人所有，税费较高，铁路运输高税率严重制约了南俄工业的发展。19世纪60年代，顿涅茨克未通行铁路之前，燃料需求量有限，顿涅茨克煤田采煤量仅为全俄总采煤量的28%~49%；70~80年代，铁路修建后，顿涅茨克煤田采煤量比例为全俄总采煤量的40%~50%；90年代上半期，其采煤量比例已稳定在50%以上，1897~1900年更达到60%以上。19世纪末，顿巴斯煤炭在全俄总采煤量中的占比逐年增加，1898年、1899年和1900年其比例分别为61.5%、66.0%和68.1%。② 随着俄国煤炭工业的发展，莫斯科近郊和东布罗夫煤田采煤量逐渐下降，顿涅茨克煤田产量与日俱增。与此同时，俄国煤炭工业生产集中程度逐渐加强，大公司垄断了煤炭工业。俄国能源工业和运输业发展都与煤炭工业密不可分，该部门不但为南俄冶金业繁荣奠定了基础，还是南俄经济迅速崛起的重要推力。

四　大工业与手工业间博弈的特殊性

在资本主义社会，大工业与小手工业的竞争多以小手工业落败而告终，但在1861年农奴制改革前，俄国大工业与小手工业的博弈正好相反，小手工业显示了顽强的生命力。改革后俄国工商业发展势头良好，工业发展步

---

① Баканов С. А. Угольная промышленность Урала: Жизненный цикл отрасли от зарождения до упадка. Челябинск., Издательство ООО "Энциклопедия", 2012. С. 42; Иголкин А. А. Источники энергии: экономическая история（до начала XX века）. С. 137; Дьяконова И. А. Нефть и уголь в энергетике царской России в международных сопоставлениях. С. 165.

② Тихонов Б. В. Каменноугольная промышленность и черная металлургия России во второй половине XIX в. С. 36.

入正轨，小手工业的竞争力下降，大工业在竞争中获胜。俄国大工业与小手工业博弈主要划分为两个阶段：第一阶段为19世纪60年代以前，在二者博弈过程中小手工业获胜；第二阶段为19世纪60年代至20世纪初，以大工业获胜而告终。

俄国手工业源于家庭生产，其何时兴起已无从考证。根据史料记载，莫斯科公国时期农民手工业就已粗具规模，17~18世纪，手工业不同程度地依赖于贸易资本。收购商人为手工业者和消费者的中间人，农民手工业者按中间商订单生产，只有个别手工业者生产的产品直接在市场上销售。手工业者被迫服从于中间商，从某种意义上讲，此时俄国市场由中间商掌控。通常，手工业发展之初只是为满足家庭需求，后逐渐成为独立的手工业部门，再进一步发展为依附于中间商的手工作坊，随后转化为资本主义类型的手工工场，而个别手工工场发展成为现代意义上的大工厂。

1861年农奴制改革前，手工业蓬勃发展。改革前俄国各工业部门中纺织业最为发达，中部工业区棉纺织工业发展速度最快，该行业为手工业者的主要收入来源。俄国大型棉纺织手工工场始于18世纪，由外国人创建，大型手工工场建立后，很多工人学成技术后在其周边建立手工作坊。围绕大工厂，小手工业作坊犹如雨后春笋般出现，市场竞争愈演愈烈。家庭手工业逐渐过渡为独立的手工业，准确地说，是由家庭雇佣体系过渡为商业体系。19世纪上半叶，家庭棉纺织业与工厂的竞争以家庭手工业胜利而告终。

农奴制改革后大工业主导地位日增。改革前，俄国手工作坊发展较快，促进了俄国工业的发展。随着技术条件和工业模式的变化，各工业部门开始大规模使用机器，改革后工厂的竞争优势逐渐凸显。

大工业与小手工业之间的博弈在纺织业表现比较突出。农奴制改革前商业资本占优势，并逐渐排挤工业资本；改革后因机械织布机广泛应用，小手工业受到严重冲击。随着工厂影响力不断提升，手工业中并未出现生产集中现象，反而出现生产分化。而1861年以前大工厂集中的地方，小生产者的数量也更多；大工厂数量较少的区域，从事该行业的小手工业者数量也较少。

改革后，大工业与小手工业之间的博弈以大工厂的胜利而告终。大工厂凭借资金、技术等优势逐渐垄断各工业部门，大工厂数量增多和各行业生产集中程度增强，工业获得了长足的发展。需着重强调的是，手工业集中和分散程度主要取决于工厂的技术水平，如果工厂技术优势明显，那么手工作坊注定衰落，小手工业者会逐渐减少；如果工厂不具有技术优势，手工作坊将逐步壮大，最终过渡为大型工厂。总体来说，垄断组织凭借资金和技术等优势击溃小手工业者和小工厂，这是俄国工业的特征之一。

五　大型垄断组织诞生

自19世纪下半叶开始，俄国工业快速发展，随着各工业部门迅速崛起和外资的涌入，俄国各大工业部门都诞生了大型垄断组织，其中重工业尤甚。俄国垄断组织的发展历经三个阶段。第一阶段为19世纪70~90年代，1873年俄国经济危机之后部分生产部门就出现了早期的垄断组织，组织形式为简单的卡特尔。1882年俄国再次爆发经济危机，对俄国各工业部门打击非常严重，为保证企业利润，卡特尔协议在各工业部门中十分普遍。随着工业的快速发展，诸多垄断联盟相继解体，但银行和外资纷纷投入工业后生产集中化程度不断增强，卡特尔组织逐渐向辛迪加组织转化。第二阶段为1900~1909年，卡特尔和辛迪加组织广泛发展。20世纪初经济危机再次掀起俄国工业企业兼并浪潮，中小企业纷纷破产，大企业为抵御经济危机不断联合，垄断化过程也随之加快。1900~1905年，俄国32个主要工业部门中有23个出现卡特尔组织，辛迪加形式的垄断联盟也逐渐增多，涵盖所有工业部门，能源、机器制造、冶金和纺织工业垄断程度较高。例如，1906年，辛迪加垄断南俄2/3的采煤量；石油卡特尔组织集中了俄国77%的石油销售业务；1907年，车厢制造厂辛迪加集中了俄国车厢订单总额的93.7%。① 第三阶段是1910~1914年，托拉斯和康采恩垄断组织出现。1910-1914年，工业高涨促进俄国工业生产和资本进一步集中，卡特尔和辛迪加等中低级

---

① Бовыкин В. И. Формирование финансового капитала в России. конец XIX в. - 1908 г. С. 234 - 237；Лившин Я. И. Монополии в экономике России. С. 26 - 31.

垄断组织难以满足市场需求，高级垄断组织出现。托拉斯一是以企业完全合并为基础，二是以控制股票为基础。石油工业三大托拉斯集团为俄国石油总公司、诺贝尔兄弟集团和英荷壳牌石油公司；纺织工业也出现托拉斯集团，最具影响力的是科诺普公司。康采恩是由实力雄厚的垄断企业联合而成的高级垄断组织，最具代表性的是纺织工业中的孔申公司等企业。

具体而言，俄国第一批垄断组织产生于19世纪八九十年代，早期产生于制糖业和石油工业之中，具有卡特尔特征。最初的辛迪加主要产生于冶金、采矿和石油加工业中。俄国第一个辛迪加垄断组织为产品销售辛迪加，形成于1902年，1910年该组织垄断80%的黑色金属和金属制品销售。1902年，还产生了管道销售辛迪加，该组织为管道轧件生产企业的联合组织。俄国第二波辛迪加创立潮产生于1907年，如顿巴斯大型煤炭企业联合组成的煤炭销售辛迪加，6家南俄矿石企业组成的矿石销售辛迪加，该辛迪加垄断南俄地区80%的矿石销售业务。① 此外，还产生车厢销售辛迪加和诺贝尔兄弟集团等销售组织，分别垄断车厢和石油产品销售业务。

在制糖业、纺织业、橡胶业和其他工业部门中也产生了垄断组织，如罗兹棉纺织企业主辛迪加、莫斯科棉纺织主协会、俄国亚麻协会等。除生产部门外，交通运输业也产生垄断组织，但铁路收归国有后，交通运输业的辛迪加作用降低。金融业也产生大型银行垄断组织，如莫斯科商业银行、圣彼得堡商业银行、俄国对外贸易银行、顿河 - 亚速银行、伏尔加 - 卡马银行和俄国贸易工业银行，这些银行由俄国和国外金融组织组建，垄断俄国的银行业务。资本集中导致银行垄断组织形成，1908年莫斯科国际贸易银行、奥廖尔商业银行和南俄工业银行组建联合银行。

垄断集团掌控石油开采和加工业务。19世纪末，俄国石油工业生产集中特征凸显，中小石油企业被大公司兼并或合并成大型联合石油企业，其中最大的石油企业为诺贝尔兄弟集团、希巴耶夫股份公司、里海 - 黑海石油工商业公司、曼塔舍夫股份公司和里海石油公司。上述五家公司控制全俄40%的石油开采量、49.3%的煤油加工业和47.8%的重油产量。19世纪

---

① Федоров В. А. История России 1861 – 1917. C. 184.

末，俄国石油工业的垄断程度更高，1900年6家大企业掌控63%的石油加工业务，1910年5家大型企业掌控56%的石油加工业务，小工厂石油加工业务比例仅为1.5%。① 就诺贝尔兄弟集团而言，1890年、1900年和1903年该公司采油量分别为4520万、8430万和6430万普特。该公司的煤油在国内煤油市场的比例由1879年的2.3%增至1885年的46%，1899年和1905年增至50.1%和69.7%。② 一战前，俄国石油工业先后出现卡特尔、辛迪加和托拉斯三种类型的垄断组织，1885年诺贝尔兄弟集团就与里海-黑海石油工商业公司和塔吉耶夫公司签订短期卡特尔协议，随后诸多大企业为争夺国内市场纷纷签订卡特尔协议。里海-黑海石油工商业公司联合135家中小煤油企业主，成立垄断集团，试图垄断国内外石油市场。为抗击该集团，1892年诺贝尔兄弟集团联合六大石油企业建立七大公司联盟，其成员包括诺贝尔兄弟集团、希巴耶夫股份公司、塔吉耶夫公司等大型石油企业，最终双方和解，共同掌控俄国煤油销售业务。

1894年，巴库煤油工厂同盟成立，该同盟为俄国最大的石油产品出口辛迪加，该组织成立的目的是消除石油企业间的竞争、划分俄国石油市场，在国际石油市场上加强合作，共同抗击美国标准普尔石油公司，但因美国企业的破坏，该辛迪加集团仅存在了三年。大型石油企业联合为托拉斯组织形成奠定了基础，诺贝尔兄弟集团、英荷壳牌石油公司和俄国石油总公司为当时最大的石油托拉斯组织。大型垄断集团在凭借资金和技术优势垄断石油开采、钻探和加工业务的同时，还掌控俄国国内外石油市场，可以说，俄国石油工业的生产和消费环节均由垄断组织掌控。此外，通过抬高油价和控制采油量获取高额利润也是垄断组织惯用的手段，但严重损害了

---

① Самедов В. А. Нефть и экономика России 80 – 90-е годы XIX века. С. 21；Лисичкин С. М. Очерки по истории развития отечественной нефтяной промышленности. С. 360；Мир-Бабаев М. Ф. Краткая история Азербайджанской нефти. С. 105.

② Нардова В. А. Начало монополизации бакинской нефтяной промышленности//Очерки по истории экономики и классовых отношений в России конца XIX – начала XX в. С. 15；Наниташвили Н. Л. Экспансия иностранного капитала в Закавказье（конец XIX – начало XX вв.）. С. 260 – 261. Дьяконова И. А. Исторические очерки. За кулисами нобелевской моно-полии. С. 130；Дьяконова И. А. Нобелевская корпорация в России. С. 64.

消费者的利益。石油垄断组织的形成促进了俄国石油工业的发展，但其消极影响也不容忽视，具体如下：一是导致采油和石油加工技术长期停滞不前，石油企业主垄断油价导致其不关心石油生产技术更新，巴库地区石油钻井大量闲置，钻井闲置率由1900年的49.2%上升至1908年的64.8%，采油量大幅度下降，石油加工厂的机器空置率由1901年的27.7%上升至1910年的68.7%[①]；二是严重损害消费者的利益，垄断组织攫取的高额利润源于对消费者的掠夺，不但使消费者损失巨大，而且使大量使用石油产品作为燃料的企业陷入困境；三是石油工人生活状况恶化，石油工人工资水平逐年降低，1913~1916年虽然工人名义工资增长70%，但物价上涨100%，工人实际工资水平下降。[②]

促使煤炭垄断集团产生的因素很多，其中政府保护政策、外资大量流入和国内煤炭需求量增加等是主要因素。首先，关税保护政策使外国廉价煤炭难以进入俄国，促使采矿工业垄断形成。为保护煤炭工业，俄国政府实施严格的关税保护措施，数次提高煤炭进口关税。其次，俄国政府为保障铁路燃料供给，定期从企业采购大量煤炭，大企业因有国家订单，无须担心销路，甚至借机抬高煤价。最后，南俄煤炭工业对外资依赖度较高，大型企业基本由外资掌控。外国企业主的资金和技术优势是俄国企业无法比拟的，在与其竞争过程中，中小企业纷纷落败。受上述因素影响，南俄煤炭工业垄断程度明显高于其他地区。

在外资大量涌入的同时，煤炭工业垄断趋势日益明显。1880年，顿涅茨克、东布罗夫、莫斯科近郊和乌拉尔煤田大型煤矿数量分别为22家、13家、7家和2家，采煤量分别为5312万、7579万、2290万和721万普特，大型煤矿的采煤量分别为上述煤田总采煤量的61.5%、96.6%、91.2%和100%。19世纪70年代初期，南俄地区小煤矿众多，集中程度逊于其他地区，但80年代南俄煤炭工业垄断程度加强，1880年南俄地区

---

① Ахундов Б. Ю. Монополистический капитал в дореволюционной бакинской нефтяной промышленности. С. 199–202.

② Ахундов Б. Ю. Монополистический капитал в дореволюционной бакинской нефтяной промышленности. С. 231.

45家大型煤矿采煤量为1.6亿普特，占南俄地区总采煤量的79.8%，其中13家大企业采煤量超过400万普特，采煤总量达1亿普特，其采煤量占南俄地区总采煤量的51.4%。① 由此可以看出，大企业垄断地位逐渐增强，1882~1894年大煤矿采煤量增长6倍，1894~1895年其采煤量已占南俄总采煤量的79%。②

19世纪末，冶金业也相继诞生垄断组织，总体而言，1890~1900年俄国冶金企业的数量增长2.7%，但冶金产品产量增长1倍。1900~1908年黑色冶金企业的数量缩减1/3，但产品价值增长3倍。就采矿工业而言，1890~1908年俄国铁矿石开采企业的数量增长1倍，但其产品价值增长9倍。③ 1900年经济危机致使俄国诸多工业部门陷入销售危机，为摆脱危机，俄国冶金企业开始联合，1901年塔甘罗格公司就曾提出联合南俄冶金企业的方案，试图建立工厂主联盟，控制铁矿市场、抬高产品价格和增加企业利润。1902年，冶金工业产品辛迪加正式创建，但是该辛迪加以股份公司形式建立，一则可避免商人相互勾结；二则各工厂可以合法的方式转让产品销售权。该辛迪加管理机构由中央管理委员会和三个区域委员会组成，1902~1910年该辛迪加先后垄断薄铁、宽铁、铁梁、铁管和钢轨等主要冶金产品的销售业务。1902年，冶金工业产品销售股份公司组建薄铁辛迪加，其成员包括14家大型冶金企业，其中南俄地区冶金企业11家，波兰和中部工业区冶金企业数量分别为2家和1家。1905年，冶金工业产品销售股份公司组建铁管销售辛迪加，其成员包括第聂伯冶金工厂和马克耶夫冶金工厂等四家南俄大型冶金工厂。1908年，冶金工业产品销售股份公司又组建优质铁和钢销售辛迪加，其成员包括亚历山大德洛夫斯克冶金工厂、第聂伯冶金工厂和塔甘罗格冶金工厂等11家大型冶金企业。1910年，冶金工业产品销售股

---

① Тихонов Б. В. Каменноугольная промышленность и черная металлургия России во второй половине XIX в. С. 40，197；Бовыкин В. И. Формирование финансового капитала в России. конец XIX в. -1908 г. С. 94.
② Туган-Барановский М. И. Русская фабрика в прошлом и настоящем：Историко-экономическое исследование. Т. 1. Историческое развитие русской фабрики в XIX веке. С. 290.
③ Бовыкин В. И. Формирование финансового капитала в России. конец XIX в. -1908 г. С. 77.

份公司集中全俄优质铁、薄铁、钢梁轧制铁、铁梁及轮箍生产份额的88.1%、82.4%、88.3%和74.1%。①

就纺织工业而言，19世纪中叶俄国纺织工业就出现垄断组织的萌芽，1882年俄国纺织工业出现卡特尔垄断组织，形式是纺纱工厂主签订协议降低产量并抬高产品价格。1893年，莫斯科印花布企业主也签订了抬高产品价格的卡特尔协议。20世纪初的经济危机使俄国纺织工业举步维艰，中小企业无力抵御经济危机的冲击纷纷倒闭，大企业为占有更多的市场份额不断缩减产量和抬高产品价格，纺织工业垄断进程加快。1900年，俄国出现莫斯科和伊万诺沃－沃兹涅先斯克两大印花布工厂主企业同盟。而莫斯科印花布工厂联合库瓦耶夫和孔申公司等6家印花布企业组建卡特尔组织，1908年该卡特尔组织集中4.2万名工人，工人数量约占全俄棉纺织工人总量的8%，产品产量占全俄棉纺织产品生产总量的14%。② 伊万诺沃－沃兹涅先斯克卡特尔组织联合12家大型印花布企业，又与附近印花布工厂主签订卡特尔协定。除棉纺织工业外，麻纺织和毛纺织工业也出现垄断趋势，1903年涅夫斯基麻线工厂联合诸多麻纺织工厂组建辛迪加组织，该组织几乎垄断俄国麻纺织品市场。1912年，俄国亚麻股份公司成立，该公司由莫斯科银行控股，1913年在莫斯科银行的倡导下组建亚麻企业主辛迪加，控制俄国亚麻生产和麻纺织品销售业务。卡特尔和辛迪加组织的出现促使俄国纺织工业集中化程度进一步提高，托拉斯组织也应运而生。俄国棉纺织工业托拉斯集团由英国科茨公司组建，1890年该公司收购圣彼得堡涅夫斯基麻线工厂，该公司又陆续吞并诸多棉纺织企业和纺纱工厂，最终组建托拉斯企业，一战前该公司在莫斯科、哈尔科夫和敖德萨等城市都设有办事处，专门负责产品的生产和销售业务。

垄断是生产集中化的必然结果，生产集中化又导致中小企业数量大幅度减少，企业兼并之风盛行。1890～1900年，俄国工业企业数量减少26.5%，

---

① Вяткин М. П. Монополии в металлургической промышленности России. 1900 – 1917. Документы и материалы. М., Академия наук СССР, 1963. С. 122.
② Лаверычев В. Я. Монополистический капитал в тестильной промышленности России（1900 – 1917 гг). С. 78.

生产总值却增长95%。化学工业中企业数量减少64.1%，生产总值增长93.7%。纺织工业企业数量减少16.2%，生产总值增长61.8%。食品工业企业数量减少40.5%，生产总值增长55.1%。由此可知，各工业部门中垄断组织的作用不断凸显。20世纪初，经济危机致使俄国出现第二次企业兼并浪潮，20多个工业部门中大企业都居于主导地位。[①]

垄断组织对俄国经济发展既有积极的作用，也有消极的作用。就其积极意义而言，一是满足生产力发展的需求，适应经济制度和生产技术的变革，推动新兴工业部门的发展，加速俄国工业化进程；二是垄断组织资本集中化程度增加可一定程度上调整生产关系，使其适应生产力发展的需求，推动俄国工业的发展。消极作用主要包括如下方面：一是阻碍生产技术革新，抑制生产效率的提高；二是为攫取高额利润，惯用提高产品价格和打压中小企业主的方式，破坏市场秩序；三是大量压榨工人剩余价值，阶级矛盾逐步激化；四是垄断组织与政府关系密切，一定程度上左右政府政策来维护其利益。

---

① Бовыкин В. И. Формирование финансового капитала в России. конец XIX в. – 1908 г. С. 88 – 91.

第四章　俄国贸易繁荣

贸易是衡量一国经济发展水平的重要指标之一，贸易的繁荣能够增加国民收入，提高居民生活水平和购买力，在完成早期资本积累的过程中也具有重要作用。俄国国内贸易中粮食是大宗，石油、木材和金属等也很重要。随着俄国与世界市场的联系日趋紧密，国际贸易日益繁荣，石油产品成为国际贸易中的主角。

第一节　国内贸易

贸易对一个国家经济发展的作用毋庸置疑，从贸易中心、贸易形式以及主要贸易商品可以看出贸易发展状况。

一　俄国国内贸易中心

俄国主要的贸易中心为圣彼得堡、莫斯科、阿斯特拉罕和伏尔加河沿岸各大型码头。圣彼得堡和莫斯科是俄国重要的政治、经济、文化和贸易中心，而且由来已久。

（一）圣彼得堡

圣彼得堡于彼得一世改革时建立，18世纪初已成为俄国重要的政治和经济中心，也是俄国通往欧洲的窗口。圣彼得堡与国内市场联系十分紧密，俄国主要商品，如粮食、木材、呢绒和铁制品等都运至于此转运国内各地，部分商品经此运至国际市场。交通运输的发展是刺激圣彼得堡贸易繁荣的重要因素之一，铁路和水路运输共同带动圣彼得堡贸易繁荣。

圣彼得堡是俄国西北部工业区的中心，西北部工业区货流主要集中于圣彼得堡、纳尔瓦和列维尔等地，其中圣彼得堡货流量最大。18世纪，亚麻、大麻、皮革和鱼类产品通过水路从普斯科夫运往纳尔瓦，部分货物通过陆路运往圣彼得堡和列维尔；诺夫哥罗德运往圣彼得堡的货物主要为木材、燕麦、大麻、皮革和干草等；大卢科运往圣彼得堡的货物主要是大麻、红色皮革、亚麻、烟草、大麻油等；索利齐运往圣彼得堡的货物主要是亚麻；冬季斯摩棱斯克等城市向圣彼得堡运输粮食。此外，西北部地区各城市还向纳尔瓦运输木材和锯材。

经水路运往圣彼得堡的货流量巨大，商品种类繁多。1768年，纺织品数量最多，其中呢绒数量为3665块、拉马麻布6110块；还有生铁、铸铁、白铁等；锯材数量约8.8万块、松木原木20万根、橡木约4万根；大麻数量为130万普特，亚麻数量为11.7万普特。① 到18世纪末，运至圣彼得堡的货物逐年增加，这些货物多输入莫斯科和俄国诸多城市，主要货物如下：一是金银制品、外国货币和钻石；二是高质量的服饰等日用品；三是咖啡、欧洲红酒、啤酒、法国伏特加酒和糖；四是德国、英国、荷兰的薄呢绒、丝织和棉纺织品；五是陶瓷和烟草等。大部分货物运往莫斯科，也有部分货物运往伏尔加河流域。

到了19世纪末20世纪初，圣彼得堡在国内贸易中的地位已相当稳固，伏尔加河水路主要向圣彼得堡运送粮食、木材、石油和盐等，以粮食和石油为大宗，1901年运往圣彼得堡的小麦、小麦粉、黑麦、黑麦粉、燕麦和大麦的数量为1.1亿普特。② 1909~1913年，伏尔加河流域水路和铁路粮食输出量分别为1.1亿和1.4亿普特，粮食主要运至圣彼得堡。③

（二）莫斯科

莫斯科所依傍的莫斯科河是奥卡河支流，奥卡河为伏尔加河重要支流

---

① Милов Л. В. По следам шедших эпох: статьи и заетки. М., Наука, 2006. С. 449.
② Давыдов М. А. Всероссийский рынок в конце XIX - начале XX вв. и железнодорожная статистика. С. 53.
③ Тагирова Н. Ф. Рынок Поволжья. (вторая половина XIX - начало XX вв). С. 195.

之一，莫斯科通过奥卡河可与顿河流域相通，借助顿河可以通往亚速海和黑海流域。因此，莫斯科成为联系欧俄诸省、高加索地区、南俄、俄国北部和西伯利亚地区的交通枢纽，并且成为伏尔加河流域中游最大的工商业中心。18 世纪，莫斯科贸易就已十分发达。① 莫斯科人口众多，皮革需求量大，因此附近城市的皮革主要运往莫斯科。喀什基尔向莫斯科运输皮革、肉、蜂蜡、印花布和陶瓷等货物，西北部城市大量木材和木制品也运往莫斯科，乌格里奇向莫斯科运输粗布和农产品。莫斯科纺织业发达，18 世纪 80 年代莫斯科约有 200 万俄丈麻布、纺织商品运往国内各地②，亚麻纱线和粗布主要运往乌拉尔地区。莫斯科还有很多来自伊朗、中亚和土耳其的商品，东方商品经伏尔加河运至莫斯科，西欧商品主要通过阿尔汉格尔斯克和波罗的海港口运进。

作为俄国最大的商业中心之一，莫斯科汇集了乌克兰的农产品，西伯利亚的皮货，伏尔加河流域的粮食、毛线、皮革、鱼类产品，诸夫哥罗德等省的呢绒，卡卢加省的大麻和大麻油，中部省份的纺织品、餐具、铁和铁制品，乌拉尔地区的盐和铁。粮食是贸易的主要类别，早期莫斯科的粮食由莫斯科郊区和农村供应，随着莫斯科城市规模扩大和人口数量增加，郊区的粮食供应量已不能满足需求，自 16 世纪开始莫斯科就从伏尔加河上游地区和梁赞省运进粮食，16 世纪末经奥卡河流域运输粮食，到 17 世纪中叶奥廖尔的粮食也开始输入莫斯科。③ 17 世纪 30 年代，年均运往莫斯科的粮食达 13 万俄石，18 世纪 80 年代达 25 万 ~ 30 万俄石④，18 世纪，伏尔加河下游粮食大量运往莫斯科，1837 年由茨纳河、下诺夫哥罗德、梁赞、奥廖尔、奥卡河码头和莫斯科河运至莫斯科粮食的价值分别为 4.3 万、286.1

---

① Милов Л. В. По следам шедших эпох: статьи и заетки. С. 450.
② Милов Л. В. По следам шедших эпох: статьи и заетки. С. 450.
③ Соловьева А. М. Промышленная революция в России в XIX в. С. 137.
④ Ковальченко И. Д., Милов Л. В. Всероссийский аграрный рынок XVIII – начало XX. Опыт количественного анализа. С. 211, 212; Селиванова А. М. История Ярославского края с древнейших времен до конца 20-х гг. XX века. С. 103.

万、499.9万、181万、15.6万和7.4万卢布。① 1811年，卡卢加码头和姆岑斯克码头通过水路、陆路运往莫斯科的粮食数量为140万俄石②，1813年为130万俄石，1836年水路运抵莫斯科的粮食数量为710万普特。③ 19世纪中叶，莫斯科的粮食需求量激增，50年代末期水路运往莫斯科的粮食达1000万普特。④

（三） 其他主要港口

阿斯特拉罕是伏尔加河下游最重要的港口，渔业和煮盐业发达，虽然手工业欠发达，但手工业者数量众多。18世纪上半叶，阿斯特拉罕已成为俄国重要的商业中心，除国内商品外，国外产品的比重也较高。

18世纪阿斯特拉罕贸易规模不断扩大。1720年，阿斯特拉罕销售至马里卡耶夫集市货物的价值为8.5万卢布，占该展销会商品价值的1/3。运至马里卡耶夫集市的主要是鱼产品，其价值为3.6万卢布，此外，纺织品商品价值为1.8万卢布，皮革等货物价值为1.8万卢布；日用百货、粮食和其他商品的价值分别为1411卢布、2149卢布和7242卢布。⑤ 1724年，阿斯特拉罕运往上游城市货物的总值达48.2万卢布，1720～1723年阿斯特拉罕仅海关收入就达5.1万卢布。阿斯特拉罕煮盐业发达，最大的制盐手工工场有300名工人，小型煮盐手工作坊工人数量为10～20名，盐产量为2000～6000普特，大型手工工场年均盐产量达1.8万～3万普特。⑥

阿斯特拉罕为俄国鱼产品集散地，鱼产品主要运往下诺夫哥罗德和雷

---

① Виды внутреннего судоходства в России в 1837 году. С. 26, 27；Никольский И. В. География транспорта СССР. С. 257.
② Ковальченко И. Д., Милов Л. В. Всероссийский аграрный рынок XVIII - начало XX. Опыт количественного анализа. С. 220；Истомина Э. Г. Водный транспорт как фактор развизия внутренней и внешней торговли сельскохозяйственной продукцией в конце XVIII - первой половине XIX в. С. 57.
③ Истомина Э. Г. Водный транспорт как фактор развизия внутренней и внешней торговли сельскохозяйственной продукцией в конце XVIII - первой половине XIX в. С. 56.
④ Марухин В. Ф. История речного судоходства в России. С. 288.
⑤ Кафенгауз Б. Б. Очерки внутреннего рынка России первой половины XVIII века. М., Изд - во Акад. наук СССР, 1958. С. 143, 145, 149 – 150.
⑥ Голикова Н. Б. Очерки по истории городов России конца XVII - начала XVIII в. М., Издательство Моc. Гос. Ун - та, 1982. С. 125, 134, 135.

宾斯克。随着俄国鱼产品需求量的提高和阿斯特拉罕经济的发展，18世纪下半叶至19世纪，阿斯特拉罕捕鱼业快速发展。18世纪80年代，阿斯特拉罕每年向伏尔加河上游运输大量鲜鱼、冻鱼和咸鱼，鱼产品的价值达60万卢布。① 19世纪初，该港口年均捕鱼量达300万普特②，仅1813年，由伏尔加河通过下诺夫哥罗德码头输入莫斯科的咸鱼、鲜鱼和鱼子的数量就分别为2.5万普特、9000普特和3000普特③，1836年，沿水路运至莫斯科的鱼产品数量和价值分别为5.5万普特和28.2万卢布。④ 19世纪中叶，阿斯特拉罕省的捕鱼量约占全俄捕鱼量的2/3，春季可捕捞900万条里海鲤和200万条鲱鱼。除鲜鱼和干鱼外，阿斯特拉罕还盛产鱼子，下等鱼子农民多自用，上等鱼子多运至伏尔加河上游和出口国外。⑤ 1871年，伏尔加河—马林斯基水系的鱼产品运输量为850万普特，货物价值1062万卢布。

雷宾斯克也是伏尔加河流域重要的码头，货物以粮食为主，该码头有很多船队，货物主要运至圣彼得堡、西北部和北部地区，冬季从雷宾斯克向伏尔加河运输大量亚麻纤维、油脂、索具和鱼类产品。

二 国内贸易的主要商品

俄国国内贸易商品种类众多，本章主要分析规模最大的粮食、木材、金属制品、石油等货物。

（一）18世纪俄国国内贸易状况

农奴制改革前，因工商业发展滞后和交通落后等制约，国内贸易规模有限，俄国主要商品交换方式为零售和批发贸易。零售贸易泛指在商铺、简陋店铺、固定的小贸易点等场所进行的贸易，零售贸易的另一形式是在俄国长期存在的行商，主要与农民进行贸易，或在小型集市上从事批发贸易。俄国批发贸易具有严格的等级分层，由买卖等级确定。

---

① Милов Л. В. По следам шедших эпох: статьи и заетки. С. 455.
② Марухин В. Ф. История речного судоходства в России. С. 237.
③ Истомина Э. Г. Водные пути России во второй половине XVIII – начале XIX века. С. 110.
④ Истомина Э. Г. Водный транспорт России в дореформенный период. С. 150.
⑤ Марухин В. Ф. История речного судоходства в России. С. 238.

18世纪俄国最大的批发商是进口货物供货商和国际贸易代理商，其中大商人占主导地位。如里加港口就有专门从事纺织品贸易的商人，他们在码头有仓库，主要货物为丝织品、毛纺织品、棉纺织品、头巾、带子、金属饰品、高价银器、胸针和刀子等，其商品畅销国内市场；也有诸多商人从事化学品贸易，其主要商品为染料、松香、白矾和水银等。产品销售的专业化，促进了运输部门的专门化，卡马河上游出现了专营盐的商队，还有专门的船只运盐；丘索瓦亚河形成运铁商队，他们有专门船只运铁；维亚特卡河和卡马河还有专门运木材的船队；苏拉河有专业运粮船队和仓库；上沃洛茨克有很多船专门向圣彼得堡运输货物。18世纪下半叶，商品销售的专业化趋势加强，扎兰斯克63名商人专门从事牲口贸易，74人从事纺织品贸易，26人专门从事蜂蜜、蜂蜡贸易，40名商人从事皮革和动物油贸易。① 卡卢加凭借交通运输之便迅速发展为大型商业中心，主要与圣彼得堡、里加和阿尔汉格尔斯克等港口进行贸易，其货物种类如下：一是大麻纤维、大麻油、蜂蜜和动物油等；二是帆布和亚麻产品；三是粮食；四是中国商品和从北部港口进口的货物；五是萨拉托夫和阿斯特拉罕的鱼类产品。

乌克兰东部地区、库尔斯克和沃罗涅日省的森林和草原地带因交通问题很难与国内商业中心开展贸易，主要依靠畜力运输与其他城市开展贸易。南部森林地区，如奥廖尔、土拉、卡卢加和梁赞省的牲畜贸易十分繁荣，大部分运往莫斯科、弗拉基米尔和特维尔等省份，部分运至圣彼得堡。哈尔科夫和沃罗涅日等省份的牲畜主要来自俄国南部、库尔斯克、奥廖尔、土拉和梁赞等省份。基辅主要从奥廖尔、库尔斯克和土拉等省份运输牲畜，沃罗涅日省的牲畜主要来自沃罗涅日、哈尔科夫、奥廖尔、土拉和库尔斯克等城市。

奥廖尔、库尔斯克、沃罗涅日和梁赞等省份的商品种类众多，盛产油脂、皮革、毛线和蜂蜜等。乌克兰西部地区的蜂蜜、蜂蜡和毛线等货物河运至莫斯科和圣彼得堡，部分货物也通过陆路运至特维尔和格扎季河码头。

---

① Милов Л. В. По следам шедших эпох：статьи и заетки. С. 441.

奥廖尔商人到乌克兰等地出售大麻油、动物油等货物，返程时采购毛线、蜂蜜和皮革等货物，用畜力将货物运至格扎季河码头，有时用水路运至卡卢加省销售。叶里茨的蜂蜜、动物油和蜂蜡通过陆路运至莫斯科，部分货物也由喀什基尔运往莫斯科和圣彼得堡等地区。

铁制品贸易。17世纪末18世纪初，俄国的冶金中心主要集中于下诺夫哥罗德省和伏尔加河上游地区，乌拉尔冶金工业刚刚起步。18世纪初，谢尔普霍夫的商人就把附近城市的铁制品运到全国各地，但卢科地区的生铁由波兰运进，布良斯克铁制品从乌克兰地区运进。18世纪下半叶，乌拉尔冶金工业迅速崛起，其铁制品不但运至欧俄地区，还运往国内传统冶金中心。

大麻贸易。俄国大麻种植区主要为乌克兰西部、卡卢加、奥廖尔和库尔斯克等省份，卡卢加省大麻种植面积最大，该省大麻运至全国各地。18世纪80年代，科泽利斯克和奥多耶夫大麻交易量达3万普特，大麻主要运往白俄罗斯地区的西部码头，由此运至里加等地，最后转运至伏尔加河流域和圣彼得堡等地。1786年，格扎茨克码头的大麻发送量为22.3万普特，格扎季河码头的大麻发送量为41万普特，里加各码头的大麻发送量为20.4万普特。①

粮食贸易。18世纪，粮食大多运往大城市，奥廖尔和奥卡河各码头的主要商品是粮食，1784年奥廖尔和姆岑斯克运往莫斯科的粮食约为207.6万普特。18世纪，俄国粮食运输以畜力运输为主。奥卡河流域运往莫斯科的粮食主要来自卡卢加、土拉、梁赞和弗拉基米尔等地，仅卡卢加一省运出的各种粮食就达152.6万普特。② 18世纪80年代，乌克兰西部地区运出粮食数量不多，主要运往里加和列维尔码头。1786年，格扎茨克码头运往圣彼得堡的各种粮食达3万俄担，沿格扎季河码头运粮量达51.3万普特③，主要运往圣彼得堡，很少运往莫斯科。

木材贸易。俄国木材多由北向南运输，主要运至草原地带，很多木材

---

① Милов Л. В. По следам шедших эпох: статьи и заетки. С.443.
② Милов Л. В. По следам шедших эпох: статьи и заетки. С.444.
③ Милов Л. В. По следам шедших эпох: статьи и заетки. С.445.

都沿奥卡河运输。木材由奥卡河的卡卢斯克码头装船，然后运往梅谢尔。卡卢加省大部分船只出发时装载的货物为粮食，返程货物为木材、锯材、雪橇和水桶等，主要运往库尔斯克、沃罗涅日和哈尔科夫等城市。18世纪末顿河造船手工工场所需木材都从维亚特卡省采购。

(二) 19 世纪国内贸易概述

随着俄国社会经济的发展，19世纪国内贸易商品种类不断增多，主要是粮食、冶金制品和木材等。

粮食贸易。19世纪，雷宾斯克为伏尔加河流域最大的粮食港口，1842年、1845年和1846年沿水路抵达雷宾斯克港口的粮食分别是1630万、3300万和4320万普特；20世纪初，每年沿水路运至雷宾斯克的粮食为1亿普特①，雷宾斯克的粮食多经马林斯基、季赫温、上沃洛茨克水路和拉多加湖运往圣彼得堡。马林斯基水路货运量最大，1852年、1853年和1866年粮食分别占本年度货运总量的33.6%、33.3%和84%。② 铁路修建后圣彼得堡粮食供应大大改观，仅19世纪七八十年代每年经铁路运进圣彼得堡的粮食就为8000万普特，占圣彼得堡货物输入量的35%。③

冶金制品贸易。早期俄国乌拉尔地区铁制品贸易最为发达。铁路兴修前，乌拉尔地区金属制品主要通过水路运出，春季金属制品先浮运至各码头，然后经由丘索瓦河、卡马河、白河、乌法河和维亚特卡河运至喀山码头，由喀山码头再转运至伏尔加河流域。货物在喀山发生分流，大部分货物运往伏尔加河上游地区，经奥卡河运往莫斯科、经北部水路和拉多加湖运往圣彼得堡；还有一部分货物运往伏尔加河下游的辛比尔斯克、萨马拉、萨拉托夫省和阿斯特拉罕省；部分货物经杜博夫卡码头转运至顿河流域。18世纪末，乌拉尔地区70%的生铁、48%的铁和5%的铜先沿丘索瓦河运至卡马河流域，再沿伏尔加河运至莫斯科和圣彼得堡。④ 19世纪50年代，每年

---

① Истомина Э. Г. Водные пути России во второй половине XVIII – начале XIX века. C. 129. Экономическая история России с древнейших времен до 1917 г. Том первой. C. 410.
② Марухин В. Ф. История речного судоходства в России. C. 355.
③ Экономическая история России с древнейших времен до 1917 г. Том первой. C. 410, 411.
④ Струмилин С. Г. История черной металлургии в СССР. Т. 1. C. 201 – 206, 479 – 484.

从卡马河运到伏尔加河流域的铁制品近 800 万普特。① 19 世纪下半叶，乌拉尔金属制品的运输方向发生变化，南俄冶金业崛起后，莫斯科和圣彼得堡对乌拉尔金属制品的需求量逐年降低，这使乌拉尔金属制品主要运往伏尔加河下游省份与西伯利亚地区。卡马河流域金属制品大多运往下诺夫哥罗德港口，下诺夫哥罗德为卡马河铁和钢制品的输入地和中转站，19 世纪八九十年代，金属制品运输量增长 1.5 倍，1900 年下诺夫哥罗德铁和钢制品输入量和输出量分别为 487 万和 207 万普特。②

木材贸易。伏尔加河流域为俄国重要木材产地，彼尔姆、喀山和维亚特卡省为最大木材输出地，卡卢加等省份的木材主要运往莫斯科。辛比尔斯克省的木材主要沿伏尔加河运往杜博夫卡，雅罗斯拉夫省的木材多运往莫斯科与雷宾斯克。乌拉尔地区木材沿卡马河运输，除小部分木材用于当地需求外，大部分木材运往伏尔加河流域。卡马河流域的木材部分运往下诺夫哥罗德，然后转运至雷宾斯克和圣彼得堡，部分木材运往造船业发达的顿河流域和阿斯特拉罕。喀山等省份部分木材沿伏尔加河上游经西北水路和拉多加湖运至圣彼得堡，部分运往南部杜博夫卡和阿斯特拉罕。如 19 世纪 90 年代每年由伏尔加河上游运至察里津、喀山、萨拉托夫、阿斯特拉罕和萨马拉的木材（包括薪柴）数量分别为 4780 万、2450 万、2390 万、2070 万和 700 万普特，20 世纪初，经卡马河运往喀山省的 6000 万普特木材主要运至伏尔加河流域。③ 19 世纪下半叶，铁路开始参与木材运输，每逢河流枯水期和结冰期铁路木材运输量大增，如 1880 年和 1900 年雅罗斯拉夫—莫斯科铁路运输木材分别为 255 万和 1111 万普特，1909 年和 1910 年莫斯科—喀山铁路运输木材分别为 3300 万和 3900 万普特。④ 虽然铁路运输木材逐年增

---

① Марухин В. Ф. История речного судоходства в России. С. 259.
② Халин А. А. Система путей сообщения нижегородского поволжья и ее роль в социально-экономическом развитим региона. С. 193.
③ Тагирова Н. Ф. Рынок Поволжья.（вторая половина XIX – начало XX вв）. С. 73.
④ Гудкова О. В. Строительство северной железной дороги и ее роль в развитии северного региона（1858 – 1917）. Вологда., Древности Севера., 2002. С. 123；Андреев В. В. Московско-Казахская железная дорога на рубеже XIX – XX вв. С. 122.

加，但 1902～1910 年木材仅占铁路货流量的 14.5%①，木材运输仍以水路为主。19 世纪下半叶至 20 世纪初，国内贸易中建筑用木材和薪柴保持着巨大规模，木材和薪柴产自俄国东部、北部和西部地区，通过水路或铁路运往各地。1880 年、1890 年和 1897 年经铁路运输建筑用木材分别为 1.5 亿、1.4 亿和 1.6 亿普特，薪柴分别为 9400 万、1.5 亿和 2.1 亿普特。1891 年和 1896 年经水路运输的薪柴分别为 2.3 亿和 2.4 亿普特。②

三 俄国国内贸易主要形式

展销会亦称集市贸易，是俄国国内贸易的最主要形式。18 世纪俄国市场分为定期市场、固定市场和流动贸易三种形式。流动贸易泛指农村中广泛流行的行商，是最低级的贸易形式，受自然因素和主观因素影响较大。展销会贸易是高级贸易组织形式，为定期、有组织和有规律的贸易形式，是当时跨地区交易的最主要贸易方式之一，具有地方市场的一些功能。集市贸易亦是定期贸易的一种，定期在省城、县城和主要城镇举行，小省城、县城举办的次数为一周 2～3 次和 1～2 次，城镇可能一周或两周举行一次，其目的是便于农民和商人销售产品。固定市场是最高的贸易形式，其主要特征之一是具有专门的贸易设施，如店铺、商店、仓库和旅馆等，可随时满足消费者的需求。

19 世纪 60 年代，展销会、集市和行商贸易量占俄国交易量的 50% 以上，18 世纪中叶至 19 世纪中叶，分别有 70% 和 94% 的市民可利用贸易为企业服务，因 19 世纪 60 年代前固定贸易欠发达，只有 4% 和 7% 的俄国居民可利用固定零售贸易。③

俄国展销会分为零售、征购、周转、大型零售、批发 5 种类型。征购商品多源自零售展销会、征购展销会和批发展销会，其销售的商品源自批发展销会、周转展销会和零售展销会。18 世纪末，俄国展销会有 3159 个，上

---

① Россия 1913 год. Статистико‐документальный справочник. С. 2.
② Экономическая история России с древнейших времен до 1917г. Том первой. С. 524.
③ 张广翔：《全俄统一市场究竟形成于何时》，《世界历史》2001 年第 3 期，第 94 页。

述 5 种类型的展销会分别占 83%、3%、4%、8% 和 2%；19 世纪中叶，俄国展销会共计 5263 个，上述 5 种类型的展销会分别占 87%、3%、3%、6% 和 1%。① 在俄国所有展销会中马里卡耶夫展销会最为出名，该展销会是下诺夫哥罗德展销会的前身。第一次全俄手工工场商品展览会于 1829 年在圣彼得堡举办。在众多展销会中，马里卡耶夫展销会比较有名，其产生于 16 世纪，十月革命前的几百年间都是俄国乃至欧洲重要的贸易场所，1817 年后马里卡耶夫展销会在下诺夫哥罗德举行，此后更名为下诺夫哥罗德展销会。1825 年、1832 年和 1840 年下诺夫哥罗德展销会的货物价值分别为 1710 万、3455 万和 4727 万卢布，销售额分别为 1146 万、2904 万和 3883 万卢布。下诺夫哥罗德展销会的商品中，欧亚区域商品占主导，1830 年和 1839 年亚洲和欧洲商品的比例分别为 26.8% 和 24.1%。②

展销会促进了俄国对外贸易的发展。1855 年，俄国进口商品总额为 12.2 亿卢布，而 1856 年输入下诺夫哥罗德展销会的商品总额达到 1.4 亿卢布。1859 年，国外进口的商品价值为 15.9 亿卢布，1860 年直接运往下诺夫哥罗德展销会的就达 2.6 亿卢布。③ 具体而言，18 世纪末、1832 年、1849 年和 1863 年，单位展销会交易额分别为 1157 万、2121 万、3123 万和 4106 万银卢布。19 世纪 60 年代，20 个特大型展销会交易额占展销会总交易额的 57%~73%，为其余小型展销会平均交易额的 45~87 倍。18 世纪末至 19 世纪 60 年代，展销会交易额由 6400 万银卢布增加到 3 亿银卢布。1863 年，俄国价格总指数增加 14%，展销会交易额增长 311 倍。各地展销会贸易齐头并进，每个省展销会交易额均达到俄国商品交易额的平均水平。④

伊尔比特展销会也是俄国大型展销会之一，该展销会集中大批工业品、手工业制品、中国和波斯等地的商品，奥伦堡省很多商品也由此展销会运

---

① 张广翔：《全俄统一市场究竟形成于何时》，《世界历史》2001 年第 3 期，第 95 页。
② Халин А. А. Система путей сообщения нижегородского поволжья и ее роль в социально-экономическом развитим региона（30－90 гг. XIX в.）. С. 87.
③ Халин А. А. Система путей сообщения нижегородского поволжья и ее роль в социально-экономическом развитим региона（30－90 гг. XIX в.）. С. 91.
④ 张广翔：《全俄统一市场究竟形成于何时》，《世界历史》2001 年第 3 期，第 96 页。

至国内各大城市。中亚商品也运至伊尔比特展销会,如粮食、面粉、白菜和各种纺织品。阿斯特拉罕也有展销会,其商品结构如下:一是俄罗斯纺织品,主要包括丝织品、毛织品和呢绒产品;二是面粉、黍米、动物油、糖、葱、蘑菇和鸡蛋等;三是铅、钢、铜、铸铁和生铁等金属制品;四是琥珀、时钟、玻璃容器和陶瓷等;五是锯材、木制品、餐具和蜡烛等,欧洲的啤酒也经过南部港口运至阿斯特拉罕。

第二节 对外贸易

随着俄国经济发展,对外贸易日趋繁荣,俄国在国际市场上的地位也逐渐提高。18世纪下半叶,俄国对外贸易发展迅速,18世纪60年代对外贸易总额达2100万卢布,90年代达8100万卢布,对外贸易开始出现顺差。1755~1758年,进口货物总价值为3290万卢布,出口货物4020万卢布,1799~1803年进口总额达2.5亿卢布,出口总额达3.4亿卢布,半个世纪内进口额增长6.6倍,出口额增长7.5倍。[①] 18世纪,俄国的商品出口结构发生巨大变化,虽然仍以农产品出口为主,但手工业制品比例不断提升。

18世纪,俄国商品进口结构中具有明显的封建特征。进口商品主要满足贵族的需求,其中从欧洲进口的货物主要为昂贵的纺织品、糖、咖啡、葡萄酒和水果等,同时也进口机器、棉纺织原料、燃料和工业制品等。与东方国家的贸易也蓬勃发展,主要从中国进口茶叶、丝织品和瓷器;从中亚进口牲畜和棉纺织品。

19世纪俄国对外贸易发展迅速。与1801~1805年相比,1850~1860年俄国出口额增长2倍,进口额增长3倍。19世纪,俄国出口结构仍具有农业特征,1801~1805年俄国年均出口粮食总量为1980万普特,1856~1860年达到6920万普特,增长2.5倍,同期俄国出口货物结构中粮食比重由20.2%增至35.1%。俄国工业明显落后于其他国家,加上冶金业也逐渐衰

---

① Ковнир В. Н. История экономики России: Учеб. пособие. С. 156.

落，1801~1850年世界市场上俄国金属的比例由5.5%降至1.5%。① 进口商品结构也可体现出俄国生产结构变化，奢侈品的进口数量减少，工业品的进口数量增加，工厂机器和设备、煤炭、棉花等原料的比重提高，但酒、茶叶和糖等产品也不能忽视。

19世纪60年代初期，俄国对外贸易流通额约为4.3亿卢布，19世纪末达13.1亿卢布。俄国主要出口产品仍为粮食，1861~1865年年均粮食出口量约为8000万普特，1871~1875年、1881~1885年、1891~1895年和1896~1900年粮食出口量分别为1.9亿、3.0亿、4.1亿和4.4亿普特，在出口粮食中小麦的数量约占50%。除粮食外，其他货物出口量也逐年增加，19世纪60~90年代糖类产品的出口量由330万普特增加至1240万普特。就商品进口而言，19世纪下半叶棉花、金属、机器、煤炭、石油和奢侈品占据重要地位，其中棉花、能源产品、机器和金属所占的比例分别为22%、19%、15%和11%。19世纪下半叶，俄国75%~80%的对外贸易集中于欧俄地区，20%~25%的贸易集中于亚洲和美洲地区，俄国的主要贸易伙伴为德国和英国，其贸易额占俄国对外贸易总额的25%和22%。②

国际贸易除是国民收入的重要组成部分外，还是衡量俄国融入世界市场的重要指标之一，因篇幅和资料有限，本部分不能对俄国所有的贸易伙伴、所有的交易商品一一陈述，仅选择最具代表性的石油贸易为例，探究国际市场上俄国石油产品的比重；也以俄国在亚洲最主要的贸易对象中国为例，探究中俄贸易发展历程，因资料和篇幅有限，仅对康、雍、乾时期中俄贸易进行探究。

一 国际石油贸易

俄国政府借助关税保护政策把美国煤油排挤出国内市场，但国内市场有限，俄国石油工业发展必须仰赖国际市场。世界市场上煤油等石油产品需求量增加为俄国石油产品出口业务带来契机，俄国石油产品开始出口欧

---

① Ковнир В. Н. История экономики России: Учеб. пособие. С. 181.
② Федоров В. А. История России 1861–1917. С. 88–89.

洲、近东、中东、东南亚和远东地区。在阐述19世纪末20世纪初国际市场上俄国石油产品占有率之前，笔者有必要对巴库石油的总体出口量进行分析。

俄国石油出口量。俄国石油工业发展初期煤油并未运至国外市场，因产量有限主要在巴库周边地区销售，只是向国外出口少量原油。石油工业崛起前，俄国以出口原油为主，19世纪上半叶巴库地区90%的原油出口国外，但19世纪中叶原油出口份额降低至50%，19世纪60年代降至25%，70年代初期巴库地区原油出口量比例低于1%。① 自19世纪80年代开始，俄国出口的石油产品以煤油和重油为主，俄国煤油出口地大多是美国煤油并未进入的国家，或美国煤油并未占据主导地位的国家。具体而言，1881年、1884年、1885年和1887年巴库地区煤油出口量为13.4万、150万、730万和1180万普特。与1887年相比，1890年俄国煤油出口数量增加近2倍，达3840万普特，1888～1892年俄国煤油出口量由2790万普特增至4890万普特，增加75.3%，1895年、1896年和1897年出口数量为5100万、4638万和5631万普特。② 煤油出口量增加之后，重油和润滑油等产品出口量也随之增长，1889～1895年，重油出口量增长212.9%，润滑油增长164%，原油和煤油增长率分别为139%和41.1%。③ 20世纪初，俄国石油产品出口量达最高值，1901～1904年年均石油产品出口量为9990万普特，占总产量的15.4%，亚洲和东方市场的石油出口量比例分别为45.3%和35.3%④，上述数据足以证明俄国煤油出口所取得的巨大成就。但因运输工具滞后、铁路运输费率和消费税较高、美国石油产品竞争等因素，俄国石

---

① Лисичкин С. М. Очерки по истории развития отечественной нефтяной промышленности. С. 208.
② Першке С. и Л. Русская нефтяная промышленность, ее развитие и современное положение в статистических данных. С. 29 – 64；Бовыкин В. И. Зарождение финансового капитала в России. С. 171 – 172；Фурсенко А. А. Первый нефтяной экспертный синдикат в России (1893 – 1897) // Монополии и иностранный капитал в России. М-Л.，Изд-во Академии наук СССР，1962. С. 57.
③ Наниташвили Н. Л. Экспансия иностранного капитала в Закавказье（конец XIX – начало XX вв.）. С. 188.
④ 〔俄〕В. Н. 科斯托尔尼钦科：《1918—1932年苏联石油出口和石油工业》，邓沛勇、张广翔译，《吉林大学社会科学学报》2012年第6期，第132页。

油出口业务发展缓慢。诺贝尔兄弟集团等大型石油公司资金雄厚，拥有运输工具，垄断俄国石油出口业务。

俄国石油产品主要出口至西欧和亚洲国家，西欧地区的主要进口国为英国、法国、德国和奥地利等，亚洲市场主要进口国为中国、日本和印度，此外，俄国的煤油还出口至澳大利亚等地。为更好地探析石油出口业务对俄国石油工业的影响，笔者从欧洲和东方市场两个角度进行分析。

（一）欧洲市场

自19世纪80年代开始，俄国石油产品出口国外，最初以煤油和重油为主，主要出口对象是欧洲市场。高加索铁路修建之前俄国石油产品大多经伏尔加河流域由波罗的海出口，也有部分石油经陆路运至西部边境后出口国外。1883年巴库—巴统铁路通车后俄国煤油出口量开始增加，此年度库班—黑海集团向伦敦和奥地利出口第一批煤油。弗拉季高加索铁路彼得罗夫斯克支线铺设之后彼得罗夫斯克港口修建众多煤油仓库，不但可向高加索地区运输煤油，还可向罗斯托夫运输煤油，新俄罗斯斯克港口煤油出口量最大。俄国居民煤油需求量较低，煤油大量出口国外，如1896年俄国人均煤油需求量只为2.78千克，而荷兰、比利时、德国和美国分别为25千克、38.5千克、15.7千克和76千克。[①] 欧洲国家众多，笔者只能选择进口俄国煤油量最大和最具代表性的国家进行阐述，因其他石油产品数据十分零散，笔者只能以煤油进口数据为切入点分析各国市场上俄国石油产品的比例。

英国石油市场。欧洲市场上俄国石油产品销售业务由大型公司垄断，主要由诺贝尔兄弟集团掌控。1888年，英国进口俄国煤油产品价值为80万卢布[②]，19世纪90年代别斯列尔和维赫杰尔公司与美国标准普尔公司签署

---

① Нардова В. А. Начало монополизации бакинской нефтяной промышленности//Очерки по истории экономики и классовых отношений в России конца XIX - начала XX в. М-Л., Изд-во Академии наук СССР, 1962. С. 16；Наниташвили Н. Л. Экспансия иностранного капитала в Закавказье（конец XIX - начало XX вв.）. С. 191.

② Лисичкин С. М. Очерки по истории развития отечественной нефтяной промышленности. С. 209.

协议，俄国石油产品进口数量降低。但因俄国煤油的价格优势，英国市场上俄国煤油进口量仍不断增加。英国市场上俄美两国石油竞争激烈，1892年英国市场上俄国煤油比例已达50%①，1893年英国市场上俄美两国的煤油进口量分别为221万和74.3万桶，俄国煤油进口量还不断增加。1897年，俄英两国企业主建立英国—高加索公司，公司主要向英国各地区销售石油产品。1900年，伦敦建立康索里吉洛夫公司，该公司由诺贝尔兄弟集团和库班—黑海集团共同组建，公司由英国人控股，主要业务是向英国市场出口俄国煤油。1899年，俄国出口至英国的煤油数量已达674万普特，该年英国市场上俄美两国石油产品份额分别为64%和36%，可以看出俄国石油产品垄断英国煤油市场。20世纪初，受经济危机影响，俄国煤油出口量逐年下滑，英国市场上俄国石油产品比例逐年降低。到1904年，英国市场上俄美两国石油产品的比例分别为47.1%和52.9%。② 19世纪末20世纪初，英国市场上进口俄美两国煤油产品数量详见表4-1。

表4-1 19世纪末20世纪初英国煤油进口数量

单位：桶

年份	从美国进口煤油数量	从俄国进口煤油数量
1889	1365000	771000
1890	1357000	88000
1891	1648000	831000
1892	1711000	808000
1893	2210000	743000
1894	2736000	578000

---

① Карпов В. П., Гаврилова Н. Ю. Курс истории отечественной нефтяной и газовой промышленности. С. 61.
② Наниташвили Н. Л. Экспансия иностранного капитала в Закавказье（конец XIX - начало XX вв.）. С. 195；Лисичкин С. М. Очерки по истории развития отечественной нефтяной промышленности. С. 211；Ахундов Б. Ю. Монополистический капитал в дореволюционной бакинской нефтяной промышленности. С. 172；Мир-Бабаев М. Ф. Краткая история Азербайджанской нефть. С. 49；Ахундов Б. Ю. Монополистический капитал в дореволюционной бакинской нефтяной промышленности. С. 172；Берзин Р. И. Мировая борьба за нефть. С. 12.

续表

年份	从美国进口煤油数量	从俄国进口煤油数量
1895	2730000	603000
1896	2993000	634000
1897	2755000	494000
1898	2844000	915000
1899	2702000	1340000
1900	2658000	1300000
1901	2619000	1200000
1902	2515000	1732000
1903	2084000	2202000
1904	2027000	2030000

虽然1899年英国石油市场上俄国石油产品比重较高，但俄国煤油所占比例只为美国同类产品的50%，重油的比重迅速增加。由此可知，19世纪末英国市场上俄国石油产品主要是重油，煤油所占的比重较低。受经济危机影响，英国市场上俄国石油产品的比重迅速降低，美国石油产品逐渐垄断了英国市场。

德国石油市场。德国市场上俄国石油进出口业务由诺贝尔兄弟集团掌控，该公司向德国输出石油产品的线路有二。一是沿里海和伏尔加河将产品运至圣彼得堡和利巴瓦，然后转运至德国斯德丁、吕贝克和不来梅等港口，部分石油产品也从陆路运往德国，主要经华沙运往韦尔日比、索斯诺威茨和西里西亚；二是石油产品先运往新俄罗斯斯克或巴统，然后经黑海运往不来梅和汉堡。随着德国经济的发展，德国政府欲打破美国标准普尔公司垄断德国和欧洲石油市场的状况，虽与俄国政府多次谈判投资高加索石油工业，但成效不大。19世纪末20世纪初，随着俄德关系的恶化和国际局势变化，俄德两国关系逐渐疏远，虽然如此，俄国出口至德国的煤油数量仍持续增加。1901年，俄国出口至德国的煤油数量最多（1159万普特），尽管如此，仍无法与美国的5287万普特相比，德国市场上俄美两国石油产品比例分别为 18.0% 和 82.0%。①

法国石油市场。19 世纪末，法国市场上从俄国进口煤油的数量逐年增加，俄国进口煤油的业务由罗斯柴尔德家族垄断。罗斯柴尔德家族为法国大型金融集团，最先发展母国市场，法国市场上俄国煤油进口量迅速增加，由 1892 年的 35.3 万普特增至 1895 年的 270 万普特，到 1892 年法国市场上俄国煤油的比例已达 70%。② 这一趋势一直持续到 20 世纪初，1904 年法国市场上俄国煤油占据主导地位，俄美两国煤油的比例分别为 71.1% 和 28.9%。③ 此后，因巴库石油工业停滞不前和罗斯柴尔德家族业务每况愈下，法国市场上俄国煤油的进口量逐年降低，但其数量仍十分可观。

奥地利石油市场。欧洲市场上俄国石油产品一直垄断诸多国家石油进出口业务，如 1895 年奥地利市场上俄国煤油的市场份额为 100%，这主要是因诺贝尔兄弟集团垄断该国石油业务，美国石油不能入驻该国市场。1889 年、1890 年和 1891 年奥地利进口俄国煤油数量为 564 万、648 万和 651 万普特④，虽然此后俄国煤油进口量逐渐降低，但俄国煤油在奥地利的影响仍不可小觑。

欧洲其他国家石油市场。除上述主要国家外，俄国煤油还出口至土耳其、比利时、荷兰、意大利、希腊、科西嘉、马耳他和多瑙河沿岸各国。到 19 世纪末，俄国煤油已经垄断了希腊、土耳其和多瑙河沿岸各国。1895 年，俄国煤油在上述国家或地区石油市场上所占的比例分别为 92.3%、

---

① Лисичкин С. М. Очерки по истории развития отечественной нефтяной промышленности. С. 211；Ахундов Б. Ю. Монополистический капитал в дореволюционной бакинской нефтяной промышленности. С. 172.

② Наниташвили Н. Л. Экспансия иностранного капитала в Закавказье（конец XIX - начало XX вв.）. С. 195；Карпов В. П.，Гаврилова Н. Ю. Курс истории отечественной нефтяной и газовой промышленности. С. 61.

③ Ахундов Б. Ю. Монополистический капитал в дореволюционной бакинской нефтяной промышленности. С. 172；Лисичкин С. М. Очерки по истории развития отечественной нефтяной промышленности. С. 213；Мир-Бабаев М. Ф. Краткая история Азербайджанской нефти. С. 49；Берзин Р. И. Мировая борьба за нефть. С. 14.

④ Наниташвили Н. Л. Экспансия иностранного капитала в Закавказье（конец XIX - начало XX вв.）. С. 195，199.

92.3%、100%。①

20世纪初,世界石油市场上俄国石油产品比例急剧下降。受世界经济危机和俄国石油工业萧条的影响,20世纪初俄国石油产品不但从一些国家市场上消失,而且以前畅销国家中俄国石油产品的进口量也迅速下滑。总体而言,19世纪末俄国煤油出口量逐年提高,至1901年俄国煤油出口量达最高点,但自1904年起出口量逐年下滑,地位一落千丈,此前俄国曾满足欧洲市场20%的煤油需求量,甚至长期垄断一些国家的石油市场,可谓战果辉煌。

（二）东方市场

1886年,俄国煤油首次出口印度,随后扩展至中国、日本、东南亚、澳大利亚等国,但石油贸易多由外国人掌控。1886~1900年,俄国出口至东方市场的石油产品数量增长2.5倍②,在东方市场上,俄国煤油已可与美国石油一较高下。

东亚市场。出口至东方市场的俄国石油产品早期先运至亚历山德里亚和塞得港,再由这两个港口转运至亚洲其他国家,每年从上述港口运往埃及的煤油数量达100万普特。③ 塞缪尔公司（俄国英荷壳牌石油公司的前身）垄断俄国东方石油贸易,该公司与俄国政府高层关系密切,拥有雄厚的资金、众多运输工具,又与诺贝尔兄弟集团、里海—黑海石油工商业公司签署贸易协定,逐渐垄断了印度、中国和日本的煤油进口业务。为捍卫亚洲煤油贸易的垄断权,该公司花巨资在印度、中国、日本和马来西亚半岛修建大型石油仓库。中国与德国煤油公司共同在上海、香港、汉口、汕头等地修建仓库,并与德国煤油公司签署协议,规定在中国市场上只能进口塞缪尔公司的煤油,通过上述措施该公司垄断了东亚和东南亚煤油市场。

---

① Лисичкин С. М. Очерки по истории развития отечественной нефтяной промышленности. С. 213.
② Нардова В. А. Начало монополизации бакинской нефтяной промышленности//Очерки по истории экономики и классовых отношений в России конца XIX – начала XX в. С. 43；Лисичкин С. М. Очерки по истории развития отечественной нефтяной промышленности. С. 211.
③ Наниташвили Н. Л. Экспансия иностранного капитала в Закавказье（конец XIX – начало XX вв.）. С. 197.

塞缪尔公司和日本、中国石油仓库所有人签署协议，协议规定这些仓库也只能从塞缪尔公司进口石油，同时保证该公司的石油可以顺利进入中国和日本各港口，实际上塞缪尔公司垄断了中国和日本的石油贸易。

南亚市场的初步尝试。以维特为代表的俄国政府官员支持英国勒恩公司在印度开展相关业务，欲借助该公司促进俄国煤油出口贸易的发展，以增加财政收入。诺贝尔兄弟集团试图向印度出口高加索煤油，但并未获得成功。1886年，勒恩公司开始向孟买出口巴库煤油，1886年至1897年12月，东南亚和远东港口向印度发送9000万箱俄国煤油，其中勒恩公司发货量就达6500万箱。① 1893年和1894年，俄国向东方国家出口煤油和石油产品的数量的具体数据详见表4-2。

表4-2 1893年和1894年东方国家进口俄国煤油和石油产品的数量

单位：普特

国家	1893年	1894年
塞得港	4483606	5848521
土耳其亚洲部分	—	116105
埃及	288319	47693
亚丁	—	20075
印度	8761825	2861638
中国	2223945	1822036
印度尼西亚—暹罗	316393	—
日本	1763070	2809757
马来半岛	418434	—
爪哇岛	2862418	1195320
苏门答腊岛	54750	—
菲律宾半岛	—	142900
阿尔及利亚	110372	33660
总计	21283132	14897705

① Наниташвили Н. Л. Экспансия иностранного капитала в Закавказье（конец XIX - начало XX вв.）. С. 270.

近东和中东石油市场。需着重强调的是，在巴尔干、近东、中东和非洲石油市场上马塔舍夫公司占据主导地位，该公司掌控上述国家石油市场份额的2/3，其余市场份额由里海—黑海石油工商业公司掌控。① 除上述主要国家外，俄国煤油还出口至亚丁、印度尼西亚、爪哇岛、苏门答腊岛、菲律宾半岛和非洲国家。一战前俄国煤油在东方市场的处境恶化，在印度、中国和日本等国的垄断地位丧失。

俄国石油贸易一般都由大型石油公司垄断，凭借其雄厚的资金、技术和设备优势，俄国石油产品曾一度主导世界石油市场，不但在欧洲市场上与美国同类产品一较高下，在亚洲和非洲市场上也曾风靡一时。但受国内外政治、经济和国际局势所迫，20世纪初俄国石油燃料竞争力下降，失去往日的风采。

二 康、雍、乾时期的中俄贸易

康熙年间，中俄两国官方贸易正式开启，因俄国政府垄断京师贸易，私商只能在边境地区进行贸易，边关互市随之兴起。《尼布楚条约》签订后中俄贸易规模不断扩大，京师互市初步繁荣；《恰克图条约》签订后中俄贸易蓬勃发展，恰克图市场更是世界驰名。下文着重分析此时期中俄贸易的特征、主要贸易方式、贸易规模及其影响等。

（一）康、雍、乾时期中俄贸易的特征

康、雍、乾时期是中俄两国贸易正式开启和蓬勃发展的阶段，两国贸易既有中国古代国际贸易的一般特征，如朝贡贸易为主流、对外贸易与文化交往并行、双边贸易以和平为主等，也具有其独特性，如中俄贸易的近代特征凸显、两国贸易是清政府制衡俄国的外交手段，等等。

第一，朝贡贸易思想仍是主流。清政府以天朝上国自居，并不注重对俄贸易的经济利益，而是将双边贸易作为制衡俄国的外交手段。当时的中俄贸易在贸易规则、性质和交易方式上都出现某些近代特征，但仍未超出朝贡贸易的范畴。清政府对俄商进京的时间和地点都严格限制。1693年，

---

① Бовыкин В. И. Зарождение финансового капитала в России. С. 178.

清政府规定:"俄罗斯国准其隔三年来京贸易,在路自备马驼盘费,一应货物不令纳税,犯禁之物不准交易,到京时安置俄罗斯馆,不支禀给,限八十日启程还国。"① 而对京贸易使团的规模,1652 年清政府规定各国每次赴华朝贡的人数不得多于百人,只许 20 人入京,其余人留在边境待命。1693年,清政府对俄方赴华使团规模的规定如下:"来京贸易的人数不得超过二百人,后由于俄方多次请求,允许入境的人数增至 220 人。"② 关于贸易地点,清政府规定俄国使团在华贸易地点有二:一是京师会馆,二是两国边境。康熙年间,中俄两国商人的主要贸易地点是京师会馆,后因贸易规模逐步扩大,加上京师互市无利可图,两国贸易逐渐集中于边境地区。

第二,双边贸易与文化交往并行。对外贸易与文化交流并行是中国古代对外贸易的显著特征之一,汉唐时期的陆上丝绸之路、宋元时期的海上丝绸之路,都具有该特征。随着中俄两国贸易的不断深化,两国的文化交流也日趋深入。为培养翻译人才、捍卫国家利益,1708 年,康熙帝决意创办一所培养通晓俄语人才的文馆,将该事宜交付大学士马奇办理,马奇用半个月时间聘请教习,落实馆址,制定管理体制,正式开馆教读。康熙帝为照顾留居中国俄罗斯人的宗教信仰,拨地和筹款建立教堂,即"圣尼古拉"教堂(北馆)。随着中俄两国交往的不断深入,汉文化传播至俄国,俄国传教士回国携带大量的中国书籍,在俄国出现学习中国文化的热潮。当时的圣彼得堡,无论是皇宫还是行宫,以及大贵族的府邸常常建有中国式园林、客厅、戏院和凉亭等,中国的雕塑、瓷器、漆器以及家具等更是屡见不鲜。足以见出,中俄两国在开展双边贸易的同时,文化交流亦得到深化。

第三,中俄两国贸易以和平为主。康熙年间,俄军入侵中国东北,雅克萨之战后双方签署《尼布楚条约》,确定了中俄两国的东段边境,中俄两国双边贸易和京师贸易也不断繁荣。雍正年间签订的《恰克图条约》划定了中俄两国的中段边境,为中俄贸易的繁荣奠定了坚实的基础。乾隆年间《恰克图市约》签订后中俄两国的边关互市进入黄金期。总体来看,康、

---

① (清)何秋涛:《朔方备乘·俄罗斯互市始末》(卷91),第 8 页。
② (清)何秋涛:《朔方备乘·俄罗斯互市始末》(卷91),第 1~2 页。

雍、乾时期中俄两国贸易虽有争端，如京师互市和库伦互市的停止、乾隆年间的三次闭关等，但两国政府为捍卫各自利益都能做出适当的让步，贸易仍以和平为主。

第四，中俄两国贸易的近代特征凸显。虽然康、雍、乾时期的中俄贸易仍属朝贡贸易范畴，但在贸易方式、规则和性质上都出现一些新特征。具体到贸易规则，可能说是从无序到有序。《尼布楚条约》签订后，中俄两国贸易进入政府管制阶段，清政府规定，赴华贸易者必须持有俄国政府签发的证明，否则中国政府有权力将其驱逐出境。而就贸易性质来说，贸易逐渐由外交手段转变为近代的经济行为，体现的始终是清政府的一种怀柔政策，即把通商作为制衡俄国的外交手段。

（二）康、雍、乾时期中俄贸易的方式和规模

康、雍、乾时期中俄贸易的主要方式有三：一是双边居民的早期贸易，包括边境贸易和使团贸易；二是京师互市，《尼布楚条约》签订后京师互市迎来短暂的繁荣时期；三是边关互市，早期的库伦互市、齐齐哈尔互市，后期的恰克图互市都是边关互市的代表。

1. 《尼布楚条约》签订前的中俄贸易

首先，中俄两国居民早期的边境贸易。国内学者认为，1656年巴伊科夫使团抵京是中俄两国直接贸易的开端。在此之前，双边居民已开始接触，其贸易主要集中于蒙古地区和中国东北等地。西北蒙古各部对俄贸易是中俄两国间接贸易向直接贸易过渡的起点，尽管贸易地点分散、规模很小，但对中俄贸易的发展意义重大。17世纪初，俄国哥萨克入侵额尔齐斯河流域后，厄鲁特蒙古各部居民就与俄国人进行贸易，17世纪中叶，厄鲁特蒙古各部居民与俄国商人的贸易往来已相当频繁。1647年，俄国沙皇阿列克谢·米哈伊洛维奇颁布谕令，赋予厄鲁特蒙古准噶尔部巴图尔珲台吉臣民免税贸易的特权，双方贸易关系更加密切。喀尔喀蒙古各部落的对俄贸易晚于厄鲁特蒙古各部，但17世纪40年代双方交往已相当频繁。据记载："崇德三年，喀尔喀土谢图汗贡物有俄罗斯鸟枪，车臣汗贡物亦有俄罗斯鸟枪。盖二部地居岭北，因以市易所购献诸天府也。可知谦河菊海之间，早

有通商之事。"①

17世纪40年代，俄军入侵黑龙江流域后开始与当地的中国居民接触。1650年俄军强占雅克萨，1658年在额尔古纳河西侧的尼布楚建立涅尔琴斯克堡，两国边境贸易的规模不断扩大。17世纪下半叶，北部边境的主要贸易场所有二：一是尼布楚，蒙古和索伦各部居民来此与俄国哥萨克进行贸易；二是库楞湖湖畔，中俄两国居民在此进行集市贸易。

其次，巴伊科夫使团开启俄商赴北京贸易的先河后，北京成为中俄两国商人的主要贸易场所之一。17世纪下半叶，赴北京贸易的俄国商队大致分为三类：一是正式的外交使团，二是官方商队，三是私人商队。《尼布楚条约》签订前，俄方赴北京的正式使团有3支，即1656年来华的巴伊科夫使团、1676年赴京的斯帕法里使团，以及1670年赴京的米洛瓦诺夫使团。上述使团除执行外交使命外，还从事贸易活动，如1660年，俄国使团进京朝贡，贡品如下："貂皮160张、银鼠皮200张、白狐狸皮30张、镜子一面。"临行时，顺治帝谕令"赏赐"俄国沙皇"银200两、缎13匹、茶5竹篓；赏来使伊万缎12匹、毛青布40匹、茶3竹篓。"②

朝贡使团的获利远逊于官方商队。俄国第一支赴京的官方商队是彼·亚雷日金和谢·阿勃林商队。商队到达北京后，顺利销售所携俄货，并采购丝绸、茶叶和银器等中国货物。③第一支官方商队回国后，俄国政府立即着手筹组新商队。1568年，伊·佩尔菲利耶夫和谢·阿勃林组建新商队赴华贸易。1688年，俄国政府再次派遣谢·阿勃林率商队赴华，商队在北京逗留两个半月，获利8981卢布，回国后还将采购的中国货物销往莫斯科，获利1.4万卢布。④ 17世纪初至1689年是中俄贸易由间接向直接、由边境向内地、由民间向官方的过渡时期。

---

① 孟宪章主编《中苏贸易史资料》，中国对外经济贸易出版社，1991，第8页。
② 中国历史第一档案馆：《清代中俄关系档案史料选编》（第一册），中华书局，1981，第20页；孟宪章主编《中苏经济贸易史》，黑龙江人民出版社，1992，第22页。
③ 苏联科学院远东研究所编《十七世纪俄中关系》（第一册），厦门大学外语系译，商务印书馆，1978，第12页。
④ 孟宪章主编《中苏经济贸易史》，黑龙江人民出版社，1992，第25~26页。

2. 京师互市

俄国商队赴北京贸易称为"京师互市",京师互市可划分为三个阶段:第一阶段为《尼布楚条约》签订至1697年,是京师互市的起步阶段;第二阶段为1698年至18世纪20年代初,是"京师互市"的全面兴盛时期;第三阶段为18世纪20年代至60年代初期,是京师互市的衰落和终结期。

第一阶段赴京的俄商多属私商,部分商人也与官方使团同行,个别商人还独自来华贸易。1689年12月,俄方代表戈洛文的信使隆沙科夫来京,与其同行的还有一支由菲拉季耶夫、卢津、乌沙科夫和尼基京四大巨商代理人组成的庞大商队。商队从尼布楚出发,途经额尔古纳堡和嫩江进京,该路线是18世纪初俄商赴北京贸易的主要线路。1691年,商队顺利返回尼布楚,携带中国货物的价值为1.4万卢布。① 此后又有6支商队赴京贸易,贸易的规模不断扩大,官方使团也加入京师互市的行列。

1698年至18世纪20年代初是京师互市的第二阶段,该阶段赴京的俄国商队多是官方商队。1698年,俄国政府发布《关于对华贸易一般规定》的通告,决定每两年派遣一支国家商队前往北京,禁止私人商队赴华贸易;同时宣布政府专营黑貂皮、玄狐皮、中国大黄和烟草等紧俏货物,任何个人不得私行贸易。此阶段俄国先后派出11支官方商队赴京贸易,前9支商队顺利往返,第10支商队因北京市场皮货滞销只准其在边境贸易,第11支商队被直接驱逐出境。② 《恰克图条约》签订后来京贸易的俄国商队规模都较大,1727年来京的莫洛科夫商队共携带5.2万张貂皮、6.6万张红狐皮、55.6万张银鼠皮和伶鼬皮、140万张灰鼠皮等货物(另有资料指出,该商队携带100多万张灰鼠皮、20万张银鼠皮、15万张狐皮、10万张貂皮和其他货物)。③ 俄国商队在北京采购的主要货物是丝绸,1727年莫洛科夫商队回国时携带价值6.1万卢布的中国丝绸,占商队采购中国货物

---

① 孟宪章主编《中苏经济贸易史》,黑龙江人民出版社,1992,第40页。
② Силин Е. П. Кяхта в XVIII в. Иркутск., Иркутское областное издательство, 1947. С. 17-18;
   孟宪章主编《中苏经济贸易史》,黑龙江人民出版社,1992,第47页。
③ 孟宪章主编《中苏贸易史资料》,中国对外经济贸易出版社,1991,第109页;〔法〕加恩:《彼得大帝时期的俄中关系史(1689~1730)》,江载华译,商务印书馆,1980,第244页。

价值的49%①，此外，棉布、大黄和烟草也备受俄国商人青睐。17世纪末，京师互市已出现衰退迹象。1699年，梁古索夫商队成员萨瓦季耶夫就曾指出北京市场上俄货数量大增，价格迅速下跌，京师互市开始衰落。1717年，清政府拒绝以瓦西里·伊万为首的30人小商队入京，只许其在边境进行贸易，此后，京师互市便一蹶不振。《恰克图条约》签订以后，京师互市仅维持30年，最终废止。

18世纪20年代末期，京师互市逐渐衰落，《恰克图条约》签订后赴华的6支商队获利不佳。1727年，来华的第一支商队在北京停留半年之久，大批货物无从销售，返俄时仍带回40多万张皮货。1731年赴京的第二支商队携带的货物虽全部售罄，但所带货物的数量仅为第一支商队的一半。第三支商队于1736年进京，发现北京市场上皮货数量是所携带货物的数倍，为不亏本，货物均以半价出售②，随后的商队生意低迷，甚至亏本。1754年，弗拉迪金商队赴京之后俄国政府不再派出新商队。除此之外，俄国商人赴京贸易需跋涉数千公里，往返一次的时间约为3年，资金周转速度过慢，途中的风险较大，商人获利较低。1762年，叶卡捷琳娜二世发布《关于贸易、市场和包收捐税之告示》，正式宣布此前所订条约规定的每隔3年派一支赴中国商队改为非官方商队……③此《告示》的出台标志着京师互市的终结。

3. 边境互市

库伦互市。库伦（今蒙古共和国首都乌兰巴托）地处喀尔喀蒙古土谢图汗部境内土拉河畔，距恰克图920华里，与俄方重镇色楞格斯克有水路相通。17世纪中叶起，西路来京的俄国商队就常以库伦为落脚点。中俄两国政府分别于1704年和1706年批准使用该商路，库伦成为大部分赴京商队和

---

① 〔法〕加恩：《彼得大帝时期的俄中关系史（1689~1730）》，江载华译，商务印书馆，1980，第244页。
② 〔俄〕班蒂什—卡缅斯基：《俄中两国外交文献汇编》，中国人民大学俄语教研室译，商务印书馆，1982，第262页。
③ 〔俄〕班蒂什—卡缅斯基：《俄中两国外交文献汇编》，中国人民大学俄语教研室译，商务印书馆，1982，第345页。

信使的必经之路，部分商队甚至就地贸易，库伦互市逐渐兴起。

1706 年，俄国政府禁止私商赴京贸易，库伦成为俄国商人销售毛皮和采购中国货物的主要场所。俄国商人从色楞格河上游至鄂尔浑河，然后入土拉河至库伦，行程只需 10~12 天。因运程短、运费低，库伦俄货的价格远低于其他地区，诸多中国商人也到此地进行贸易，库伦市场日趋繁荣。赴库伦贸易的俄商只需两三天就可完成交易，赴北京商队往返一次的路程可往返于库伦 5 次。18 世纪 20 年代初，库伦互市已颇具规模，每年赴库伦贸易的俄商约 200 名。① 1722 年，俄国政府支持准噶尔叛乱，清政府宣布驱逐库伦境内的俄商，库伦互市开始衰落。

齐齐哈尔互市。《尼布楚条约》签订前齐齐哈尔只是小居民屯，1685 年第一次雅克萨战争前夕，副都统马喇曾在此养护军马，以备军用。② 随着中俄贸易的发展，齐齐哈尔的作用日益突出。每年晚秋时节，来自尼布楚等地的俄国商人和哥萨克"或百人，或六七十人，一官统之，宿江之西。官居毡幕，植二旗于门"，"所携马、牛、皮毛、玻璃、佩刀之类，易烟草、布匹、姜、椒、糖诸物以去"。③

由尼布楚、嫩江赴京的俄国商队多以齐齐哈尔为落脚地，部分商人还就地进行贸易。1704 年，萨瓦季耶夫商队由东路赴京，商队入境人数多达 800 人，但并非所有商队成员都可入京贸易，相当一部分人在齐齐哈尔进行贸易。④ 1722 年，库伦互市和京师互市相继中断，齐齐哈尔便成为中俄两国商人贸易的唯一场所，齐齐哈尔互市的规模急剧扩大。1723~1727 年，赴齐齐哈尔贸易的俄国商队就有 12 支，除 1723 年到达齐齐哈尔的费奥多尔商队被清政府驱逐遣回外，其余商队均顺利往返。齐齐哈尔互市伴随京师互市的兴起而诞生，随着京师互市的停滞而兴盛。齐齐哈尔互市同库伦互市

---

① Корсак А. Ф. Историческо-статистическое обозрение торговых сношений России с Китаем. Казань., издание книготорговца Ивана Дубровина, 1857. С. 24.
② 《清圣祖实录》卷 119，中华书局，1985，第 6 页。
③ （清）方式济：《龙沙纪略·经制篇》；孟宪章主编《中苏贸易史资料》，中国对外经济贸易出版社，1996，第 93 页。
④ 中国历史第一档案馆：《清代中俄关系档案史料选编》（第一册），中华书局，1981，第 223~228 页。

一样,是深入中国境内的双边贸易,俄国商队获取丰厚利润。① 齐齐哈尔互市本应为中方商人带来诸多好处,但因清政府保守的贸易政策导致中国商人获利有限,最终俄货充斥中国市场,俄国学者认为,"输入中国的商品大大超过输出商品量,差额用白银支付"。②

库克多博—祖鲁海图互市。1728年5月17日,中俄两国政府正式换文之后,双方达成协定,中方在额尔古纳河左岸的祖鲁海图修建市圈,两国市圈隔河相望。受诸多因素的影响,施工进度十分缓慢,1731年前仍只有几个小木屋,中方声明,由于地形不利,不准备在此处建城,也不打算让商人们定居。③ 因祖鲁海图距尼布楚300俄里,获取饮水、烧柴都十分困难,最近村落也距其100俄里,两国商人对在此处贸易兴趣不大。库克多博—祖鲁海图市场上的货物以日常生活用品为主,俄国货物毛皮和皮草为大宗,中国货物棉布、丝绸和烟草为大宗。库克多博—祖鲁海图市场的贸易规模始终有限,平均贸易额仅为同期恰克图市场交易额的几十分之一,甚至百分之一,只是在恰克图贸易中断期间,此处贸易额才稍有回升,但最高交易额仅为1万余卢布。④

4. 恰克图互市的兴起

恰克图位于色楞格河东岸,距库伦800华里,为喀尔喀蒙古土谢图汗部的属地,康熙年间恰克图贸易初步发展,雍正年间规模有所扩大。《恰克图条约》签订后,因旧市街归入俄国,中方在本国境内建立新街市,仍称恰克图。1728年9月5日,恰克图市场首次开市,尽管只有4家中国商号和10家俄国公司参加交易,但贸易场面仍十分热闹,驰名中外的恰克图互市也随之拉开序幕。早期因双方政府的管制,恰克图市场的贸易规模有限。俄国官方商队将在北京未售罄的皮货运到恰克图市场销售,使恰克图市场

---

① 〔荷〕伊台斯等:《俄国使团使华笔记(1692~1695)》,北京师范学院俄语翻译组译,商务印书馆,1980,第153页。
② 〔苏〕纳罗奇尼茨基等:《远东国际关系史》(第一册),北京外国语学院俄语系首届工农兵学员译,商务印书馆,1976,第50页。
③ 〔俄〕瓦西里耶夫:《外贝加尔哥萨克》,徐滨等译,商务印书馆,1979,第43~44页。
④ 孟宪章主编《中苏经济贸易史》,黑龙江人民出版社,1992,第82页。

的交易额大增。1729年末莫洛科夫商队将剩余的毛皮全部运至恰克图销售，共获利2.4万卢布，相当于平时恰克图市场全年的交易额。①

恰克图市场开市之初，因缺少畅销商品，贸易规模有限，来此贸易的中国商人并不多。18世纪30年代末开始，俄国政府定期在恰克图市场收购大黄，使恰克图市场的交易额大增，这主要是因为大黄在俄国被用作"下剂"，且是染色的佳品，所以需求量较大。18世纪40年代，恰克图市场初步繁荣，1744年经恰克图输入中国市场的俄货价值为29.3万卢布，仅1746年8月俄商销售货物的价值就达17.7万卢布。随着恰克图贸易的不断发展，中国货物的出口量也明显增加，据统计，1736~1740年年均经恰克图出口的中国货物数量为806车，1741~1745年增加至944车。②

18世纪60年代之后，恰克图市场开始繁荣，被称为沙漠中的威尼斯，生意兴隆，店铺林立，有华商60余家，常住人口400多人；俄方常住人口更多，1774年恰克图市场共有俄商488名，行会人员908名。③ 18世纪60年代，俄国在恰克图组建6家贸易公司，即莫斯科公司、图里耶公司、阿尔汉格尔斯克和沃洛格达公司、喀山公司、托博尔斯克公司和伊尔库茨克公司。90年代初期，俄国政府对上述公司进行整顿，在此基础上整合成6家新公司，即莫斯科公司、沃洛格达公司、图里耶公司、托博尔斯克公司、伊尔库茨克公司和上乌金斯克公司。④ 据俄国海关统计，1800年恰克图市场的贸易额达838万卢布，相当于1784年贸易额的两倍，1722年的4倍，1761年的8倍。⑤ 1756~1800年恰克图市场的贸易额详见表4-3。

虽然18世纪下半叶中俄贸易发展迅速，但恰克图互市并非一帆风顺，乾隆年间曾出现3次长时间的贸易中断：第一次（1762~1768年）中断6年，第二次（1778~1780年）中断2年，第三次（1785~1792年）中断7年。

---

① Силин Е. П. Кяхта в XVIII в. С. 42..
② 孟宪章主编《中苏经济贸易史》，黑龙江人民出版社，1992，第87页。
③ Силин Е. П. Кяхта в XVIII в. С. 52, 91.
④ 姚贤镐编《中国近代对外贸易史资料（1840—1895）》（第一册），中华书局，1962，第664~665页。
⑤ Трусевич Х. Посольские и торговые сношения России с Китаем до XIX века. М., Типография Г. Малинского, 1882. С. 163-164.

表 4-3　1756~1800 年恰克图市场的贸易额

单位：卢布

年份	贸易总额	年均贸易额
1756~1760	5345180	1069036.0
1770~1774	11601970	2320394.0
1780~1784	30416744	6083348.8
1796~1800	31168406	6233681.2

三次闭关使两国贸易中断 15 年，不仅俄商损失巨大，中国商人也同样苦不堪言。恰克图互市中断对中俄两国的经济都产生了重要影响，俄国政府对恰克图市场的依赖程度较高，闭关后不但关税收入大幅度降低，商人的利润也减少，西伯利亚大量居民失去了生活来源。闭关期间正值俄瑞战争和第二次俄土战争，为避免两线作战，叶卡捷琳娜二世决定和平解决两国贸易争端。为缓和两国关系，1788 年俄方撤换伊尔库茨克总督，请求重新开市。1791 年，俄方再次来文请求开市，双方关系趋于缓和。

鉴于俄国政府多次违约，两国边民屡发纠纷，乾隆帝降旨库伦办事大臣松筠与俄方进行谈判。1792 年，松筠与俄国新任总督格尔举行会谈，俄方答应中方所有要求，2 月 19 日双方正式缔结《恰克图市约》。1792 年 5 月 5 日，恰克图市场重新开市，《恰克图市约》为恰克图互市的蓬勃发展奠定了坚实基础，19 世纪初恰克图市场重新呈现出一派繁荣的景象。

《恰克图市约》签订后恰克图贸易额飙升。据统计，1801 年恰克图市场的商品交易额为 810 万卢布，1810 年达 1316 万卢布，19 世纪 30 年代末，已超过 1600 万卢布。① 1802 年，恰克图市场的对华贸易额占其俄国亚洲贸易总额的 63%，1807 年其比例上升至 70%。②

（三）康、雍、乾时期中俄贸易的影响

康、雍、乾时期的中俄贸易对两国的政治、经济和文化交往都产生了

---

① Корсак А. Ф. Историческо-статистическое обозрение торговых сношений России с Китаем. С. 74..
② 〔俄〕B. 罗曼诺夫：《俄国在满洲》，陶文钊等译，商务印书馆，1980，第 6、9~10 页。

较大的影响，意义非凡。对清政府而言，不但保持了北境的安宁，一定程度上还促进了工商业的发展和西北边疆的开发；对俄国而言，不但关税收入大幅度增加，俄国商人获取高额利润，还促进了工商业发展和东部地区的开发。下文主要分析两国贸易对双方政治、经济和文化的影响。

第一，对两国政治关系的影响。对于清政府而言，《尼布楚条约》和《恰克图条约》的签订，保障了中国北部边境近一个半世纪的安宁，清政府开展对俄贸易并非出于经济目的，只是制衡俄国的外交手段之一。只要俄方破坏边境和平，清政府就打出关闭恰克图市场这张"王牌"，乾隆年间的三次闭关就是佐证。对于俄国而言，双边条约签订后，不但可摆脱两线作战的窘境，还可获得巨额利润，充实国库。俄国的外交重心在欧洲，为获得高额贸易利润，只能放弃对中国领土的企图。此外，两国贸易关系稳步发展对清政府治理蒙古也发挥着重大作用，俄国多次煽动蒙古王公独立，欲侵占蒙古各部落，但为弥补财政亏空，增加国库收入，不得不放弃染指蒙古各部的意图。清政府可借机全力镇压蒙古叛军，保持领土完整和国家的统一。

第二，对两国社会经济的影响。就俄方而言，双边贸易的影响如下。一是两国贸易给俄国商人带来了高额利润。19世纪上半叶，俄商以700万卢布在恰克图购买中国茶叶，在下诺夫哥罗德集市上卖得1800万卢布，获利在一倍以上[1]，巨额利润使俄国商人云集恰克图。二是中俄贸易增加了俄国政府的财政收入。1800年，恰克图的关税收入达71.5万卢布，不但充盈国库，也为俄军提供大量军资。恰克图的关税收入占俄国关税总收入的15%～20%。[2] 俄国学者认为："一个恰克图抵得上三个省，他通过自己的贸易活动将人民财富的宝贵而富有生机的汁液输送到整个西伯利亚。"[3] 1802年俄国经恰克图运往中国的商品价值为201.6万卢布，占同期亚洲市

---

[1] 姚贤镐编《中国近代对外贸易史资料（1840—1895）》（第一册），中华书局，1962，第664～665页。

[2] 李康华：《中国对外贸易史简论》，对外贸易出版社，1981，第420页。

[3] 〔俄〕瓦西里·帕尔申：《外贝加尔边区纪行》，北京第二外国语学院俄语编译组译，商务印书馆，1976，第136页。

场贸易总额的63%；1807年，其数值分别为251.3万卢布和70%；1825年，恰克图市场的贸易额达415.3万卢布①，恰克图市场对俄国的重要程度可见一斑。三是中俄贸易促进俄国工商业的全面发展，加速了俄国资本主义的原始积累。恰克图贸易推动了俄国棉毛纺织、茶叶加工、狩猎、畜牧和运输行业的发展，正如恩格斯所说："为俄国的制造品打开了在别处找不到的销路。"② 四是恰克图贸易增加了俄国普通居民的收入，卡巴诺夫指出："莫斯科到恰克图有6000多俄里，每年花费在货物运输上的费用就达350万～400万卢布，这些钱大多流入了西伯利亚和俄国部分省份农村居民的手中……西伯利亚每年运输到恰克图市场上的皮货价值可达90万银卢布，这笔收入大多进入了西伯利亚最贫穷的居民，即猎人的腰包。"③

就清政府而言，中俄贸易的经济影响有三个方面。一是中俄贸易在一定程度上推动了商品经济的发展，19世纪中叶之前，俄国始终是中国最主要的贸易伙伴之一。在中国外贸进口额中，俄国仅逊于英国，处于第二位，在中国的外贸出口额中，俄国处于第三位，仅落后于英美两国。④ 中国的茶叶、棉布等产品也大量输入俄国，促进中国种茶业、茶叶加工业和棉纺织工业的发展。二是中俄贸易在一定程度上丰富了中国居民的物质生活，俄国的优质毛皮常被清廷作为御寒佳品赏赐给各级官员，满足皇室所需和补充军用。三是从内地源源不断地向恰克图运输货物，为许多内地农民和沿途蒙古居民提供了生计方式，有利于蒙古地区的经济开发。

第三，对两国文化交流的影响。俄国传教士在回国时常带走大量的中国典籍，如比丘林离开北京回国时，带走汉、满文书籍十几箱，所带回的书籍中既有《十三经》《廿三史》《大清一统志》等成套典籍，还有多种地图和地形图。据统计，他带回的中国典籍数量超过前八届传教士团带回典

---

① Рожкова М. К. Экономическая политика царского правительства на среднем Востоке во второй четверти XIX века и русская буржуазия. М-Л., Изд-во Акад. наук СССР, 1949. С. 37.
② 《马克思恩格斯选集》（第2卷），人民出版社，1966，第123页。
③ 〔苏〕卡巴诺夫：《黑龙江问题》，姜延祚译，黑龙江人民出版社，1983，第68~70页。
④ 姚贤镐编《中国近代对外贸易史资料（1840—1895）》（第一册），中华书局，1962，第664页。

籍的总和。俄国传教士不但翻译大量的中国典籍，还撰写一些著作和文章，将中国的历史、语言、宗教、习俗、政治、经济和文化等内容详细地介绍给俄国读者，为传播中国传统文化做出了重要贡献。俄国传教士翻译的中国典籍不但包括《三字经》、《千字文》、《大学》和《中庸》等古籍，还包括《大清一统志》、《八旗通志》、《北京志》、《西藏志》和《准噶尔志》等一些具有重要价值的文献。中国文化于 16～17 世纪传入欧洲之后，18 世纪，出现了席卷整个欧洲的"中国热"现象。当西欧的"中国热"于 18 世纪下半叶减弱时，俄国的"中国热"才刚刚升温，并且一直延续至 19 世纪。俄国"中国热"的起因为叶卡捷琳娜二世大建行宫，四处搜集中国文物，该热潮始于上层贵族，由圣彼得堡和莫斯科等城市向外延伸。因此，中俄贸易的文化影响十分深远。

18 世纪开始，俄国贸易发展迅速，至 20 世纪贸易从业人员已达 200 万人，1913 年俄国国内贸易流通量增长 1.5 倍，贸易额达 180 亿卢布，对外贸易额达 26 亿卢布，国内外贸易均蓬勃发展。俄国出口货物结构中，农产品所占的比例较高，出口货物中粮食、畜牧产品和工业品所占的比重分别为 44%、22% 和 10%；进口商品结构中，纺织原料（如棉花、羊毛和丝绸）和机器设备等产品所占的比重最高。俄国主要的贸易对象是德国和英国，双方贸易额占俄国对外贸易总额的 30% 和 20%。[1] 贸易发展除增加国库收入、促进国家经济发展和提高居民生活水平外，对资本主义原始积累、俄国现代化进程的影响也毋庸置疑。

---

[1] Федоров В. А. История России 1861－1917. C. 192..

第五章　俄国金融业崛起

俄国金融业产生较早，早期因社会经济落后金融业长期停滞不前，工业化开启后才蓬勃发展。19世纪下半叶，二元制银行体系最终形成，一是国家银行成立；二是股份制商业银行、信用社和城市抵押银行陆续建立。银行体系逐步确立的同时，俄国证券市场也日趋繁荣，证券交易所的数量增加，证券产品的种类逐渐多样化，与国际金融市场的联系也日趋紧密。外资大量涌入也是俄国金融业崛起的标志之一，外资在带动俄国工商业快速发展的同时，也推动了金融市场的逐步完善。

第一节　俄国金融业发展的原因

19世纪中叶以前，俄国金融市场长期停滞不前，彼得一世改革后俄国已出现信贷机构，但金融业的蓬勃发展始于工业化开启之后。影响俄国金融业发展的原因众多。首先，俄国工商业快速发展是根本原因；其次，1861年农奴制改革为金融业崛起提供了有力保障；再次，19世纪末维特的经济改革推动了金融业快速发展；复次，铁路大规模修建也促进了金融业的快速发展；最后，俄国政府对金融业的扶持不仅促进了金融业发展，而且缓解了财政危机。

一　1861年农奴制改革是金融业发展的前提

1861年农奴制改革法令包括19份文件，最重要的为《1861年2月19

日宣言》《关于农奴脱离依附地位的总法令》《关于脱离农奴依附地位的农民赎回宅旁地和政府协助农民获得土地的法令》《关于省和县处理农民事务的机构法令》《关于安顿脱离农奴依附地位的家奴法令》，还包括一系列解决各地区土地关系的地方法律和补充条例等。其中，《1861年2月19日宣言》是农奴制改革的一号文件，宣布俄国废除农奴制度，其主要内容如下：自宣言颁布时起农民获得自由乡村居民的全部权利，如同意履行相关义务、保留土地所有权的农民可在地主庄园内居住，为保障农民正常生活，地主需给农民一定量的土地供其经营，农民在履行相关义务后即可使用份地，此类农民为临时义务农。同时，农民有权赎买其宅旁地，地主同意后农民可赎回长期使用的份地并归为私有等。

《关于农奴脱离依附地位的总法令》规定俄国永远废除农奴制，脱离农奴依附关系的农民获得自由村民的一切权利，拥有公民权，农民的婚姻、家庭内部事务可不经地主允许。农民可以独立签订各种契约和合同，有权从事工商业事务，开办工厂，成立手工作坊，加入行会，亦可在自己居住的村内从事手工业，可去其他地方销售自己的产品；农民有权控告、辩护和起诉，可亲自或者寻找代理人打官司，通过法律手段维护自身的权益，无法院判决不得对农民进行处罚；农民可担任社会职务，亦可加入其他阶层，可从军和担任军职，也可拥有动产和不动产。

1861年农奴制改革废除了俄国300多年的农奴制度，让俄国数千万农民获得人身自由，摆脱农奴依附关系，同时，取缔了贵族和地主对农奴的垄断权力，农民可将份地和宅旁地赎归私有，土地转变为商品，为俄国农业资本主义的发展创造了条件。农奴制改革加速农民分化，一部分农民成为小生产者，另一部分人发展为农村资产阶级，还有一部分为了生计不得已到城市中打工。此外，农奴制改革还改变了地主对农民的剥削形式，农民的徭役从劳役地租转化为货币地租，地主获得大量的赎金，可改变生产技术，引进新设备和机器，这使俄国农产品播种面积不断增加，农产品商品率日渐提高。可以说，1861年农奴制改革对俄国社会经济发展的作用至关重要，同时为金融业的发展提供契机。总体来说，农奴制改革对贵族和农民阶层的影响最大，但农民资金有限，加上社会地位较低，对金融业发展影响有限，而拥有雄厚资金的贵族对金融业发展的作用才更重大。农奴制改革后贵族失去大量劳动力，土地持有量也大幅度减少，开始从事工商业和金融业，政府为保障贵族阶层的特权，专门成立贵族土地银行，以减少贵族的损失，一定程度上促进了金融业的发展。

1861年农奴制改革之后，贵族拥有的土地数量开始下降，如欧俄各省贵族土地持有量由1862年的8716.9万俄亩减少至1877年的7704万俄亩、1905年的5124.8万俄亩。[①] 虽然贵族土地大量减少，但20世纪初俄国2.8万名地主仍集中了俄国75%的私有土地，70%的私有土地属大贵族所有。[②] 贵族土地大幅度减少后，开始从事实业，使改革前就已大量从事的工商业得以更快地发展，究其原因如下：一是政府扶持，给予诸多优惠政策，如提供免息贷款和资金扶持等；二是贵族拥有劳动力优势，可使用自己的农奴劳动，劳动力资源充足；三是贵族拥有发展工业所需的资金，部分贵族依靠农业完成早期的资本积累，可用于购买材料、引进技术和设备。1861年农奴制改革之后，贵族企业开始衰落，究其原因如下：一是丧失劳动力优势；二是俄国政府为加速工商业发展，开始引进外资，诸多国外企业主赴俄建厂，冲击贵族企业主；三是贵族思想较为保守，不愿意改进生产技术和引进新设备；四是部分贵族大肆挥霍，没有将资金用于扩大再生产。贵族经济实力衰落引起了俄国政府重视，政府采取措施帮助贵族。

为扶持贵族企业主，俄国政府成立贵族银行，提供各种优惠政策促进贵族从事酿酒、制糖和采矿业。如为扶持制糖业，在市场行情不好时，贵族的制糖厂可以获得政府补贴；政府为扶持贵族酿酒厂，数次抬高酒产品价格，甚至禁止居民在城市内建立酿酒厂；为扶持贵族采矿业，为其提供长期优惠贷款，可推迟还款日期。[③] 贵族创建的企业类型如下：一是农产品

[①] Корелин А. П. Дворянство в пореформенной России. 1861 – 1904 гг.: состав, численность, корпоративная организация. М., Наука, 1979. С. 49, 55.

[②] Баринова Е. П. Российское дворянство в начале XX века: экономический статус и социокультурный облик. М., РОСПЭН, 2008. С. 46.

[③] Лаверычев В. Я. Крупная буржуазия в пореформенной России 1861 – 1900. М., Наука, 1974. С. 33 – 61.

加工企业，这类企业数量最多，主要为酿酒、制糖和粮食加工企业；二是建材行业，主要为制砖、水泥、玻璃和陶瓷企业；三是木材加工行业；四是造纸和印刷行业。此外，贵族企业的规模有限，工人的数量大多低于100名，年产值多低于2000卢布。[①]

除投资实业外，贵族还投资资本市场，贵族投资金融业的方式有二：一是直接购买股票和债券等有价证券，在金融市场上谋取利润；二是贵族入股股份制企业或将自有企业改成股份制公司。股份制公司中贵族股东所占的比例较高，据统计，20世纪初的1482家公司中，主席、理事和董事会成员等贵族的数量为1202名[②]，贵族主要投资领域为农产品加工、银行、保险、采矿和运输等行业。此外，官员们也入股企业，19世纪六七十年代高级官吏就已合股开办公司和银行，很多官员还在大公司中兼职。

亚历山大二世改革加速了俄国现代化进程，同时也推动金融体系的革新进程。在农奴制、行政、司法和教育改革的同时，政府针对银行业和金融业也出台诸多法律文件，如《国家银行法》《圣彼得堡国家信贷公司章程》《土地信贷社章程》等，上述法律的出台直接促进了俄国银行业的发展和完善。虽然贵族开始从事工商业和金融业，但农业仍是其最主要的行业，为推动俄国农业现代化进程，俄国政府推出各种金融手段扶持农业。农奴制改革后俄国政府专门成立银行解决农业问题，如为让农民购买土地专门成立国有农民土地银行，为扶持地主经济专门成立国家贵族土地银行。此外，还成立其他相关配套机构，如户主土地信贷机构等。土地股份银行、国家贵族土地银行和农民土地银行对农业发展作用最为显著。土地股份银行成立于19世纪70年代，十月革命前俄国已成立数十家土地股份银行，主要分布于莫斯科、圣彼得堡、土拉、雅罗斯拉夫、基辅和哈尔科夫等大城市。银行的客户众多，贵族最多，借款人需以土地抵押方可获得贷款。俄

[①] 张广翔：《1861年改革后俄国贵族企业活动初探》，《求是学刊》1989年第1期，第93页；Корелин А. П. Дворянство в пореформенной России. 1861 – 1904 гг. : состав, численность, корпоративная организация. С. 107.

[②] Корелин А. П. Дворянство в пореформенной России. 1861 – 1904 гг. : состав, численность, корпоративная организация. С. 116 – 117.

国最大的土地银行是莫斯科土地银行,一战前,该银行的抵押债券数量达1.7亿卢布,哈尔科夫土地银行、顿河土地银行和波尔塔瓦土地银行的作用也不容忽视,其抵押债券数量达1.5亿卢布。①

国家贵族土地银行建立于亚历山大三世时期,其目的是扶持贵族经济,保障贵族土地所有制,银行主要为贵族提供贷款,贷款利率明显低于商业银行,贷款期限最长可达66年,以地产为抵押品,贷款利率为3.5%~5%。②国家贵族土地银行提供的诸多优惠政策获得贵族的青睐,不但扶持了地主经济,而且促进了俄国土地市场的逐渐完善和发展。一战前,国家贵族土地银行共发放贷款8.4亿卢布,抵押土地价值约14.5亿卢布。③农民土地银行于1882年由沙皇批准成立,其任务是为农民购买土地提供贷款。农民土地银行发放贷款的程序十分严格,且金额较小,利息较高,年利率达7.5%~8.5%。④其业务主要集中于叶卡捷琳诺斯拉夫省、顿河流域、基辅和哈尔科夫等南部省份。银行对农业发展作用有二:一是为地主和农民提供资金,促进了资本主义农业发展,在一定程度上也推动了俄国农业现代化进程;二是银行贷款促进了农村手工业和农民工业的发展,推动了俄国的工业化进程。

二 维特的货币改革推动金融业发展

农奴制改革之后,俄国由封建社会转型至资本主义社会,现代化和工业化进程也随之开启。俄国因缺乏资本主义发展所必要的内在要素,只能借助外部力量。比如,维特担任财政大臣后结合当时的社会经济发展状况,实施大刀阔斧的改革,涉及财政、金融、税收和贸易等各个方面,其金融改革中金本位制的效果最佳。

为推动国民经济的发展,亦为稳定国际金融市场上俄国的信用,维特

---

① Проскурякова Н. А. Акционерные земельные банки Российской империи в конце XIX - начале XX в.//Экономическая история Ежегодник. М., РОССПЭН, 2001. С. 495.
② Проскурякова Н. А. Земельные банки Российской империи. М., РОССПЭН, 2002. С. 248.
③ Проскурякова Н. А. Земельные банки Российской империи. С. 265 - 266.
④ Проскурякова Н. А. Земельные банки Российской империи. С. 297.

开始推行金本位制。所谓金本位制，是以黄金作为本位币，其主要特征是金币可以自由铸造，价值符号可以自由兑换，黄金可以自由输入和输出等。金本位制的实施可稳定本位币和外币间的汇率，有利于资本主义的发展。欧洲国家早已陆续采用金本位制，如1871年德国采用金本位制，1873年荷兰、1878年瑞士和比利时也相继实施金本位制，1879年美国也推行金本位制，各大国纷纷放弃银本位制，金本位制开始在世界范围内推广。俄国一直以白银为货币等价物，俄土战争后卢布牌价大跌，不得已大量发行纸币，导致国际金融市场上卢布信誉受到重创，流入俄国的外资数量大幅度减少，为稳定卢布牌价，维特决定推行金本位制。

维特在俄国推行金本位制，其手段是以黄金作为本位币，金币可自由铸造和兑换，试图依靠金本位制维系本币价值，稳定卢布与其他国家货币汇率，推动俄国经济的发展。因币制改革需要大量黄金，1895年政府规定日常贸易用黄金进行交易，同时缴纳国家税款时也需使用黄金支付。1897年，俄国纸币流通额为10.7亿卢布，黄金价值已近11.0亿卢布。1897年，俄国政府通过《货币改革法》，铸造价值5卢布的新金币，1898年推行10卢布的金币。[①] 与此同时，俄国政府还限制国家银行的货币发行权，规定国家银行发行货币数额低于6亿卢布时，必须用黄金担保，担保金额为货币发行量的一半，超过6亿卢布时必须由十足黄金担保。维特的金本位制稳定了卢布的汇率，促进了俄国工商业的发展。1897年，通过增加税收，购买和开采黄金等渠道俄国黄金储备量达10.9亿卢布[②]，货币含金量明显提高。金本位制的作用可谓立竿见影，卢布汇率的波动率由1891年的28.4%降低至1892年的8.8%和1893年的5.3%。[③] 卢布含金量提高后，与其他国家货币间的兑换汇率逐步稳定，保障了俄国金融业的快速发展。

三 财政危机是金融改革的动因之一

俄国政府扶持金融业发展的主要动因之一是缓解财政危机，因财政长

---

① 陶慧芬:《俄国近代改革史》，中国社会科学出版社，2007，第293页。
② 黄亚丽:《维特经济政策研究》，博士学位论文，吉林大学，2008，第72页。
③ Мартынов С. Д. Государство и экономика: система Витте. СПб., Наука, 2002. С.151.

期赤字,只能通过引进外资、在国外市场上大肆发行债券来维持本国经济的稳定,因为健全的金融市场和良好的投资环境是外国资本流入俄国的有力保障。克里米亚战争期间俄国财政赤字严重,1853~1856年财政预算赤字增长近5倍,由900万银卢布增加至6100万银卢布;财政赤字实际增加近5倍,由5200万卢布增至3.1亿卢布。① 财政危机导致通货膨胀和国际收支赤字严重、国家信贷机构大量破产等问题。克里米亚战争给俄国经济造成严重的破坏,俄国粮食出口量仅相当于战前的1/3,亚麻和大麻的出口量仅为战前的1/8和1/6;国外产品进口量也大幅度降低,机器产品、棉花和染料的进口数量分别为战前的1/10、1/4和1/6。②

为缓解财政危机,维特以前的历任财政大臣都进行财政改革,如赖滕的财政改革包括引进外资、兴修铁路、发展工商业和税收改革等措施,1862~1863年就曾实施黄金与卢布挂钩的金币本位制,但最终失败。赖滕的经济改革遭到一部分保守分子的反对,加上俄土战争爆发,俄国财政赤字严重,赖滕引咎辞职。1881年,本格继任财政大臣后也进行经济改革,将大量农民迁移至西伯利亚和中亚地区,成立农业银行和贵族银行减轻农民和贵族阶层的负担。但因世界农业危机,粮食价格下跌,俄国外汇收入持续降低,国债高达60亿卢布。③ 1887年,维什涅格拉德斯基担任俄国财政大臣,为消除财政赤字和保护本国工商业,通过垄断烟酒行业和提高铁路税率来增加国家收入,同时还开始以黄金为基础的货币改革准备,这也为维特的货币改革奠定了基础。历任财政大臣为缓解财政危机,在国际金融市场上大肆举债、在国内推行经济改革发展工商业,经济快速发展和外资大量引进要求与之相配套的金融政策,这也反过来促进了俄国金融业的发展。

四 铁路建设热潮推动金融业发展

俄国铁路建设并非一帆风顺,因生产力水平低下、技术落后、资金和

---

① Шестопалов А. П. Великая книгиня Елена Павловна//Вопросы истории, 2011. №5. С. 89.
② Нифонтов А. С. Проблемы социально-экономической истории России. М., Наука, 1971. С. 83-88.
③ Мартынов С. Д. Государство и экономика: система Витте. СПб., Наука, 2002. С. 44.

劳动力匮乏，农奴制改革前除皇村和圣彼得堡—莫斯科铁路外，铁路建设规模有限。克里米亚战争结束后俄国政府意识到铁路的重要性，但因国库空虚，政府不得不引进外资和利用私人资本修建铁路，并在国内外大量销售国债、股票和债券为铁路建设筹集资金。19世纪下半叶，俄国出现两次铁路建设热潮，第一次是六七十年代，第二次是90年代。第一次铁路建设热潮的直接成果是以莫斯科为中心的欧俄铁路网络建成；第二次铁路建设热潮之后覆盖欧俄、俄国北部、乌拉尔、高加索和中亚等地的铁路网最终建成。

因国库空虚，铁路建设资金很难筹措，为建设铁路，俄国政府通过在国内外金融市场上发行债券和股票等方式筹集资金，这使外资和国内资本迅速流入铁路部门。在国际金融市场上发行债券是俄国铁路建设的主要资金来源之一，1842~1851年，俄国共在国际金融市场上发行5次国债，一般国债年利率为4%，资金都达数千万卢布。除在国际金融市场上获取资金外，俄国政府还在国内发行铁路公司债券筹集资金，与普通股份公司债券不同的是，铁路债券由政府担保。为筹措资金，铁路总公司发行债券和股票，政府担保其收益率为4%~4.5%，在这样的背景下，私人铁路公司犹如雨后春笋般出现。1868~1873年，俄国新建29家私人铁路公司，大多数铁路公司由政府提供债券担保。① 因铁路公司恶性竞争和债券销售业务停滞，俄国政府不堪重负，为维持铁路修建所需资金，只能又在国际金融市场上发行债券或引进外资，这也使外资持续关注俄国铁路建设。19世纪末，大量外资投入铁路部门，外国资本家持有2/3的政府担保铁路债券。国内外金融市场上资金的大量涌入为俄国铁路建设提供了资金保障。

19世纪六七十年代，俄国绝大部分铁路由私人公司修建，但因公司经营不善、黑幕重重，政府财政不堪重负。俄国政府只能加大对私营铁路公司的监管力度，同时实施铁路国有化政策，铁路国有化需要大量的资金，

---

① Денисов А. Е. Государственные займы российской империи 1798–1917 годов. М., ИД 《Финансы и кредит》, 2005. С. 17–19; Уродков С. А. Петербурго - Московская железная дорога. История строительства (1842–1851). Л., Изд - во Ленинградского университета, 1951. С. 91–93.

只能又在国外发行债券。1881年俄国政府开始收购亏损的铁路公司，铁路国有化进程开启。俄国铁路国有化可划分为三个阶段。第一阶段为1881～1886年，俄国政府共收购1324俄里铁路，主要为哈尔科夫—尼古拉耶夫、唐波夫—萨拉托夫、摩尔曼斯克和普吉洛夫铁路。1887～1892年为俄国铁路国有化的第二阶段，政府通过一系列措施将5500俄里铁路收归国有，主要线路为乌拉尔、里亚日斯克—莫尔尚斯克、里亚日斯克—维亚泽姆、莫尔尚斯克—塞兹兰和外高加索等近10条私有铁路。据统计，俄国为收购上述铁路国债增加2.9亿卢布。[1] 1889～1894年，俄国政府又6次在境外发行年利率为4%的黄金债券，大部分资金用于赎买私人铁路。[2] 俄国铁路国有化的第三阶段为1893～1900年，共收购23家铁路公司，线路总长度为1.4万俄里，主要线路为莫斯科—库尔斯克、奥伦堡、波罗的海、顿涅茨克和尼古拉耶夫等铁路，此时俄国铁路国债总额达25亿卢布，每年需支付1.1亿卢布利息。[3]

1881～1900年，俄国37家私有铁路公司的2.1万俄里铁路被国家收购，政府为铁路国有化发行的利率为4%的国债共5.0亿卢布，为收购股票支付现金3550万卢布，为消除私人公司经营赤字额外支出4060万卢布，完成铁路国有化共耗资35.7亿卢布，单位俄里铁路国有化成本为17.1万卢布。[4] 因俄国政府财政赤字严重，铁路建设所需资金严重短缺，只能在国内外金融市场上大肆举债和发行债券。因此，铁路建设直接推动俄国金融业的发展，主要表现为如下几个方面。一是外资大量涌入需要俄国政府提供稳定的投资环境，与之相配套的金融制度得以制定；二是为筹集资金在国内市场上发行由政府担保的铁路债券，从而促进了金融市场的完善；三是

---

[1] Мигулин П. П. Русский государственный кредит. Т. II. Харьков., Типо-литография «Печатное Дело», 1900. С. 396-397.

[2] Денисов А. Е. Государственные займы российской империи 1798-1917 годов. М., ИД «Финансы и кредит», 2005. С. 19; Уродков С. А. Петербурго-Московская железная дорога. История строительства (1842-1851). Л., Изд-во Ленинградского университета, 1951. С. 93.

[3] Соловьева А. М. Железнодорожный транспорт России во второй половине XIX в. С. 185.

[4] Соловьева А. М. Из истории выкупа часных железных дорог в России в конце XIX в. // Исторические записки. Т. 82. М., Издательство Академии наук СССР, 1968. С. 116-117.

铁路国有化需要大量的资金，还需在国内外金融市场上发行国债，完善银行业和相关金融系统也是题中应有之义。除此之外，外资大量涌入亦是俄国金融市场不断发展和完善的重要推力，众多因素促使俄国金融业不断发展。

第二节　俄国金融业发展历程

古代南部东斯拉夫居民使用牲畜作为货币，称为"斯科特"，北方居民以毛皮作为货币，称为"坤尼"。10世纪末，基辅罗斯已出现银锭，罗斯人称之为格里夫纳，但对外贸易时使用阿拉伯或拜占庭货币交易，15世纪卢布才取代格里夫纳，俄国货币单位最终确定。[①] 随着工商业的发展，俄国与国际市场的联系日趋紧密，银行得以出现。但是俄国银行业发展十分缓慢，直到1861年农奴制改革后银行系统才逐步完善，同期证券交易市场也日趋繁荣。

一　俄国银行业发展

彼得一世在出国游历期间接触到荷兰的银行和金融交易所，迁都圣彼得堡后创办俄国首家金融交易所，还着手创建银行，但因国内外形势所迫，彼得一世力主创建的银行并未建立。彼得一世去世后，俄国政府高官曾多次提出建立国家银行的提案，至18世纪中叶，俄国才创建了国立官办银行。因俄国银行业发展滞后，在与其他国家进行贸易核算和开展货物进出口业务时多仰赖欧洲其他国家银行。因此，建立本国银行和完善的金融体系已迫在眉睫。从性质划分，俄国银行系统主要包括国家银行、商业银行和国外银行分支机构。

（一）国家银行

1754～1860年是俄国金融体系的建立和发展时期，主要标志是成立铸币局和国家银行。铸币局早就建立，但形同虚设，随着俄国工商业的发展，

---

① 王钺：《罗斯法典译注》，兰州大学出版社，1987，第2~3页。

对金融业的需求日盛，为解决贷款问题，1733年沙皇授权铸币局发放贷款，但要以金银作为抵押，贷款数额不得超过抵押品价值的75%，期限为1~3年。① 虽然铸币局为俄国商人贷款业务提供了便利，但仍不能满足国内经济的需求，建立银行势在必行。

18世纪，俄国工商业快速发展，中期诞生了第一批国立信贷机构。1754年，莫斯科和圣彼得堡两地，贵族贷款银行和商人贷款银行建立，上述银行的成立标志着俄国金融业发展迈出跨时代的一步。贵族贷款银行存在期限较短，国家提供的注册资金耗尽后就被迫倒闭。圣彼得堡商人贷款银行是俄国首家为商人提供贷款的官方银行，主要服务对象是圣彼得堡大商人，1782年该银行也因资不抵债被迫关闭。在叶卡捷琳娜二世时期，俄国开始发行纸币，为此还专门成立了纸币兑换银行，19世纪中叶，该银行因资不抵债倒闭。

到叶卡捷琳娜二世统治时期，俄国信贷业务不断增加，国家和地方银行并立的二重银行体系基本确立。19世纪，俄国工商业快速发展，莫斯科、圣彼得堡、阿尔汉格尔斯克和敖德萨等地纷纷建立贴现所，帮助急需资金的企业主，为其提供贷款。1817年，圣彼得堡成立国家商业银行，其目的是振兴工商业，为企业主提供短期贷款。随着俄国工商业的快速发展，国家商业银行的网点逐渐增多，先后于莫斯科、阿斯特拉罕、基辅、哈尔科夫、叶卡捷琳堡和下诺夫哥罗德等地设立多家分行和办事处。

克里米亚战争后俄国落后面貌暴露无遗，在学习西方技术和引进外资的同时，银行业逐步发展，国家银行的成立标志着以国家银行为核心的金融体系逐渐形成。1860年，亚历山大二世签署法令成立国家银行，7月俄国国家银行正式营业，最初的注册资本为1500万卢布，1879年注册资本达2500万卢布。② 国家银行建立的主要目的是恢复经济、促进工商业发展，调整、巩固和确立俄国金融体系；国家银行的主要业务范围为储蓄和贷款、

---

① Витте С. Ю. Собрание сочинений и документальных материалов. Т. 3. М., Наука, 2006. С. 89.
② Ананьич Б. В., Беляев С. Г., Лебедев С. К. Кредит и банки в России до начала ХХ в. М., Изд-во Спетербургского университета, 2005. С. 198.

票据贴现和提供抵押贷款等；国家银行还有权从事国有证券业务，在国际金融市场上销售国家债券；还可从事黄金和白银等重金属买卖业务，其行长由沙皇直接任命，负责银行的全面工作。

国家银行的发展可划分为两个阶段，第一阶段为1860～1894年，此时国家银行为财政部的辅助机构，大部分业务是为国家服务，此阶段亦是国家银行从官方信贷机构向商业银行转变的阶段；第二阶段为19世纪末至十月革命期间，因俄国经济飞速发展，国家银行成为俄国经济改革的重要工具之一，也是政府稳定汇率、维持卢布外汇牌价、推行金本位制的主要依托。一战前国家银行的主要业务仍是依靠国家资金拓展贴现和贷款，但随着俄国经济的发展，诸多大型商业银行建立，国家银行不断向现代意义的国家银行转变，最终成为国家的银行、银行中的银行。

19世纪下半叶，俄国二级金融体系彻底形成，一级为国家银行，二级为60年代开始形成的商业银行体系，俄国二级金融体系是由股份制商业银行、国家不动产抵押贷款银行、土地股份银行、信用合作社和城市银行共同组成的，其中股份制商业银行的作用最大。俄国第一家商业银行为圣彼得堡私人商业银行，1866年和1867年又陆续成立莫斯科商业银行、哈尔科夫贸易银行和基辅私人商业银行。

（二）商业银行

股份制商业银行诞生于1861年农奴制改革之后，其建立和发展与俄国工业化进程密切相关，股份制公司建立、铁路大规模修建和外资的涌入都需要银行业的繁荣，基于此背景俄国商业银行迅速崛起。俄国股份制商业银行大多集中于圣彼得堡、莫斯科、华沙和哈尔科夫等大城市。俄国第一家商业银行始建于1864年，至1873年商业银行的数量增至36家，1917年其数量达至53家[1]，其中15家位于圣彼得堡，8家位于莫斯科。[2] 20世纪初，俄国较大的商业银行有圣彼得堡国际商业银行、圣彼得堡核算及信贷

---

[1] Саломатина С. А. Комерческие банки в России: динамика и структура операций, 1864 – 1917. М., РОССПЭН, 2004. C. 107 – 108.

[2] Грегори П. Поиск истины в исторических данных//Экономическая история. Ежегодник. М., РОССПЭН, 1999. C. 478.

银行、圣彼得堡私人商业银行、莫斯科商人银行、里加交易银行、华沙商业银行、圣彼得堡—莫斯科商业银行、莫斯科工商银行和里加市政核算银行等。本节主要分析商业银行和工业的关系，探讨商业银行之于经济发展的作用。

圣彼得堡国际商业银行、圣彼得堡核算及信贷银行是俄国商业银行的龙头。自1880年起，俄国境内和国际金融市场上所有的国有、铁路和抵押证券业务几乎由二者垄断。19世纪80年代，商业银行开始大规模投资俄国工业。各大商业银行争相抢购新建大公司的股票，如布良斯基轨道轧件、铁路零件和机械制造集团，普季洛夫斯克工厂集团，谢尔盖—乌法列伊斯基山体工厂集团，里加俄国—波罗的海车厢制造工厂集团，索尔莫沃铁路零件制造厂、钢板及机械制造厂集团，玛利佐夫斯基工厂集团，里海集团石油公司和巴库石油工业集团等公司的股票十分畅销，上述两家银行持有这些公司的股票数量最高。

20世纪初，仅圣彼得堡国际商业银行资金所投资的企业就达数十家，涵盖的多为关系国计民生的工业部门，如冶金、煤炭开采、石油、机器制造、电力和化学等。圣彼得堡国际商业银行投入资金最多的企业为加尔特曼俄国机器制造厂集团、尼科波里—玛里乌波里斯克山体和冶金集团、俄国采金工业集团、比比—艾巴托夫斯基石油集团、莫斯科玻璃工业集团、列韦利斯克酒精工厂。此外，布良斯基轨道轧件、铁路零件和机械制造集团，普季洛夫斯克工厂集团，土拉铜制轧件和子弹工厂集团，俄国电力技术工厂集团等企业也有该银行资金注入。① 圣彼得堡核算及信贷银行也热衷于投资工业，该银行购买多家公司股票，如巴库石油集团、硅酸盐水泥工厂集团、顿涅茨克—尤里耶夫斯克冶金集团、列谢涅尔机器制造厂、马祖特及曼塔舍夫石油贸易公司、俄比冶金集团、索尔莫沃铁制零件和机械工厂股份集团，等等。

圣彼得堡国际商业银行、圣彼得堡核算及信贷银行、圣彼得堡私人商

---

① Бовыкин В. И. Зарождение финансового капитала в России. С. 208 – 260，276 – 291；Бовыкин В. И.，Петров Ю. А. Коммерческие банки Российской империи. С. 102 – 105.

业银行、圣彼得堡－莫斯科商业银行和圣彼得堡－亚速银行为俄国规模最大的商业银行，19世纪末上述银行都进军工业领域。通过证券交易介入工业获取高额利润，个别银行年利润率高达30%～35%。1890年，圣彼得堡私人商业银行、圣彼得堡国际商业银行和圣彼得堡核算及信贷银行的该项业务利润率为4.2%、3.8%和3.1%。俄国商业银行的资金来源多为居民存款，据统计，1898年圣彼得堡国际商业银行、圣彼得堡核算及信贷银行、圣彼得堡私人商业银行的私人存款占银行的负债比例分别为38%、23%和36%。① 在所有商业银行中圣彼得堡国际商业银行、圣彼得堡核算及信贷银行业务总量居首位，圣彼得堡私人商业银行、圣彼得堡－莫斯科商业银行和圣彼得堡－亚洲商业银行的实力也不容小觑。虽然俄国对外贸易银行和俄国工商业银行在国内外有众多分支机构，但投资实业的比例低于上述银行。即便大多数银行都投资实业，但传统信贷业务仍是圣彼得堡国际商业银行和圣彼得堡核算及信贷银行的主导业务。②

（三）国外银行分支机构

19世纪末20世纪初，俄国政府通过银行在亚洲进行经济扩张，银行成为其控制殖民地和附属国经济的手段之一，目的是为母国的政治和经济利益服务。一战前，俄国殖民和势力范围包括波斯、远东和近东国家，因此，在上述国家都建立了商业银行的分支机构，其中波斯信贷银行和俄亚银行的作用最为突出。

19世纪末20世纪初，各大国为在殖民地和势力范围内推行本国政策，亦为加强双方的经济联系，通常都会在势力范围内建立银行，俄国银行在国外建立网点始于1890年，分别于波斯、中国和朝鲜等国设立分支机构。因1890年朝鲜被日本占领，俄朝银行在朝鲜的分支机构胎死腹中，并未正式挂牌营业。俄国政府也于1914～1918年在蒙古地区建立蒙古银行，但因俄国战争和蒙古地区因素该银行业务规模有限。

---

① Саломатина С. А. Коммерческие банки в России: динамика и структура операций, 1864 - 1917 гг. С. 164 - 171.
② Бовыкин В. И., Петров Ю. А. Коммерческие банки Российской империи. С. 117 - 125, 190 - 211.

波斯信贷银行由波良科夫兄弟创立,早期主要从事信贷业务,后期该银行负责从俄国向波斯输出资本,1891年5月,波斯政府赋予波斯信贷银行诸多特权,该银行的业务不断扩大。1894年,维特召开特殊会议,要求国家银行赎买波良科夫的股份,共花费22.5万卢布[1],政府赎买后仍称之为波斯信贷银行。1895年开始俄国政府通过波斯信贷银行向波斯输出资本,该银行还帮助波斯政府在国际金融市场上发行国债。在俄国银行的帮助下,波斯国债分别在伦敦和巴黎等金融市场上销售。波斯信贷银行业务不但增强了俄国政府在波斯的影响力,还巩固了俄国政府在波斯的政治和经济地位。

波斯信贷银行在波斯取得较大成就,1912~1914年其资产创历史新高,仅略低于圣彼得堡和莫斯科综合银行,且银行网点遍布俄国与波斯北部地区。虽然波斯信贷银行在波斯的业务取得非凡成就,但因国内外局势的变化,俄国公司无力与当地商人竞争,纷纷回国,波斯信贷银行也因此遭受巨额损失,俄国政府在波斯的影响力也日趋降低。

为加紧对中国的侵略,俄国政府在巴黎成立由法国银行集团和圣彼得堡国际商业银行组成的道胜银行。1895年7月6日,清政府代表许景澄在圣彼得堡与3家法国银行、4家俄国银行代表签订了中俄《四厘借款合同》,以中国海关收入为担保,借得4亿金法郎,约合1亿两白银,年息4%,36年内还清。《四厘借款合同》中清政府虽承诺以海关收入为担保,但中国海关控制在英国人手里,俄法两国为保障收入,筹划一个凌驾于海关之上的俄法两国银行联合组织。借款合同签订第二天,维特便邀请法国银行家商讨组建合资银行的有关事宜。俄法两国代表经过3个月和谈,于1895年10月达成协议,决定由法国巴黎国家贴现银行、巴黎荷兰银行、里昂信托银行、巴黎霍丁格尔银行和俄国圣彼得堡万国商务银行发起,合资组建华俄道胜银行,总行设于圣彼得堡,12月末华俄道胜银行章程经沙皇批准后颁发。该章程许多条款都侵犯中国主权,如规定代理中国各种税收,经营与

---

[1] Ананьич Б. В. Учетно-ссудный банк Персии в 1894 – 1907 гг. // Монополии и иностранный капитал в России. М-Л., Издательство академии наук СССР, 1962. С. 277.

地方国库相关的业务，经中国政府许可后可铸造和发行货币，在中国境内修建铁路，等等。华俄道胜银行组建时资本金为600万卢布，其中62.5%由法国募集，37.5%由俄国筹集。① 1898年9月，清政府入股华俄道胜银行，签订《入股伙开合同》，清政府出资500万两，从俄法借款中扣除。华俄道胜银行是俄国对中国实行经济侵略的工具，银行有权在华办理税收业务，发行公债、铸造货币，经营铁路和电讯业务；银行代表有权出入宫禁，结交权贵。随后在上海、汉口、天津、北京、烟台、大连、长春、哈尔滨、满洲里、乌鲁木齐和伊犁等地设立分行。1910年，华俄道胜银行和俄国北方银行合并，改称俄亚银行，十月革命前该银行为世界九大银行之一。

20世纪初华俄道胜银行在中国已有十余家分行和办事处，亦是俄国政府染指中国内政和外交的手段，1906年1月1日华俄道胜银行营业额创历史新高，银行总资产达2.3亿卢布，其资产额超过俄国股份制商业银行伏尔加—卡马商业银行，1906年其资产为2.0亿卢布。1905年，华俄道胜银行外汇业务收入占主导，银行1280万卢布的利润中，外汇业务收入为445万卢布②，其余利润多为信贷收入。华俄道胜银行成立之初网点分为三部分，即上海的远东国际银行、东西伯利亚和远东分行，以及巴黎分行，随后在中亚和满洲里也设置分行。华俄道胜银行也投资实业，因其本身隶属于俄国商业银行，有众多的银行网点，在工业领域威望甚高。华俄道胜银行繁荣时期在世界各地设立分行，如伦敦、旧金山、纽约、香港、巴黎、上海、孟买和加尔各答分行。1905年革命后华俄道胜银行的业务每况愈下，1908年1月1日，该银行亏损额为720万卢布，除银行利润冲销的300万卢布外，净亏损420万卢布。③ 为解决财务危机，1910年在俄国政府力主之下该银行开始寻找合作伙伴，最终与北方银行合并，更名为俄亚银行。

---

① 黄定天：《中俄关系通史》，黑龙江人民出版社，2007，第84~85页。
② Яго К. Русско-Китайский банк в 1896–1910 гг.: международный финансовый посредник в России и Азии//Экономическая история. Ежегодник. М., РОССПЭН, 2012. С. 161.
③ Бовыкин В. И., Петров Ю. А. Коммерческие банки Российской империи. М., Перспектива, 1994. С. 165–178.

俄国政府在亚洲设置银行的目的是提升其政治及经济影响力,在保障俄国政府利益的前提下为地方政府提供借款、签署租让合同、开拓俄国商品的国外市场。20世纪初,因国内社会矛盾日趋激化,加上银行信誉下降、资金不足、不能根据当地状况适时调整经营政策,银行业务每况愈下。殖民地银行作为俄国政府经济扩张的工具,其政治意义高于经济意义,一战爆发后,俄国国外银行迅速衰落。

二 俄国证券交易市场

1608年,荷兰阿姆斯特丹成立世界上第一家股票交易所,此后商品交易所和股票交易所长期在欧洲流行。彼得一世时期俄国成立第一家商品交易所,即圣彼得堡交易所,此时交易所金融衍生品交易量比例较低,主要从事商品交易业务。本部分主要探讨俄国金融交易市场状况。1861年农奴制改革之前,圣彼得堡交易所业务已粗具规模,除传统的圣诞节、新年、复活节和主显节等重大节日外圣彼得堡交易所每日开放,但营业时间较短,为每日的14~17时,冬季仅开放2小时,为14~16时。圣彼得堡交易所的宗旨是创造一个公开、公平的交易环境,调解争端和分歧,保障交易有序进行且监督交易是否合法。[①] 随着圣彼得堡交易所业务规模的不断扩大,俄国其他城市也纷纷成立交易所,雷宾斯克交易所和下诺夫哥罗德交易所最为著名。雷宾斯克交易所以粮食交易为主,在所有交易所中口碑最好;下诺夫哥罗德交易所兴起主要源于下诺夫哥罗德展销会,其影响明显大于其他交易所。

(一)俄国证券交易业务的开端

股份制公司出现后证券交易所业务规模不断扩大,但俄国股份公司的成立和发展历程较为漫长。1699年,彼得一世从西欧回国后开始着手组建股份制贸易公司,但因当时政治和经济条件限制,股份制公司并未建成。俄国真正意义上的股份制贸易公司出现于18世纪下半叶,阿斯特拉罕、下

---

① Лизунов П. В. Биржи в России и экономическая политика правительства (XVIII – XX в.). Архангельск., Поморский государственный университет, 2002. С. 74.

诺夫哥罗德和沃罗涅日等地纷纷建立贸易公司，股份公司的雏形初步奠定，但大多数股份公司都因经营不善倒闭。19世纪初，俄国虽有5家股份制公司，但圣彼得堡交易所还未开展有价证券交易业务。

19世纪之前，俄国交易所很少涉足证券业务，主要从事商品买卖业务。随着俄国工业化进程的开启，其与国际市场联系日趋紧密，证券交易逐渐纳入交易所的业务范畴。俄国有价证券交易始于1809年，并且于该年度政府发行年利率为7%的300万卢布国债，1810年又发行年利率为6%的2000万卢布国债，国债开始在国内市场上销售。连年征战导致国债发行量激增，1817～1819年俄国先后发行5次国债，总额达3.3亿卢布。[①] 19世纪20年代，圣彼得堡交易所的业务结构发生变化，除商品、期货和外汇外，开始从事证券业务。

19世纪30年代，圣彼得堡交易所证券业务蓬勃发展，除买卖外汇和汇票外，有价证券开始在交易所内流通，虽然交易量远落后于西欧国家，但有价证券交易市场已颇具规模。1861年农奴制改革之后，俄国金融市场更为繁荣，19世纪60年代除圣彼得堡交易所外，私营公司的股票开始在莫斯科交易所挂牌上市。随着国家经济的快速发展，19世纪90年代有价证券业务交易量不断增加，证券产品种类也不断丰富，交易程序日趋规范化。尽管如此，19世纪末俄国仍然没有一家专业化的证券交易所。1900年，在维特力主之下，圣彼得堡交易所证券部成立，俄国证券交易所揭开全新的一页。

（二）俄国证券市场结构

俄国证券市场交易产品主要包括国家债券、公司债券和股票三种。农奴制改革之前俄国证券市场的商品种类较为单一，以国债为主。19世纪90年代，俄国成立数百家股份制企业，证券市场交易品种不断增加，公司债券和股票的交易规模明显扩大。俄国债券主要包括国家公债、国库券和银行债券等，债券市场上国家债券备受青睐，长期公债销售量最大。

---

① Лизунов П. В. Биржи в России и экономическая политика правительства（XVIII - XX в.）. С. 79.

1. 债券

国债是俄国政府筹集资金的重要手段，其方式是向债券购买者出具相关凭证，政府承诺在一定时期内支付本金和利息，俄国债务分为内债和外债，外债一直占据主导地位。俄国内债源于保罗一世，保罗一世以纸币形式发行国债，亚历山大一世时期颁布专门法律确定国债的发行原则、方法及相关人员的权利和义务。外债出现于叶卡捷琳娜二世时期，俄国第一笔对外公债于1769年发行，由荷兰银行家代为在国际金融市场上发行，其金额为430万银卢布，期限为10年，年息为5%。① 尼古拉一世时期战争频繁，外债数量大增，如1827年俄波战争、1828～1829年俄土战争、1830～1831年俄波战争期间，俄国共发行6394万银卢布对外公债，克里米亚战争爆发之前俄国外债金额达2.2亿卢布，此时内债金额为5.1亿卢布。克里米亚战争期间俄国又发行1亿卢布国债，以偿还贷款和缓解国内财政危机。维特继任财政大臣之后也大量发行国债，1892～1903年俄国国债由49亿增加到66.5亿卢布。②

铁路国债亦是俄国主要举债方式之一。俄国财政长期赤字，修建铁路的资金无从筹措。1832～1852年俄国财政收入总额为36.1亿卢布，50%以上的收入用于供养军队和支付国债利息。③ 虽然财政困难，但俄国政府仍筹措资金修建铁路，在国外发行债券成为俄国铁路建设的主要资金来源。1842～1851年，俄国共发行5次铁路国债，如1842年通过国外金融家在英国、德国和荷兰发行年利率为4%的国债，总金额为800万卢布。④ 1843年、1844年和1847年俄国以同样利率发行第三、第四和第五批国债，其金额分别为800万、1200万和1400万卢布，1850年发行年利率为4.5%、总金额

---

① Витте С. Ю. Собрание сочинений документальных материалов. Т2. Налоги бюджет и государственный долг России. Кн 2. М., Наука, 2003. С. 30.

② Витте С. Ю. Собрание сочинений документальных материалов. Т2. Налоги бюджет и государственный долг России. Кн 2. С. 30 – 31.

③ Уродков С. А. Петербурго-Московская железная дорога. История строительства (1842 – 1851). Л., Изд-во Ленинградского университета, 1951. С. 91.

④ Денисов А. Е. Государственные займы российской империи 1798 – 1917 годов. М., ИД «Финансы и кредит», 2005. С. 17.

为3520万银卢布的国债，大多用于国内铁路建设。①

19世纪下半叶，铁路债券发行量更大，1870年俄国发行金额为1200万英镑、年利率为5%的铁路债券，1871年开始偿还，偿还期限为81年；1871年，俄国政府通过罗斯柴尔德家族在境外发行1200万英镑的同利息铁路债券，偿还期限为81年；1872年，发行第三批1500万英镑的同利息铁路债券，偿还期限为81年；1873年，发行第四批1500万英镑的同利息铁路债券，偿还期限为81年；1875年，发行第五批1500万英镑的铁路债券，年利率为4.5%，偿还期限为81年；1880年，发行第六批1.5亿卢布的铁路债券，年利率为4%，偿还期限为81年；1884年，发行第七批1500万英镑的铁路债券，年利率为5%，偿还期限为81年，至1900年俄国政府为修建铁路在国际金融市场上共举债15亿金卢布。②

除在国际金融市场上发行铁路债券外，俄国政府还在国内发行铁路公司债券，由政府进行担保。1839年，皇村铁路建成后俄国政府批准建立华沙—维也纳铁路股份公司，政府担保该公司的收益率为4%，但克里米亚战争之前私人资本很少涉足铁路建设。克里米亚战争失败后俄国政府意识到铁路的军事和经济意义，但国库空虚，除引进外国资本修建铁路外，还在国内募集资金修建铁路。为筹措资金，由铁路总公司发行债券和股票，政府进行担保，其收益率为4%~4.5%，私人铁路公司数量大增。俄国金融市场上铁路公司债券的交易量大增，19世纪中叶债券发行量达7500万银卢布，其利率为5%。70年代至80年代中期，俄国先后发行4%~5%的铁路债券共计8.4亿卢布，担保期限为15年。③ 1890年和1892年，俄国政府发行两期年利率为4.5%的国内铁路综合债券，总金额为1.5亿卢布；1886年国家银行发行年利率为5%的铁路公债，总金额为1.0亿卢布；1894～

---

① Денисов А. Е. Государственные займы российской империи 1798 - 1917 годов. С. 19; Уродков С. А. Петербурго-Московская железная дорога. История строительства (1842 - 1851). С. 93.

② Ляндау Л. Г. Иностранный капитал в дореволюционной России и в СССР. М., Госизд, 1925. С. 6; Денисов А. Е. Государственные займы российской империи 1798 - 1917 годов. С. 25, 28 - 32.

③ Эдмон Тери. Экономическое преобразование России. М., РОССПЭП, 2008. С. 101.

1914年，俄国发行49期无期公债，利率为4%，总金额为38.4亿卢布，铁路债券所占比重较高，达13.5亿卢布。①

有奖公债也是俄国政府筹集资金的方式之一。因销售国债需仰仗国外银行，加上国内筹集资金相对困难，俄国政府开始发行有奖公债。俄国第一批有奖公债于1864年发行，金额为1亿卢布，红利为5%，期限为60年，由国家银行专门划拨资金支付本金和红利。② 有奖公债采取抽签方式确定中奖金额，每年分两次发行，由俄国政府官员和社会各界代表进行抽签，每次中奖金额为60万卢布，奖金分为不同等级，低额奖项的中奖金额分别为20卢布、7.5卢布、4卢布、2.5卢布、1卢布、0.8卢布、0.5卢布、0.1卢布和0.05卢布，中奖率较高；高额奖项近300个，中奖率较低，其中1万卢布奖金共3名、8000卢布5名、5000卢布8名、1000卢布20名、500卢布260名，抽签3个月后国家银行开始发放奖金。③ 至亚历山大二世执政末期，俄国国债总额达60.2亿卢布，其中计息债券金额为48.9亿卢布（铁路债券总额约为19亿卢布），信用债券总额为11.3亿卢布。④ 维特推行金本位制后，俄国黄金储备量大增，开始发行黄金债券。1889~1896年，俄国政府共发行年利率为4%的总额为3.3亿金卢布的黄金债券，此后俄国政府又在国外发售年利率为5%~6%的公债和铁路债券。⑤ 抵押债券也是俄国证券市场的畅销产品之一，土地股份银行通过发行抵押债券的方式进行融资，其债券被称为土地抵押债券，利率为4.5%和5%，主要在国内市场发行。土地抵押债券为不记名债券，其面额为100至10000卢布不等。⑥

2. 股票

股票也是俄国证券市场的主要交易商品之一。俄国金融市场上的股票

---

① Денисов А. Е. Государственные займы российской империи 1798 – 1917 годов. С. 73 – 74, 144 – 147.
② Таранков В. И. Ценные бумаги государства российского. М., Автовазбанк, 1992. С. 68.
③ Таранков В. И. Ценные бумаги государства российского. С. 69.
④ Таранков В. И. Ценные бумаги государства российского. С. 70.
⑤ Хейфец Б. А. Кредитная история России. -Характеристика суверниого заемщика. М., Экономика, 2003. С. 23 – 24.
⑥ Таранков В. И. Ценные бумаги государства российского. С. 70.

主要分为两种：一是公司类股票，二是银行类股票，其中公司类股票所占比重最高。俄国股份制公司大多分为合伙公司或股份公司，一般股份公司股票面额较小，合伙公司股票面额较大。俄国很多公司的股票十分紧俏，如石油和煤炭公司股票，不但在国内市场上大量销售，在国际金融市场上也常被抢购一空。一战前，俄国股份公司股票价值由5亿卢布增加至13.2亿卢布，股份公司注册资本由9亿卢布增加至19.6亿卢布。[①] 19世纪末，经济提升时期股票交易热潮凸显，但20世纪初经济危机时俄国股票市场一片狼藉。公司类股票多由股份公司发行，股票面额较小，多为100卢布或250卢布。合伙公司股票面额为500至数千卢布不等，此类股票属于记名股票。股份公司的股票可在金融市场上销售，红利与公司经营状况直接挂钩。19世纪末20世纪初，俄国单位股份公司的固定资本额约为100万卢布，固定资本额为50万～100万卢布的股份公司数量为43家，固定资本额为20万～30万卢布的股份公司数量为42家，二者占全部股份公司的比例分别为24%和23%；上述股份公司的股票面值一般在100～500卢布。1914年，俄国金融市场上股票的交易值已达13.2亿卢布，股份公司的固定资本已增加至19.6亿卢布[②]，由此可见俄国公司股票交易规模较大。

19世纪末，俄国政府允许组建股份制商业银行，商业银行在建立时需要政府审批，审批通过后方可上市融资。大多数股份制商业银行成立时注册资本为50万卢布，成立后可在金融市场上发行股票筹措资金，一般每股股票的面值不低于250卢布，可发行记名和不记名股票。一般而言，股份制商业银行的债务应在银行自有资金的5倍范围之内，后期扩大到10倍。与公司股票一样，银行股票也是金融市场上的主要商品之一。大多数股份制商业银行在从事证券、基金、外汇和抵押贷款业务的同时，也销售银行股票。20世纪初，俄国境内37家商业银行中，25家银行在国内大量发行股票，银行股票由政府担保，圣彼得堡、莫斯科、哈尔科夫、里加和敖德萨

[①] Бородкин Л. И., Коновалова А. В. Российский фондовый рынок в начале XX века. СПб., Алетейя, 2010. С. 37-38.

[②] Бородкин Л. И., Коновалова А. В. Российский фондовый рынок в начале XX века. С. 37-40.

等的交易所都公开销售银行股票。

第三节 外资推动俄国工商业发展

外资的流入状况亦是衡量俄国金融市场发展状况的指标之一，只有在国家经济发展势头较好、市场潜力较大、金融市场相对稳定和劳动力低廉的状况下，外资才会大量涌入。本节从外资涌入俄国市场的缘由、俄国政府引进外资的历程和外资的影响等方面进行分析，从而分析外资在促进俄国金融业和工业发展方面所发挥的作用。

一 外资涌入俄国市场的缘由

1861年俄国工业化开启后，政府大力发展工业，但在资金匮乏的状况下，只能借助外资发展本国工业。此后，借助外资发展工业成为俄国政府的既定方针之一。为引进外资，俄国政府制定大量优惠政策，外国企业主也意识到与出口商品和购买债券相比，直接投资利润更高。19世纪60年代开始，外国资本不断涌入俄国。在外资帮助下，诸多工业部门飞速发展，重工业尤甚，但部分工业部门中外资所占比例较高，也给俄国工业带来诸多负面影响。

亚历山大二世即位又给外资进入带来福音，其改变了国家经济发展方针，鼓励外国资本进入俄国。外资不但能解决经济发展的资金需求，还能带来先进的技术和管理经验。维特出任财政大臣后，继承了本格和维什涅格拉德斯基引进外资的政策。1899年，维特向沙皇尼古拉二世提交报告，强调民族工业独立的重要性，指出因本身资本有限，俄国实现工业化必须引进外资。20世纪初，俄国政府继续奉行引进外资来助推俄国工业发展的政策。有两方面原因促使俄国政府大量引进外资。

第一，发展本国工商业的需要。1861年前，俄国政府为弥补国家预算赤字、修建铁路和筹集军费，向国外大规模举债16次。[①] 因俄国自身资金

---

① Денисов А. Е. Государственные займы Российской империи 1798 – 1917 годов. М.，ИД Финансы и кредит，2005. С. 13 – 22.

有限，为发展本国工商业只能大量引进外资。外国资本流入俄国有三个途径：一是在俄国直接建立工业企业，二是购买俄国企业股票和有价债券，三是购买俄国国债。19世纪下半叶，俄国的主要投资者是德国、英国、法国和比利时的资本家。1860~1900年，德国、比利时、英国和法国在俄建立企业的数量分别为207家、40家、38家和26家。[1] 在外资帮助下，俄国工商业飞速发展。以石油工业为例，俄国的采油量从1870年的170万普特，增至1880年的2150万普特[2]，20世纪初，其采油量跃居全球第一。在外国资本的推动下，新式石油、煤炭、金属冶炼、机器制造和化学工业企业的数量大增，旧工业部门改造和国内大型企业数量的增加，都与外资密切相关。1890年，外国人掌控俄国股份资本的25%，1900年达50%。[3]

第二，获取高额利润的需要。19世纪下半叶，西欧国家陆续开始第二次工业革命，国内商品需大量输出，俄国成为西欧国家工业品的主要销售市场之一。因俄国政府推行关税保护政策，商品出口利润明显降低，企业主为获取高额利润，选择对俄直接投资，纷纷在俄国建立工厂。1861年改革以后，国外企业主投资俄国实业的信心大增。外国人创办股份公司的数量从1861年的54家增至1881年的356家，股份资本从3500万卢布增加至3.3亿卢布。[4] 因俄国工商业发展规模有限，并有廉价劳动力和广阔的市场，外国资本家在俄投资获取了高额利润。在政策支持和高额利润驱使下，大量外国资本涌入俄国，推动工业发展，但也导致俄国经济对外资依赖度提高。

---

[1] Ионичев Н. П. Иностранный капитал в экономике России（XVIII - начало XX в.）. М.，МГУП，2002. С. 102，103.

[2] Чунтулов В. Т.，Кривцова Н. С.，Чунтулов А. В.，Тюшев В. А. Экономическая история СССР. С. 92；Ионичев Н. П. Иностранный капитал в экономике России（XVIII - начало XX в.）. С. 104；Конотопов М. В.，Сметанин М. В. История экономики России. С. 78.

[3] Чунтулов В. Т.，Кривцова Н. С.，Чунтулов А. В.，Тюшев В. А. Экономическая история СССР. С. 92.

[4] Гусейнов Р. История экоНомики России. М.，ИВЦ "Маркетинг"，"Издательство ЮКЭА"，1999. С. 217；Ионичев Н. П. Иностранный капитал в экономике России（XVIII - начало XX в.）. С. 99；Чунтулов В. Т.，Кривцова Н. С.，Чунтулов А. В.，Тюшев В. А. Экономическая история СССР. С. 92.

二 俄国引进外资的历程

俄国工业化开启之后，外国资本不断涌入俄国，在外资作用下，俄国工业飞速发展，本部分从俄国引进外资的开端和强化、主要投资的工业部门、20世纪经济危机和提升时期外资流入状况以及不同时期各国外资的比例等角度，分析外资对俄国工业发展的影响。

俄国引进外资的开端。借助外资发展俄国工业的思想始于彼得一世，1702年彼得一世颁布法令鼓励外国人赴俄投资，欲借助外资在俄国创建大型手工工场。英国工业革命后，手工工场被资本主义工厂所代替，手工劳动也被机器劳动所代替，俄国政府意识到本国工业的落后性，打算利用外资、国外先进技术和管理经验发展本国工业。1861年农奴制改革前就有大量外资涌入俄国，外资主要投入纺织部门，外国公司在俄国主要采用两种经营模式，即独资公司和股份制企业。

1805年，德国人在俄国创办亚历山大洛夫纺织工厂，该工厂中第一次使用蒸汽机和英国纺纱机纺纱，此后英国机器和纺织技术在俄国迅速传播，1812年，莫斯科已拥有11家大型纺织工厂①，但多属法国人和德国人所有。外国企业主投资俄国纺织工业后，纺织品产量增长近50倍，俄国棉纺织品不但可以自给，且开始出口至亚洲国家，纺锤数量由19世纪40年代的35万个增加至50年代的160万个，棉纺织工业生产技术日趋完善。② 与此同时，进口纱线数量大幅度下降，棉纺织品产量迅速提高。

农奴制改革后初期，外资仍主要投向纺织工业。1861年，股份制公司佩特洛夫纺纱和织布工厂成立，工厂注册资本为1200万银卢布，英国人为该工厂最大股东。此后，比利时人、法国人也开始投资纺织部门，外国企

---

① Ионичев Н. П. Иностранный капитал в экономике России (XVIII – начало XX в.). С. 72.
② Чунтулов В. Т., Кривцова Н. С., Чунтулов А. В., Тюшев В. А. Экономическая история СССР. С. 74; Ионичев Н. П. Иностранный капитал в экономике России (XVIII – начало XX в.). С. 73.

业主也开始关注其他工业部门,如食品和造纸等行业。① 19 世纪下半叶,俄国境内外国人创办企业数量共 374 家,其中德国人创办企业数量最多,奥地利、英国、法国、瑞典、土耳其和希腊人居次,其创办的企业数量分别为 212 家、41 家、37 家、29 家、16 家、12 家和 8 家。② 1877 年,俄国政府规定进出口货物以黄金结算,关税提高 40% ~ 50%,③ 外国投资者对俄工业直接投资的兴趣倍增,关税提高成为刺激俄国工业增长的有力杠杆。④ 俄国政府推行新关税政策之后,国外投资者开始关注俄国重工业部门,如采矿、冶金、金属加工、化学、机器制造和电力等部门。这些部门都需要雄厚的资金做后盾,因本国企业主资金有限,很多重工业部门中外资占主导地位。

20 世纪初,俄国政府继续推行引进外资的政策,但受经济危机的影响,各国对俄投资数额明显减少,股份公司状况也不佳。即便如此,20 世纪初,外资占俄国经济总投入的 40% 左右⑤,这一比例显示俄国经济对外资依赖程度较高。重工业部门中外资比例最高,1900 年外资分别占采矿、机器制造和金属加工、化学工业投入资本的 70%、72% 和 31%,南俄 18 家大型冶金工厂中只有 4 家属俄国人所有。⑥ 1908 年,俄国经济行情好转,1909 ~ 1913 年俄国外资涌入量明显增加,明显高于 1893 ~ 1900 年。不仅如此,外资在国民生产总产值中的比例也逐渐提高,由 1885 ~ 1899 年的 7.7% 增至 1909 ~ 1913 年的 13.5%。⑦

一战前,俄国共有 327 家外国人参股的股份公司,外国资本所占比例达

---

① Лаверычев В. Я. Монополистический капитал в текстильной промышленности России. М, Изд-во Моск. ун-та, 1963. С. 140.

② Ионичев Н. П. Иностранный капитал в экономике России (XVIII - начало XX в.). С. 102.

③ Чунтулов В. Т., Кривцова Н. С., Чунтулов А. В., Тюшев В. А. Экономическая история СССР. С. 93.

④ Гусейнов Р. История эконоики России. С. 217. Ионичев Н. П. Иностранный капитал в экономике России (XVIII - начало XX в.). С. 99; Чунтулов В. Т., Кривцова Н. С., Чунтулов А. В., Тюшев В. А. Экономическая история СССР. С. 92.

⑤ Ионичев Н. П. Иностранный капитал в экономике России (XVIII - начало XX в.). С. 158.

⑥ Чунтулов В. Т., Кривцова Н. С., Чунтулов А. В., Тюшев В. А. Экономическая история СССР. С. 93.

⑦ Ионичев Н. П. Иностранный капитал в экономике России (XVIII - начало XX в.). С. 158.

33%。① 各工业部门中，采矿和冶金工业、化学、电力、银行和建筑工业中外资比例分别为53%、40%、75%、40%和40%。② 1913年，俄国工业中外资投入已达13.4亿卢布，采矿和冶金工业外资涌入量最大，其比例达54.7%。③ 需强调的是，各国资本投资俄国工业的方式有所不同，法国和比利时投资者主要通过直接投资和购买俄国公司股票的方式投资俄国工业，英国投资者主要以新建公司方式投资俄国工业。一战前，法、比、德和英国投入俄国的资金数量分别为25.3亿、14.4亿、37.8亿和22.6亿卢布，这些资金大多流入重工业领域。④

不同时期俄国工业中各国资本的比例不同。1880年，法国资本占据第一位，数额为3140万卢布，占本年度外资投入的32.4%，其后相继是英国和德国，其投资数额和比例分别为3010万卢布、2980万卢布和31.1%、30.6%。1890年，德国资本占据第一位，其数额和比例分别为7900万卢布和36.7%，法国和比利时资本紧随其后。1900年，比利时资本占据第一位，其投资额和比例分别为2.9亿卢布和32.5%，随后是法国、德国和英国资本，其比例分别为24.8%、24.1%和15%。1915年，法国资本又占据第一位，其数额为6.8亿卢布，其次是英国、德国和比利时，其金额分别为5.3亿、4.3亿和3.1亿卢布。⑤

三 外资进入俄国工业

俄国政府屡次提高产品进口关税以及高额利润的驱使，使外资迅速流入俄国，本部分主要分析外资投入石油和煤炭工业部门的状况。

19世纪末20世纪初，俄国石油工业的垄断水平不断提高，大公司垄断

---

① Ионичев Н. П. Иностранный капитал в экономике России（XVIII - начало XX в.）. С. 160.
② Сидоров А. Л. Значение Великой Октябрьской социалистической революции в эконоических судьбах нашей родины//Исторические записки. Т. 25. М., Изд-во АН СССР, С. 8；Ионичев Н. П. Иностранный капитал в экономике России（XVIII - начало XX в.）. С. 160.
③ Чунтулов В. Т., Кривцова Н. С., Чунтулов А. В. Тюшев В. А. Экономическая история СССР. С. 116.
④ Доннгаров А. Г. Иностранный капитал в России и СССР. С. 20 - 21；Бовыкин В. И. Предпринимательство и предприниматели России от истоков до начала XX века. С. 101.
⑤ Оль П. В. Иностранные капиталы в народном хозяйстве Довоенной России. С. 28.

石油开采和加工业务。1883年，巴库地区只有一家石油公司的采油量超过1000万普特，1893年已有12家公司采油量超过1000万普特，1901年大公司采油量占全俄总采油量的67%。① 大公司凭借资金和技术优势逐步垄断俄国国内外石油市场，除兼并中小企业外，还通过控制石油运输和仓储设施等手段打击小企业。因生产成本降低，大企业陆续降低石油价格，中小企业在这轮竞争中因资金不足，开采、钻探和加工技术落后纷纷倒闭。1908年，高加索地区石油公司数量为149家，其中10家公司的采油量所占比例为70%。②

大公司垄断俄国国内石油市场。以诺贝尔兄弟集团为例，1879年和1881年该公司投入石油工业的资金占俄国石油工业总投入的62%和85%。③ 1879~1883年，诺贝尔兄弟集团采油量由32万普特增加至1550万普特，该公司的采油量占全俄总采油量的比例也由1.4%增至25.9%。1890年、1900年和1903年诺贝尔兄弟集团采油量分别为4520万、8430万和6430万普特。1879~1885年，国内煤油市场上诺贝尔兄弟集团所占的份额由2.3%增至46%，1899年和1905年增至50.1%和69.7%，同期石油出口业务中该公司所占的比例为25%~40%，各年度有一定的波动。④ 随着采油量的不断增加，1879~1904年诺贝尔兄弟集团资产由300万增至4亿卢布⑤，公司也集石油开采、加工、运输和贸易为一体。1907年，诺贝尔兄弟集团和马祖特及曼塔舍夫石油贸易公司掌控阿斯特拉罕至下诺夫哥罗德石油交易量

---

① Нaниташвили Н. Л. Экспансия иностранного капитала в Закавказье (конец XIX – начало XX вв.). C. 306.
② Ахундов Б. Ю. Монополистический капитал в дореволюционной бакинской нефтяной промышленности. C. 81；Мир-Бабаев М. Ф. Краткая история Азербайджанской нефти. C. 67.
③ Наниташвили Н. Л. Экспансия иностранного капитала в Закавказье (конец XIX – начало XX вв.). C. 257, 258.
④ Нардова В. А. Начало монополизации бакинской нефтяной промышленности//Очерки по истории экономики и классовых отношений в России конца XIX – начала XX в. C. 15；Наниташвили Н. Л. Экспансия иностранного капитала в Закавказье (конец XIX – начало XX вв.). C. 260 – 261. Дьяконова И. А. Исторические очерки. За кулисами нобелевской монополии. C. 130；Дьяконова И. А. Нобелевская корпорация в России. C. 64.
⑤ Наниташвили Н. Л. Экспансия иностранного капитала в Закавказье (конец XIX – начало XX вв.). C. 260 – 261.

的75%和85.4%，一战前夕二者垄断俄国国内77%的石油销售业务。①

大公司垄断俄国石油出口业务。为巩固国际石油市场上俄国煤油的地位、增加煤油出口量和促进巴库石油工业发展，里海—黑海石油工商业公司和巴库地区众多中小企业结成里海—黑海石油公司联盟，为抢占石油市场，诺贝尔兄弟集团也和诸多小型石油公司结成联盟。巴库石油工业形成诺贝尔兄弟集团、罗斯柴尔德家族的里海—黑海石油工商业公司和曼塔舍夫的巴库标准公司三足鼎立的局面，1893年，这三家公司煤油出口份额分别为25.5%、35.7%和12.9%，其他中小公司所占的比例为25.9%，到1896年上述三家公司所占份额有所变动，分别为30.3%、32.4%和9.5%。② 1906年、1907年、1908年、1909年和1910年诺贝尔兄弟集团的煤油出口量分别为316.5万、459.7万、678.3万、887.7万和985.7万普特，1910年该公司石油出口量比重为31.4%。③ 一战前，罗斯柴尔德家族退出俄国石油工业，巴库石油工业中诺贝尔兄弟集团、英荷壳牌石油公司和俄国石油总公司垄断俄国石油市场，它们拥有86%的石油资本和控制60%的石油开采量，石油出口业务也由上述三家公司掌控。④ 大型垄断集团凭借资金和技术优势垄断石油开采、钻探和加工业务的同时，还掌控俄国国内外石油市场，因此，俄国石油工业的生产和消费环节均由垄断组织掌控，借此获取高额利润。此外，利用价格指数获取高额利润也是垄断集团惯用的手段之一，通

---

① Лисичкин С. М. Очерки по истории развития отечественной нефтяной промышленности. С. 360, 369; Лившин Я. И. Монополии в экономике России. С. 27.
② Фурсенко А. А. Первый нефтяной экспертный синдикат в России (1893 – 1897) // Монополии и иностранный капитал в России. С. 6, 57; Бовыкин В. И. Зарождение финансового капитала в России. С. 173, 179; Дьяконова И. А. Нефть и уголь в энергетике царской России в международных сопоставлениях. С. 172; Предпринимательство и предприниматель России. От истоков до начала XX века. С. 73.
③ Дьяконова И. А. Исторические очерки. За кулисами нобелевской монополии. С. 137; Наниташвили Н. Л. Экспансия иностранного капитала в Закавказье (конец XIX – начало XX вв.). С. 191 – 192.
④ Монополистический капитал в нефтяной промышленности России 1883 – 1914. Документы и материалы. С. 13; Карпов В. П., Гаврилова Н. Ю. Курс истории отечественной нефтяной и газовой промышленности. С. 66; Гиндин И. Ф. Банки и экономическая политика в России (XIX – начало XX вв.). Очерки истории и типологии русских банков. С. 177.

过抬高油价和控制采油量获取高额利润，但严重损害消费者利益。

19世纪下半叶，凭借丰富的煤炭、矿石资源南俄煤炭工业迅速崛起，外国资本大量流入该地区。19世纪80年代，南俄地区煤炭企业中纯俄国人建设的工厂只有两家，其他工厂或是外商独资或是合资企业。南俄工厂的股票在国外发行并十分畅销，当时国外证券市场上只要是与"顿涅茨克彼得罗夫"或顿涅茨克相关的股票很快就会被抢购一空。外资投入方式的差异也较大，主要投资方式有二：一是直接投资于工业，创办企业进行生产；二是通过购买当地公司股票来控制和染指南俄采矿工业，南俄地区两种投资方式都存在，英国企业多选择通过新建企业控制南俄冶金业，法国和比利时企业主除兴建工厂外，还购买当地煤炭公司证券。

19世纪末，南俄地区外资涌入量急剧增加。19世纪下半叶，外资对俄国工业的影响逐渐强化，年均外资投入量由1856~1887年的230万卢布增长至1896~1902年的3610万卢布。[1] 因自然资源丰富和交通运输便利，国外企业主对南俄煤炭工业兴趣倍增，顿巴斯大型煤矿多属法国和比利时公司所有，二者掌控顿涅茨克煤田50%以上的采煤量。1890年、1900年和1915年法国投入俄国的资金数量分别为6660万卢布、2.2亿卢布和6.8亿卢布，比利时投入的资金数量分别为2460万、2.9亿和3.1亿卢布，虽然间接投资所占比例较高，但工业投资不容忽视。两国资金主要流入采矿业，1880年投入采矿企业的外资总额为2750万卢布，投入俄国的外资总额为9720万卢布，占俄国总投资额的28%。1890年，投入采矿企业的外资总额达7010万卢布，此年度工业中外资投资总额为2.7亿卢布。1897年，流入南俄冶金和采煤业中的外资数额为1.6亿卢布，而此年度各工业部门中外资的投入总量仅为2亿卢布。[2]

一战前，仍有大量外资流入南俄地区，俄国学者认为，投入工业中的外资总额为13.4亿卢布，约有9.8亿卢布投资于采矿和冶金部门，50%以

---

[1] Братченко Б. Ф. История угледобычи в России. С. 151.
[2] Оль П. В. Иностранные капиталы в народном хозяйстве Довоенной России. С. 15, 26. Туган-Барановский М. И. Русская фабрика в прошлом и настоящем: Историко-экономическое исследование. Т. 1. Историческое развитие русской фабрики в XIX веке. С. 266.

上的外资投入采矿和冶金工业，其中法国、英国、德国、比利时和美国资本所占的比例分别为 32.6%、22.6%、19.7%、14.3% 和 5.2%①，各国企业主对南俄地区十分关注。虽然各国企业主和银行家对南俄采矿业兴趣浓厚，但南俄煤炭工业中法国和比利时的资本比例最高。

外资在俄国经济中的作用毋庸置疑，1890 年，俄国的外资投入量已达 2 亿卢布，1900 年其数量达 9 亿卢布。② 外资不只投入俄国金融业，也投入交通运输业和各工业部门。19 世纪六七十年代，外资主要投资铁路建设，大多以债券方式投入，80 年代外资开始关注俄国工业，主要投入采矿、化学和机器制造业等生产部门。在外国资本中法国、英国、德国和比利时所占比例较高，主要投入冶金业、金属加工业、机器制造业和银行业；英国资本主要投入煤炭工业、石油工业和南俄冶金工业；德国资本主要投入机器制造业、电力和化学工业。因俄国市场广阔和劳动力价格低廉，外国资本家可获取高额利润，20 世纪初外资仍不断流入俄国，此时外资主要投资工业，仍主要投入重工业部门，如采矿、金属加工业、机器制造业、化学和建筑等行业。20 世纪初，俄国外资投入总量约为 22.4 亿卢布，其中法国、英国、德国、比利时、美国和其他国家（荷兰、瑞典、瑞士、丹麦和奥地利）的外资投入比例分别为 33%、23%、20%、14%、5% 和 5%。③

金融业发展状况是衡量一个国家经济发展水平的重要指标之一，俄国金融业发展主要体现在三个方面：一是建立银行，为企业提供贷款，为工农业发展保驾护航，同时成为俄国政府殖民扩张的工具；二是金融市场不断完善，证券和股票交易日趋繁荣；三是外资在俄国经济发展中的作用毋庸置疑，对重工业的影响尤甚。

---

① Фомин П. И. Горная и горнозаводская промышленность Юга России. Том II. С. 30；Оль П. В. Иностранные капиталы в народном хозяйстве Довоенной России. С. 34－35.
② Федоров В. А. История России 1861－1917. С. 90.
③ Федоров В. А. История России 1861－1917. С. 193.

第六章　全俄市场最终形成

全俄市场究竟形成于何时国内外史学家众说纷纭,主要观点有二:一是全俄市场形成于17世纪,二是全俄市场于18世纪末最终形成。17世纪全俄市场形成说是苏联时期部分学者曲解列宁论断所提出的,有待商榷;18世纪末全俄市场形成说得到诸多学者的认可,但笔者认为该观点尚需考证,此时,商品市场只是粗具规模,资本和劳动力市场并未形成,加上俄国版图尚未最终确定,因此,此时只是欧俄地区统一商品市场最终形成阶段,全俄统一市场并未最终形成,直到19世纪末商品市场日趋繁荣,资本和劳动力市场逐步完善,全俄统一市场才最终形成。

第一节　全俄市场形成时间的争论

十月革命后,苏联史学界一度出现引经据典现象,学者们都从列宁和斯大林的著作中寻找论据,17世纪全俄市场形成说由此诞生,在特定历史时期该学说影响十分广泛。17世纪,俄国各地关卡林立,1755年才取消国内关税,因此,全俄市场根本不可能形成于17世纪。17世纪全俄市场形成说的政治性较强,并无材料和数据可以佐证,而且此时俄国尚未摆脱金帐汗国的阴霾,很多地区仍是独立的汗国,并无出海口,全俄市场不可能形成于此时。

此后,一些史学家以历史档案为依据,以展销会和展销会链为媒介,提出全俄市场形成于18世纪末,究其原因有三:一是俄国取消国内关卡,二是固定贸易网最终确定，三是国内立法逐步健全、促进全俄市场形成。

一 17世纪全俄市场形成学说

十月革命胜利之后，苏联史学界曾一度出现引经据典的现象，此时史学研究的特征有二：一是依据列宁和斯大林理论探究历史问题，二是史学研究脱离实际，修正主义观点盛行。史学研究一度脱离马克思主义唯物史观，出现大跃进状况。在此状况下，部分史学家提出17世纪全俄市场形成说。这主要基于列宁对全俄市场形成的论述："仅仅在俄国历史的近代，这一切区域、领地和公国才真正在事实上融合成一个整体，这种融合并不是由氏族联系引起的，而是由各个区域间日益频繁的交换，由逐渐增长的商品流通，由各个不大的地方市场集中成一个全俄市场引起的。"①

这被苏联史学界部分学者曲解，最终发挥成列宁有关全俄统一市场的学说，报刊上有许多文章解读17世纪全俄市场形成学说。实际上，列宁关于全俄市场的论述并非明确指出全俄市场形成于17世纪，只是抨击民粹派学者提出俄国17世纪尚无市场或市场逐渐萎缩的观点。苏共二十大之后，苏联史学界就很多历史问题进行重新论证，部分史学家提出17世纪只是全俄市场形成的开端。米洛夫、科瓦钦科和米罗诺夫等学者都认为俄国统一市场不可能形成于17世纪，主要是因为俄国当时关卡林立，各地区的经济联系也尚未建立，至此，17世纪全俄市场形成的说法被推翻。

二 18世纪末全俄市场形成学说

17世纪全俄市场形成说被推翻后，俄国史学界较为流行的观点是18世纪末全俄市场形成学说，影响逐渐加大，但就此史学界并未达成共识。米罗诺夫是18世纪末全俄市场形成说的提出者，他在《历史学家与数学》、《18世纪下半叶至19世纪上半叶俄国国内市场》和《200年间的俄

---

① 《列宁全集》（第一卷），人民出版社，1984，第124页。

国粮价》① 等著作中明确提出 18 世纪末全俄市场最终形成。

米罗诺夫提出 18 世纪末全俄市场形成的主要原因如下：一是 18 世纪下半叶，地区间劳动分工已凸显；二是工农业生产逐渐专业化；三是交通运输促进各地联系日趋紧密；四是俄国版图不断扩大。俄国政府于 1755 年彻底取消国内关税，鼓励国内贸易，为推动工商业发展为企业主提供贷款。彼得一世改革将西方技术和手工工场引入俄国，俄国工业开始沿西方轨道发展，手工业逐渐从农业中分离出来，大工业也粗具规模。18 世纪，伏尔加河水路运输体系已初步奠定，将俄国各地区连为一个统一的整体，米罗诺夫等学者认为，随着俄国版图扩大、工商业发展、工农业生产专业化和地区分工日益深入，全俄市场最终形成。

米罗诺夫提出的 18 世纪末全俄市场最终形成的观点仍有待商榷，究其原因如下。一是商品市场的规模仍有待扩大、结构仍有待完善，很多商品并未纳入全俄市场；二是资本市场尚未形成，此时俄国尚未建立完整的银行体系，俄国的债券和股票尚未在国际金融市场上销售，股份公司并未创立，外资并未进入；三是劳动力市场规模有限，1861 年农奴制改革之后，农民才大量涌入城市务工，但劳动力市场的规模十分有限；四是中亚和诸多地区市场并未纳入俄国市场范畴。

第二节　全俄统一市场的初步形成

衡量全俄统一市场是否形成的因素有很多，主要如下。一是商品生产和劳动力的地区分工是否达到较高水平；二是国家各地区、各地市场间是否形成稳定的商品经济联系；三是是否形成稳定的价格体系，国家各地区间商品价格的关联性是否加强；四是商业资本的发展程度如何，商人阶层是否成为国家各地区间商品交换的主要媒介；五是货币体系是否为商品交

---

① 〔俄〕Б. Н. 米罗诺夫、З. В. 斯捷潘诺夫：《历史学家与数学》，黄立茀译，华夏出版社，1990，第 4~5 页；Миронов Б. Н. Внутренний рынок России во второй половине XVIII - XIX в. СПб., Наука, 1981; Миронов Б. Н. Хлебные цены в России за два столетия, XVIII, XIX в. СПб., Наука, 1985。

换提供保障、金融系统是否最终形成;六是保障商品交换的法律体系是否健全,法律是否保障商品生产、销售、交换和流通的有序进行;七是全国范围内是否形成发达的商业网,国内大型商业中心是否形成;八是贸易方式是否最终确定,如固定和流动等贸易模式;九是居民购买力水平是否大幅度提高;十是商品生产者是否具有独立的经济地位;十一是劳动力市场是否最终形成。

促进18世纪全俄市场发展的因素诸多,主要如下:一是经济因素,劳动力地区分布日趋专业化、城市和乡村商品货币关系强化、工农业劳动生产率提高、工业和手工业迅速发展、城市数量增长和居民数量增加等因素的影响最为突出,在经济因素的影响下俄国逐渐步入现代化轨道,内部市场结构也开始转型;二是社会、政治和法律因素,俄国政府取缔国内关税,成立新的贸易中心,鼓励工商业发展,与其相关阶层的权利和义务都发生变更,国内外贸易法律也逐步完善;三是领土不断扩张,居民数量大增,地区间经济联系逐渐深入。上述因素中经济因素影响最大,18世纪下半叶至19世纪中叶俄国大工业快速发展,产业工人数量由1767年的5.6万人增加到1799年的8.3万人、1825年的21.1万人和1860年的56.5万人。[①] 工业品生产总值由1767年的210万银卢布增加到1858年的1.8亿银卢布[②],1767~1799年工业品价值增长2.3倍、1800~1858年增长37.5倍、1767~1858年增长86倍。[③] 随着社会经济的发展,商业网点的数量不断增加。

根据商业网点的规模可将俄国城市分为五种类型。第一类城市是大型城市,有完善的贸易网点,此类城市批发和零售贸易十分发达,店铺、饭店众多,莫斯科、圣彼得堡、下诺夫哥罗德、喀山、雅罗斯拉夫、卡卢加、

---

① Дробижев В. З., Ковальченко И. Д., Муравьев А. В. Историческая география СССР. М., Высшая школа, 1973. С. 223.
② Яцунский В. К. Социально-экономическая история России XVIII - XIX вв. М., Наука, 1973. С. 99; Миронов Б. Н. Революция цен в России XVIII в.//Вопросы истории, 1971. №11. С. 51 - 52; Струмилин С. Г. Очерки экономической истории России и СССР. М., Наука, 1966. С. 380; Дробижев В. З., Ковальченко И. Д., Муравьев А. В. Историческая география СССР. С. 223.
③ Миронов Б. Н. Внутренний рынок России во второй половине XVIII - XIX в. С. 97.

辛比尔斯克、奥伦堡、伊尔库茨克、乌法、基辅、阿斯特拉罕、里加、哈尔科夫和阿尔汉格尔斯克等城市都属于该类型。第二类城市为国内大型商品转运和存储基地，亦是重要的贸易中心，如下诺夫哥罗德、圣彼得堡和伊尔库茨克等，此类城市具有固定网点从事批发和零售贸易，里海和波罗的海沿岸的诸多港口都属于此范畴。第三类城市只从事零售贸易，没有固定的商铺。第四类城市规模较小，城镇和乡村居民只进行集市贸易。第五类城市为小城市，只有乡村居民进行贸易。18世纪下半叶，固定贸易的规模迅速扩大，展销会是衡量国内贸易发展的重要指标，此时期展销会的数量增长6.5倍，151个城市固定贸易已颇具规模。①

展销会是18世纪下半叶至19世纪上半叶最主要的贸易形式，本部分主要对展销会举办时间、持续时间、主要商品种类以及展销会贸易规模等进行简要分析。18世纪末，展销会多于每年的6月、7月、5月、9月和8月举办，上述展销会占全年展销会次数的67%，19世纪上半叶，春秋季节举办展销会的数量比例为54%，每年10月和3月也是展销会举办较多的月份。② 5月展销会数量较少，但其交易额不断增加，究其原因在于农民虽忙于耕种，但农具和机器设备的需求量较高，5月产品销售额丝毫不逊于6、7月份。6月末和7月初展销会销售额最多，此时农忙期结束，农民开始从事手工业，将渔猎产品运输到市场上销售。8月展销会数量接近全年平均水平，虽然农民忙于农活，但商品需求量仍很高。9月农民将农产品运至展销会销售，展销会数量大增。10月开始展销会数量明显减少，直到第二年3月。俄国大多数地区展销会举办的时间与农民农忙季节、气候和交通因素相关，北部地区展销会多于每年1月和3月举办，波罗的海地区的展销会多于9月举办。③

俄国展销会举办的持续时间多取决于贸易规模，展销会规模越大，持续时间越长，城市展销会时长明显多于乡村。展销会持续时间可分为如下

---

① Миронов Б. Н. Внутренний рынок России во второй половине XVIII – XIX в. С. 62.
② Миронов Б. Н. Внутренний рынок России во второй половине XVIII – XIX в. С. 121–126.
③ 张广翔：《全俄统一市场究竟形成于何时》，《世界历史》2001年第3期，第95页。

等级，即1~3天、4~7天、8~14天、15~21天、22~30天和31天以上。大部分展销会持续时间较短，多为1~3天，近1/2的展销会持续时间为1天。一般批发型展销会持续3~4周，零售型展销会持续1周左右。销售国外商品的展销会可划分为五个系列，下诺夫哥罗德展销会属于第一系列，持续时间为30天，第二、第三、第四和第五系列展销会持续的时间为22~30天、15~21天、8~14天和7天。

就展销会商品种类而言，18世纪末近98%的展销会销售手工工场产品和服装，75%的展销会销售肉、鱼和皮货等，72%的展销会销售农民手工业品，68%的展销会销售农产品，63%的展销会销售燃料和金属制品，57%的展销会销售木制品，41%、19%、11%和8%的展销会销售日用百货、酒、进口商品和贵重艺术品①，19世纪上半叶，工业品开始出现在展销会上。就销售商品种类而言，可划分为农产品、手工工场产品、手工业品和大型商品展销会。农产品展销会主要集中于中部黑土区、波罗的海地区；工业品展销会主要参与者为商人和市民，此类展销会主要集中于工业发达省份，如西北部工业区、西部工业区和中部工业区；手工业品展销会主要销售手工作坊产品和农民手工业品，主要集中于西北部工业区、中部黑土区和乌拉尔等地。

随着展销会的发展，18世纪末俄国区域市场不断扩展。1770~1863年，北部地区、中部黑土区展销会数量分别增长92%和498%，1770~1857年，北部地区和乌拉尔北部地区展销会数量分别增长61%和350%，1838~1858年，西北部地区和乌拉尔北部地区商业机构的增长率分别为9%和56%。② 18世纪末至19世纪上半叶，俄国各地区商业网点密度明显增加，但各地区差异较大，如果说1760年展销会密度最大和最小地区的比值达120（东南部地区密度为0.05），1860年，该比值只为4。③ 因此，18世纪末至19世纪

---

① Миронов Б. Н. Внутренний рынок России во второй половине XVIII - XIX в. С. 139；Цветков М. А. Уменьшение лесистости Европейской России с конца XVII столетия по 1914 год. М., Из-во АН СССР, 1957. С. 123.
② Миронов Б. Н. Внутренний рынок России во второй половине XVIII - XIX в. С. 73.
③ Миронов Б. Н. Внутренний рынок России во второй половине XVIII - XIX в. С. 77.

上半叶全俄统一市场逐渐强化，各地市场联系加强。

地区间市场联系加强后，各地生产部门的专业化程度也逐步加强，很多地区都形成了富有特色的工业模式。如纺织中心有哈尔科夫的特罗茨克、叶卡捷琳诺斯拉夫的彼得罗巴甫洛夫斯克和波尔塔瓦的伊林等地；主要的木材加工基地有喀山省的科基莫杰夫、科斯特罗马省的马里卡里耶夫和明斯克等地；呢绒生产中心是格良佐夫和拉里斯克，主要制糖中心为基辅、波尔塔瓦和哈尔科夫等省份；皮革生产中心为彼尔姆的科列斯托夫、托博尔斯克、乌法和维亚特卡等省；冶金中心为乌拉尔地区，等等。

18世纪下半叶至19世纪上半叶，各地市场都有所发展，但发展水平各异。中部工业区、西北部地区、波罗的海沿岸地区、中部黑土区等地市场发展速度较快，乌拉尔、高加索、西伯利亚和南俄等地的市场发展相对较慢。由此可知，俄国市场仍以欧俄市场为主，全俄市场规模和容量仍有待深层次发展。18世纪下半叶至19世纪上半叶全俄市场初步形成，19世纪末，随着俄国工业化进程开启，农奴制改革强化、外资涌入和劳动力市场的完善，全俄市场最终形成。

第三节 全俄市场最终形成

19世纪末，全俄市场最终形成，其主要依据如下：一是全俄商品的种类日趋多样化，流通速度加快，交易规模不断扩大；二是金融市场逐步繁荣，外资大规模涌入；三是劳动力市场逐渐完善，无产阶级最终形成；四是俄国交通运输革命完成，19世纪上半叶水路在交通运输体系中的作用下降，逐渐被铁路取代，铁路凭借其运输快和货流量大等优势，成为交通运输的主导力量。

一 交通运输体系的完善促进全俄市场的不断深化

全俄市场的形成与交通运输的发展密不可分，俄国铁路和水路运输共同促进商品经济发展，加强了各地区间的经济联系，拓展了商品交换空间，二者共同促进全俄市场的最终形成。18世纪，伏尔加河将第聂伯河、顿河和涅曼河、苏霍纳—德维纳河、西德维纳河、西北部水路及西伯利亚地区水路连为一体,水路的运输作用与日俱增。水路保证了圣彼得堡同西北部、伏尔加河中上游地区、乌拉尔北部和南部、中部工业区、中部黑土区、西伯利亚地区间的社会经济联系。水运涉及的货流速度、范围、规模、容量和组织形式变化都能反映这种运输形式对伏尔加河流域市场以及全俄市场的影响。

就货流速度而言,水路虽具价格和规模优势,但不具有时间优势。以伏尔加河为例,19世纪初,阿斯特拉罕至下诺夫哥罗德的航道长度约为2060俄里,至雷宾斯克的航道长2500俄里,至圣彼得堡的航道长度为4245俄里。[①] 船只由阿斯特拉罕至下诺夫哥罗德需航行60天[②],下诺夫哥罗德至雷宾斯克需航行2~3个星期[③],顺流而下的时间明显短些。19世纪下半叶,蒸汽轮船逐渐推广,船只航行时间明显缩短。船只由下诺夫哥罗德—阿斯特拉罕顺流而下需航行10天,逆流返回只需16~20天。19世纪末,轮船由下诺夫哥罗德至阿斯特拉罕所需的时间少于6天,返航只需7天半,比传统运输工具快数倍。[④] 19世纪下半叶,轮船用一个月左右时间就能完成整个伏尔加河水路的航行(逆流而上),顺流航行所需时间仅为17天。[⑤] 货物运输速度提高后,货流量明显增加,地区间商品流通速度加快,市场规模也随之扩大。

就市场范围而言,17世纪伏尔加河流域市场范围有限,该地区的开发从北部和西北部开始,伏尔加河右岸航行状况较好,到17世纪末伏尔加河左岸也逐渐开发。伏尔加河流域的开发与地区市场的形成同步,地区之间的商业联系初露端倪。[⑥] 自19世纪初期开始,马林斯基、季赫温运河陆续开

---

① Истомина Э. Г. Водный транспорт России в дореформенный период. С. 66, 136; Истомина Э. Г. Водный транспорт как фактор развизия внутренней и внешней торговли сельскохозяйственной продукции в конце XVIII - первой половине XIX в. С. 51.
② Истомина Э. Г. Водные пути России во второй половине XVIII - начале XIX века. С. 102.
③ Истомина Э. Г. Водный транспорт России в дореформенный период. С. 138.
④ Халин А. А. Система путей сообщения нижегородского поволжья и ее роль в социально-экономическом развитим региона. С. 170.
⑤ Истомина Э. Г. Водный транспорт России в дореформенный период. С. 49.
⑥ Тагирова Н. Ф. Рынок Поволжья. (вторая половина XIX - начало XX вв). С. 64.

通,1822年连接伏尔加河与西德维纳河的北叶卡捷琳娜运河竣工,1825～1828年沟通伏尔加河与北德维纳河的伏登堡水系开通,这些都使伏尔加河水运如虎添翼。① 市场范围扩大主要体现在两方面:第一,货流规模急剧扩大,第二,商品种类逐渐多样化。② 19世纪90年代中叶伏尔加河水路行驶着1400条蒸汽轮船,7600条非蒸汽轮船,1894～1896年伏尔加河及其支流分别向阿斯特拉罕、下诺夫哥罗德和察里津运输价值372亿、278亿和121亿卢布的商品。③

货流速度提高是市场范围扩大的前提,新地区开发和各地区联系日趋紧密是市场范围扩大的表现形式,而商品多样化和货流量增加是市场范围扩大的具体内容。与畜力运输相比,水路四通八达,流经范围广,在全俄尤其是伏尔加河市场形成的过程中功不可没,但其影响范围、市场规模和容量仍无法与铁路相较。铁路对全俄市场最终形成的作用更是毋庸置疑,19世纪70年代末,欧俄部分、南乌拉尔59个省和州以及波兰、芬兰、北高加索和外高加索俄统区的广大区域都被纳入铁路交通系统。19世纪末,随着南俄、中亚和西伯利亚等地铁路修建完毕,全俄市场的联系日趋紧密。

铁路建设程度还可彰显俄国的经济发展水平,铁路多集中于工业区内就是一个证明。欧俄有8个主要铁路枢纽,都分布于重要的经济区之内。在俄国铁路运输系统中最大的枢纽是莫斯科,它连通俄国6个中心省份,分别为莫斯科、弗拉基米尔、土拉、卡卢加、特维尔和梁赞省,该地工业总产值达7.6亿卢布,铁路网长度为3.3万俄里,工业生产总值和工人数量分别占全俄的33%以上和40.4%。④ 以莫斯科为例,莫斯科既是重要的铁路枢纽,亦是国内主要的贸易中心。10条铁路与莫斯科连接,分别为莫斯科—

---

① Никольский И. В. География транспорта СССР. Государственное издательство географической литературы. С. 190－191.

② Дулов А. В. Географеческая среда и история России. Конец XV － середина XIX вв. С. 123; Истомина Э. Г. Водный транспорт России в дореформенный период. С. 104.

③ Истомина Э. Г. Роль Волжского воднотранспортного бассейна в формировании регионального социо-экономического пространства Европейской России во второй половине XIX － начале XX века. С. 221.

④ Лившиц Р. С. Размещение промышленности в дореволюционной России. С. 150.

圣彼得堡、莫斯科—雅罗斯拉夫—阿尔汉格尔斯克、莫斯科—下诺夫哥罗德、莫斯科—喀山、莫斯科—萨拉托夫—阿斯特拉罕、莫斯科—库尔斯克、莫斯科—布良斯克—基辅、莫斯科—斯摩棱斯克—布列斯特、莫斯科—勒热夫—温道和莫斯科—撒韦洛沃。纵横交错的铁路网把莫斯科同国内的主要内陆地区、波罗的海、里海和黑海各海港连为一体，为俄国经济发展做出巨大贡献。

二 商品市场

18世纪末至19世纪上半叶全俄市场初步形成，商品种类日趋多样化，固定贸易迅速发展，商品市场日趋繁荣。19世纪上半叶，俄国市场的规模和容量十分有限，很多商品并未纳入全俄范畴，如巴库的石油、南俄的煤炭和冶金产品、乌克兰的糖产品以及中亚的棉花，巴库石油产品、顿巴斯煤炭的流通状况能反映19世纪末商品市场的状况，因此下文主要论及这些内容。

（一）石油产品销售状况

石油产品的销售状况足以证明全俄市场的发展情况，究其原因如下：一是石油产品成为19世纪末20世纪初俄国市场上最主要的商品之一；二是石油产品销售范围足以证明全俄市场是密不可分的整体。随着高加索石油工业的发展以及运输方式和运输工具的不断完善，俄国石油市场也不断扩展。巴库油田地处里海西岸，具有发展石油贸易的便利条件，石油产品首先运至里海—伏尔加河流域，然后转运至俄国内陆地区。本部分主要从输油方向、主要消费区和货物种类等方面进行阐述。

巴库石油产品主要使用两条线路运往国内市场，即高加索铁路和里海—阿斯特拉罕—伏尔加河水路。高加索铁路石油产品的主要流向有二，一是巴统车站，二是里海各港口。高加索铁路与国内主要铁路衔接后可将石油产品直接运至俄国内地，但输油量有限，石油产品仍主要运至里海沿岸，后经伏尔加河水路运至国内市场。

因地理位置、产业结构和运输状况不同，各地区燃料结构不同，俄国主要石油消费区为中部工业区、伏尔加河中游地区、俄国东南部地区、北高加索和南高加索等地，1913 年上述地区燃料结构中石油燃料的比例分别为 30.8%、7.2%、78.6%、44.7% 和 99.1%。虽然各地燃料结构不同，但石油需求量十分巨大。就需求领域而言，俄国主要石油需求部门为工业、铁路和河运部门，1890 年、1900 年和 1913 年俄国国内石油燃料的总需求量分别约为 6500 万、2.4 亿和 1.9 亿普特，其中，上述三个部门石油燃料需求量分别为 900 万、2200 万和 3500 万普特，1.1 亿、6500 万和 6700 万普特，9000 万、6400 万和 4000 万普特，各部门石油燃料需求比例分别为 29.2%、16.9% 和 53.9%，45%、27.1% 和 27.9%，46%、34% 和 20%。①

高加索地区石油产品种类众多，其中重油、煤油、原油、润滑油和汽油所占的比例最高，19 世纪末在巴库地区石油产品中煤油、重油、汽油和润滑油的比例分别为 33%、40%、50% 和 3%。② 1894 年以前，石油产品中煤油的比重最高，1893 年巴库地区煤油外运量比上年度增长近 10%，与 1888 年相比增长 42%。③ 1894 年以后，巴库地区煤油的产量和外运量都有所降低，重油外运量却大幅度增加。因重油具有价格低廉、散热性能高、便于运输等优点，很快获得消费者青睐，诸多炼油厂纷纷放弃生产煤油，转产重油。重油主要需求领域为交通、工业和民用部门，1884~1890 年铁路部门重油需求量由 390 万普特增至 1760 万普特，1890 年，河运部门的需求量为 3510 万普特，各工业部门的重油需求量达 4890 万普特，重油总需求量约 1 亿普特。④ 1894 年，运往伏尔加河流域的重油数量为 1.7 亿普特，用于高加索地区本地消费的重油数量为 700 万普特，国内市场重油需求量增加

---

① Дьяконова И. А. Нефть и уголь в энергетике царской России в международных сопоставлениях. С. 100; Иголкин А., Горжалцан Ю. Русская нефть о которой мы так мало занаем. С. 91; Ахундов В. Ю. Монополистический капитал в дореволюционной бакинской нефтяной промышленности. С. 9.

② Карпов В. П., Гаврилова Н. Ю. Курс истории отечественной нефтяной и газовой промышленности. С. 60.

③ Наниташвили Н. Л. Экспансия иностранного капитала в Закавказье (конец XIX – начало XX вв.). С. 151.

④ Бовыкин В. И. Зарождение финансового капитала в России. М., Изд. Моск. ун-та, 1967. С. 15; Наниташвили Н. Л. Экспансия иностранного капитала в Закавказье (конец XIX – начало XX вв.). С. 152.

迅速。①

巴库地区外运石油产品中原油数量不高，主要通过里海码头发往伏尔加河流域。如1894年，运往伏尔加河流域的原油数量为1400万普特，原油消费者主要为国内炼油厂。②润滑油外运量也不容忽视，润滑油中机油比例最高，其次为锭子油和气缸油等。巴库地区润滑油大量运往国内外市场，1913年国内市场润滑油需求量为900万普特，但因润滑油大量出口，国内供应量不足，当时国内很多地区，诸如乌拉尔和西伯利亚地区机器润滑油供应不足，各工厂不得已使用燃料油和动物油润滑。随着石油加工业的发展，汽油需求量也大幅度提高，但汽油出口量常年高于国内需求量，如1913年，俄国国内汽油的需求量只有400万普特，出口量达500万普特。③巴库地区石油产品外运量快速增加主要依赖煤油和重油，1900年、1910年和1914年巴库地区石油产品中煤油和重油的比例分别为94.5%、84.7%和87.5%④，汽油和润滑油等产品处于从属地位，因此巴库石油工业产品结构较为单一。

伏尔加河流域石油产品运输状况是国内石油市场范围不断扩大的最好例证。伏尔加河石油运输方向有三：一是伏尔加河下游各港口，如阿斯特拉罕、察里津、萨拉托夫和萨马拉等地；二是伏尔加河中游地区，石油产品先运至下诺夫哥罗德和喀山码头，喀山码头的石油产品主要输入卡马河流域，石油产品于下诺夫哥罗德码头发生分流，一部分运至中部工业区，另一部分转至雷宾斯克码头；三是雷宾斯克码头，石油产品运至该码头后也发生分流，主要输油方向为西北部的圣彼得堡、北部的阿尔汉格尔斯克和北德维纳河港口，以及特维尔和乌格里奇等地。石油输出路线完全可勾

---

① Наниташвили Н. Л. Экспансия иностранного капитала в Закавказье（конец XIX – начало XX вв.）. С. 152.

② Наниташвили Н. Л. Экспансия иностранного капитала в Закавказье（конец XIX – начало XX вв.）. С. 153.

③ Лисичкин С. М. Очерки по истории развития отечественной нефтяной промышленности. С. 207.

④ Ахундов В. Ю. Монополистический капитал в дореволюционной бакинской нефтяной промышленности. С. 16.

勒出俄国商品市场范围、规模和容量的扩大。

(二) 顿巴斯煤炭销售状况

19世纪下半叶，工业和运输业煤炭需求量与日俱增，国内煤炭市场不断扩大。除顿巴斯煤炭外，其他地区煤炭多用于本地消费，本部分仅以顿巴斯煤炭为例阐述俄国煤炭市场，借此探究19世纪末商品市场状况。顿巴斯铁路与国内铁路线路连为一体后，煤炭运输规模急剧扩大，商品种类日趋多样化，俄国煤炭市场的规模和容量也随之扩大。顿巴斯煤炭需求量较大，南俄地区的需求量最高，其次为中部工业区和伏尔加河流域，20世纪初，顿巴斯煤炭也运往波罗的海地区，但数量有限。

1. 南俄本地市场

20世纪初，顿巴斯煤炭的主要消费市场为南俄地区，1903年，顿巴斯的煤炭销售量为5.5亿普特，用于本地消费的数量为3.9亿普特，本地市场所占比例为71%。[①] 1905年和1911年，南俄本地采矿、冶金和铁路等部门的煤炭需求量和比例分别为2.8亿普特和55.1%、9.4亿普特和52%[②]，顿巴斯煤炭销售以本地市场为主，但外运量也逐年提高。

消费区和消费群体是影响煤炭市场的首要因素。就消费群体而言，工业领域煤炭消耗量最大，如1892年、1900年和1908年，诸多工业部门燃料以煤炭为主，其需求量分别为4.8亿、7.5亿和11.2亿普特，石油需求量分别为1.6亿、3.8亿和3.1亿普特，明显逊于煤炭。此外，交通运输等领域的煤炭需求量也不容忽视，冶金业和运输业的煤炭需求量由1860年的1769万普特增至1900年的6.7亿普特，增长近37倍。[③] 就消费区而言，南俄、波兰和波罗的海地区工业燃料中煤炭比重最高，中部工业区煤炭需求量也不容忽视，1908年上述各地煤炭需求量分别达3.2亿、1.9亿、1.2亿

---

① Шполянский Д. И. Монополии угольно-металлургической промышленности юга России в начале XX века. С. 25.
② Фомин П. И. Горная и горнозаводская промышленность Юга России. Том II. С. 151.
③ Баканов С. А. Угольная промышленность Урала: жизненный цикл отрасли от зарождения до упадка. С. 43.

和3780万普特，消费范围扩大和消费群体增加后煤炭销售市场也随之扩大。①

19世纪六七十年代初，顿巴斯煤炭全部用于本地需求。因交通设施较差，市场范围和规模也十分有限，此时顿巴斯煤炭仅在南俄地区销售。随着铁路的大规模修建，19世纪70年代起，顿巴斯煤田采煤量迅速提高，顿巴斯地区的采煤量由1870年的1564万普特增至1875年的5143万普特，此后采煤量逐年提高。② 顿巴斯煤炭成功取代罗斯托夫和塔甘罗格进口煤炭，敖德萨、尼古拉耶夫、基辅、莫斯科和土拉等省份也开始使用顿巴斯煤炭，顿巴斯煤炭的市场范围迅速扩大。

进口煤炭数量降低亦可证明顿巴斯煤炭销售市场扩大。随着煤炭工业的发展，顿巴斯煤炭将进口煤炭先后从黑海和亚速海、中部工业区等地排挤出去，进口煤炭数量急剧下降，但由于运费较高和国家政策的原因，英国煤炭一直垄断波罗的海市场。19世纪90年代初期，顿巴斯煤炭销售市场已扩展到北部的哈尔科夫和库尔斯克等省份、西部的叶卡捷琳诺斯拉夫省、东部的伏尔加河流域、南部的亚速海港口，国外煤炭竞争优势下降，煤炭进口数量急剧降低。虽然采煤量逐年提高，每年仍需从国外进口大量燃料，但进口煤炭所占的比例逐年降低，由1874年的44.2%降至1911年的13.4%③，进口煤炭比例降低足以证明俄国煤炭销售市场范围扩大。黑海和亚速海地区最具代表性，19世纪上半叶，各港口煤炭需求量巨大，因顿巴斯煤炭产量有限，主要从国外进口，随着顿巴斯煤炭工业的发展，该地年均煤炭进口量由1866～1870年的770万普特降至1892年的210万普特④，顿巴斯煤炭已垄断该地市场，但因价格、关税差异和地理环境的原因，顿巴斯煤炭

---

① Фомин П. И. Горная и горнозаводская промышленность Юга России. Том II. С. 143.
② Дьяконова И. А. Нефть и уголь в энергетике царской России в международных сопоставлениях. С. 165；Тихонов Б. В. Каменноугольная промышленность и черная металлургия России во второй половине XIX в. С. 133；Братченко Б. Ф. История угледобычи в России. С. 127.
③ Куприянова Л. В. Таможенно-промышленный протекционизм и российские предприниматели 40－80-е годы XIX века. С. 241；Фомин П. И. Горная и горнозаводская промышленность Юга России. Том II. С. 80.
④ Бакулев Г. Д. Черная металлургия Юга России. С. 113.

无法占领波罗的海市场。

2. 中部工业区市场

顿巴斯煤炭以本地市场为主，但随着俄国煤炭工业发展，顿巴斯煤炭市场范围不断扩大，中部工业区、伏尔加河流域和白俄罗斯等地对顿巴斯煤炭的需求量不断提高。20 世纪初，因石油工业长期停滞不前，煤炭需求量迅速增加，中部工业区煤炭需求量增长最为显著。

顿巴斯煤炭运往中部地区和伏尔加河流域的主要线路为哈尔科夫—库尔斯克—莫斯科、哈尔科夫—莫斯科—下诺夫哥罗德、莫斯科—喀山、莫斯科—基辅—沃罗涅日和梁赞—乌拉尔等铁路。19 世纪下半叶，因石油工业崛起和莫斯科近郊煤田采煤量增加，运至中部工业区的顿巴斯煤炭数量有限，如 1900 年中部工业区企业燃料总需求量为 2.6 亿普特，但煤炭需求量仅为 2006 万普特①，虽然诸多铁路线路的煤炭需求量巨大，但顿巴斯煤炭市场占有率仍有限。20 世纪初，中部工业区顿巴斯煤炭需求量大幅度增加，1905 年和 1911 年莫斯科省对顿巴斯煤炭的需求量和比例分别为 1945 万普特和 3.8%、5176 万普特和 5.5%。1913 年，中部工业区对顿巴斯煤炭的需求量为 1.1 亿普特，与 1905 年相比增长 8.1%②，顿巴斯煤炭销售市场也随之扩大。运至圣彼得堡和波罗的海等地的顿巴斯煤炭数量不多，煤炭首先由哈尔科夫—库尔斯克—莫斯科铁路运至莫斯科，然后经尼古拉耶夫和莫斯科—梁赞等铁路转运至西北部地区，波罗的海地区煤炭以进口为主。一战前运至波罗的海地区的顿巴斯煤炭数量激增，1905 年和 1913 年其数量为 1384.7 万和 1.1 亿普特。③

俄国煤炭工业发展轨迹与石油工业大不相同，石油产品除垄断国内市场外，还大量出口国外，并且一度主导国际石油市场。俄国煤炭长期不能

---

① Кафенгауз Л. Б. Эволюция промышленного производства России. （последняя треть XIX в. -30-е годы XX в）. С. 28.

② Фомин П. И. Горная и горнозаводская промышленность Юга России. Том II. С. 145；Кафенгауз Л. Б. Эволюция промышленного производства России. （последняя треть XIX в. -30-е годы XX в）. С. 27；Лившин Я. И. Монополии в экономике России. С. 298.

③ Лившин Я. И. Монополии в экономике России. С. 298.

自给，即便20世纪初顿巴斯煤炭已在国内市场占据主导地位，每年还需大量进口煤炭和焦炭等燃料。除顿巴斯煤炭外，其余地区煤炭多用于本地需求，顿巴斯煤炭虽一部分运往中部工业区、伏尔加河流域、黑海和亚速海地区，但大部分煤炭仍用于本地消费。

三 资本市场

在商品市场快速发展的同时，资本市场也不断完善，俄国资本市场的发展主要表现如下：一是俄国金融业快速发展；二是外资大量涌入；三是股份公司大量建立，重工业尤甚。俄国工业快速发展需要建立与之相称的信贷体系，1860年国家银行建立，随着工业的快速发展，私人商业银行、城市商业银行和互助信贷组织相继成立。俄国第一家私人商业银行成立于1864年，1869年后商业银行数量不断增加，仅1874年就建成33家银行。①

1890年，俄国经济飞速发展，商业银行率先开展证券交易业务，圣彼得堡成为俄国证券交易中心。20世纪初，经济危机导致俄国信贷市场长期萧条，与信贷市场一样，俄国金融业于1908年才逐渐摆脱阴霾，本部分主要分析股份公司对资本市场的影响。

19世纪下半叶，俄国出现股份公司创建热潮。1850年，俄国还没有真正意义上的股份公司，1855年股份公司数量已达18家，注册资本为1640万卢布，1860年股份公司数量达108家，注册资本为31.7亿卢布。19世纪60年代，西欧的创业热潮波及俄国，1871~1873年成立227家股份公司，注册资本达34.7亿卢布。② 19世纪90年代，俄国又出现股份公司创立热潮，具体数据见表6-1。

19世纪80年代开始，股份公司的规模明显扩大，工业资本中股份资本所占的比例逐渐提高，20世纪初其比例已达2/3。③ 俄国工业化进程中股份

---

① Чунтулов В. Т., Кривцова Н. С., Тюшев В. А. Экономическая история СССР. С. 102.
② Туган-Барановский М. И. Русская фабрика в прошлом и настоящем: Историко-экономическое исследование. Т. 1. Историческое развитие русской фабрики в XIX веке. С. 258.
③ Шепелев Л. Е. Акционерное учердительство в России//Из истории империализма в России. М-Л., Академии наук СССР, 1959. С. 156.

表 6-1 1889~1898 年新建股份公司数量

单位：家

年份	新建股份公司数量	年份	新建股份公司数量
1889	29	1894	47
1890	39	1895	86
1891	24	1896	20
1892	31	1897	118
1893	50	1898	153

公司的发展历经两个阶段：第一阶段股份公司逐渐取代私人公司；第二阶段大型股份公司逐渐占据主导地位。第一阶段于 1881~1893 年表现最为突出，此时期俄国工业股份公司数量增长 16.2%，注册资本的数量增长 51.7%；1893~1900 年为第二阶段，上述数值分别为 131.8% 和 200.4%。[1] 20 世纪初，俄国采矿、冶金、机器制造和纺织等工业部门中股份公司的数量最多，生产集中程度也不断加强。如 1911 年，采矿和冶金企业、机器制造业和纺织企业的数量分别为 231 家、151 家和 273 家，上述生产部门中大型股份公司的数量分别为 17 家、11 家和 22 家，大型股份公司注册资本的比例分别为 29.5%、37.6% 和 31.5%。[2] 股份公司大量建立一则证明俄国资本市场不断完善，二则证明工业垄断程度不断提高。

股份公司对俄国工业的作用体现在如下两个方面。一是股份公司与私人企业不同，可发行股票吸收闲置资金，扩大企业的生产规模，仅 1881~1914 年俄国工业企业的股份资本就由 3.3 亿卢布增加至 32.2 亿卢布，占工业资本总量的 78%；[3] 二是股份公司的成立促进银行资本与工业资本相结合，银行通过购买各公司股票来涉足工业，如 1896 年俄国 855 家股份公司中金融资本参与的公司数量达 521 家，其比例约为 61%，1902 年该比例达 69%。19 世纪末，银行资本与工业资本的融合程度不断加强，如圣彼得堡国际银行通过涉足工业与 48 家股份公司联系密切，包括 5 家银行、3 家铁

---

[1] Шепелев Л. Е. Акционерное учердительство в России. С. 152-153.
[2] Шепелев Л. Е. Акционерное учердительство в России. С. 157.
[3] Шепелев Л. Е. Акционерное учердительство в России. С. 152-153.

路公司和30多家工业企业。①

就石油工业而言，19世纪末20世纪初，随着石油工业的不断发展，诸多企业主希望通过创建股份公司的方式扩大再生产，股份公司数量不断增加。1890年，石油工业中仅有诺贝尔兄弟集团、里海—黑海石油工商业公司、巴库石油工业公司和里海公司为股份制企业。19世纪末20世纪初，股份制公司于石油工业中普及，石油股份公司数量由1893年的9家增加至1914年的109家，其中俄国资本和外资控股的股份公司数量分别为78家和31家，90年代巴库石油工业公司中股份资本的数额为3350万卢布，20世纪初已达1.7亿卢布，分别占石油工业总资本的60%和94%。② 股份制公司可吸收大量闲散资金扩大企业再生产，如利安诺佐夫石油生产股份公司凭借发行股票使其公司资本总额由1906年的100万卢布增加到1912年的800万卢布。③

19世纪末，俄国银行开始投资工业，银行曾试图通过购买股票和债券等诸多方式涉足石油工业。1907~1912年，俄国证券交易所中，国家银行和对外贸易银行所代售的巴库石油股票的成交额分别为1130万和1687万卢布，1902~1912年国外证券交易所中，俄国石油股票的年均成交额为2000万卢布，德国和英国银行购买的股票金额分别为1500万和500万卢布。④ 商业银行也通过购买股权的方式渗透到石油工业，以诺贝尔兄弟集团为例，1914年该公司注册资本总额为2440万卢布，其中亚速—顿河银行、伏尔加—卡马银行和圣彼得堡商业银行控股金额为520万、280万和160万卢布，上述银行的持股份额分别为21.3%、11.4%和6.5%。⑤ 银行入股石油

---

① Бовыкин В. И. Формирование финансового капитала в России. конец XIX в. – 1908 г. С. 120 – 121.

② Монополистический капитал в нефтяной промышленности России. 1883 – 1914. Документы и материал. С. 27.

③ Сеидов В. Н. Архивы бакинских нефтяных фирм XIX – начало XX века. М., Модест колеров, 2009. С. 108 – 109.

④ Анухдов Б. Ю. Монополистический капитал в дореволюционной бакинской нефтяной промышленности. С. 99.

⑤ Лисичкин С. М. Очерки по истории развития отечественной нефтяной промышленности. С. 361.

公司之后开始参与公司管理，1913 年 12 家商业银行的 42 名代表担任各石油企业董事。① 银行资本与工业资本融合后诸多石油垄断组织诞生，一方面为保障利润，银行不断投入资金，另一方面也担心企业间的恶性竞争，促成企业间达成合作协议并成立垄断组织，工业资本和金融资本融合后石油产品的生产和销售集中于少数垄断集团手中。

因冶金工业利润高、收益快，19 世纪七八十年代俄国银行开始投资冶金工业，外资也通过俄国银行入资冶金工业，俄国采矿和冶金工业的投资额中外资的比例由 1881 年的 32.2% 增加至 1900 年的 61.8%。② 20 世纪初经济危机期间各大企业为摆脱困境纷纷求助商业银行，试图以其为中介在国内外金融市场上发行股票，如 1913 年伏尔加—卡马银行负责出售古卡索夫股份公司股票，为此银行获得该公司 6% 的股份。③ 冶金企业与银行资本融合后冶金业快速发展，参与冶金工业最为积极的银行为亚速—顿河银行、圣彼得堡国际商业银行和圣彼得堡私人商业银行等。银行入股冶金企业后，持股份额不断提高，如 1912 年亚速—顿河银行持有苏林冶金工厂 42.8% 的股份，1915 年俄法商业银行、俄国对外贸易银行、西伯利亚商业银行等银行控制上伊谢季冶金公司 84% 的股份，1916 年巴黎荷兰银行、亚速—顿河银行和圣彼得堡贸易银行控制塔甘罗格冶金工厂 58% 的股份，1916 年圣彼得堡国际商业银行和俄亚银行控制尼科波利—马里乌波里冶金工厂 44% 的股份。④ 银行资本入驻冶金工业后诸多银行家在冶金企业中任职，并担任公司高管，如法国银行集团代理人兼任俄国冶金工业产品销售公司委员会主席、俄亚银行董事会主席兼任布良斯克工厂董事、亚速—顿河银行董事会主席兼任塔甘罗格冶金工厂董事，等等，由此可见，银行与冶金工业联合

---

① Анухдов Б. Ю. Монополистический капитал в дореволюционной бакинской нефтяной промышленности. С. 100.
② Цукерник А. А. Синдикат «Продамет». М., Издательство социально экономической литературы, 1959. С. 40 – 41.
③ Вяткин М. П. Монополии в металлургической промышленности России. 1900 – 1917. Документы и материалы. С. 288.
④ Вяткин М. П. Монополии в металлургической промышленности России. 1900 – 1917. Документы и материалы. С. 184 – 185.

日趋紧密。

在俄国股份资本中外国资本所占的比例较高，1861～1914年其比例为41.6%，具体而言，1890年股份资本中外资的数额为2.1亿卢布，1900年，达9.1亿卢布。1881年，采矿、冶金和金属加工工业中外资的比例为32.2%，1900年其比例达61.8%，不但推动了工业化进程，也促进了生产集中化进程。① 20世纪初，法国资本控制南俄38%的采煤量，涉足南俄、乌拉尔和波兰地区诸多冶金工厂，在石油工业中的地位更是举足轻重；德国资本控制俄国10家大型电力公司中的6家，英国资本控制巴库的11家和格罗兹尼的7家石油公司。② 俄国资本市场形成的主要媒介为商业银行，通过商业银行一方面为企业提供贷款，促进工商业发展；另一方面入股工业，加速俄国资本市场的形成。

四 劳动力市场

1861年农奴制改革后，俄国劳动力市场规模不断扩大，改革后农民与土地的联系逐渐中断，无土地者离开农村外出务工，劳动力市场最终形成。农民外出务工促进了全俄劳动力市场的最终形成，本部分以不同工业部门为例，分析俄国劳动力市场的规模。

就运输工人而言，随着全俄市场逐步强化、地区间经济联系加强、劳动分工日趋专业化，俄国水路运输工人队伍形成。水路运输工人较为集中，主要分布在各码头和航线上，但因俄国造船和航行技术落后，工人的劳动强度较大，主要工种为引航员、排水工、水手、桨手及纤夫等，纤夫和桨手数量最多，引航员的工资待遇最高，其余工人待遇较低，纤夫工作强度最大、待遇最低。伏尔加河流域河运工人数量最多，他们大多是农民，主

---

① Бовыкин В. И. К вопросу о роли иностранного капитала в России//Вестник Московоского университета, 1964. № 1. С. 71-78；白述礼：《试论近代俄国铁路网的发展》，《世界历史》1995年第6期，第152页；刘爽：《19世纪末俄国的工业高涨与外国资本》，《社会科学战线》1996年第4期，第221页。

② Бовыкин В. И. Формирование финансового капитала в России. конец XIX в. – 1908 г. С. 181-182.

要来自特维尔、科斯特罗马、下诺夫哥罗德、喀山、奔萨、辛比尔斯克、梁赞、唐波夫和萨拉托夫等省份。14~15世纪,伏尔加河出现船工,16世纪下半叶整个伏尔加河流域约有5万名纤夫,17世纪末伏尔加河流域约有纤夫10万人。据统计,1854年欧俄地区各河流中约工作着4.7万名引航员和1.4万名船长。单位通航期引航员的工资为200~300卢布,工人月工资仅为8~12卢布。① 18世纪末船工数量达20万人,纤夫数量庞大,19世纪初国内所有河流纤夫数量为60万人②,仅伏尔加河流域就有40万名纤夫,40年代这一数字达到60多万。③ 1854年,欧俄地区河运工人数量为70.5万人,其中国家农民31.9万人,地主农民有21.3万人,皇室农民4.8万人。④ 虽然农奴制改革前俄国河运工人数量不断增加,但占主体的农民没有人身自由,并未形成真正的劳动力市场。19世纪下半叶,俄国铁路工人数量迅速增加,铁路工人数量从1865年的3.2万人增加至1880年的19万人,1890年达140万人,且相对集中⑤,运输行业的劳动力市场已十分完善。

就石油工业而言,巴库石油工业崛起后产生了诸多大型石油公司,巴库工人数量也快速增加,由1873年的680人增加至1883年的1254人、1890年的5597人、1895年的6188人、1900年的2.5万人和1901年的2.7万人。19世纪最后10年里巴库油田工人数量增长4倍。⑥ 19世纪90年代初期,圣彼得堡、莫斯科、华沙、弗拉基米尔、哈尔科夫和基辅等几大工业区固定工人数量约占工人总数的71.8%,工人集中程度不断提高,20世纪

---

① Истомина Э. Г. Водный транспорт России в дореформенный период (Историко-географическое). М., Наука, 1991. С. 63, 67.

② Экономическая история России с древнейших времен до 1917г. Энциклопедия. Том. первой. С. 304, 306; Истомина Э. Г. Водный транспорт России в дореформенный период. М., Наука, 1991. С. 146.

③ 张广翔、刘文山:《俄国自然地理条件与封建经济发展特征》,《东北师大学报》2000年第6期,第54页。

④ Марухин В. Ф. История речного судоходства в России. М., Орехово-Зуевский педагогический институт, 1996. С. 90, 100.

⑤ Соловьева А. М. Железнодорожный транспорт России вовторой половине XIX в. С. 144, 227.

⑥ Ахундов В. Ю. Монополистический капитал в дореволюционной бакинской нефтяной промышленности. С. 9.

初俄国工人数量已超过 2200 万人，约占全俄人口总量的 18%，产业工人数量达 300 万人。① 总体而言，1900 年俄国企业数量达 2.5 万家、企业总产值约为 32 亿卢布、工人近 205 万人，1913 年其数量分别为 2.9 万家、74 亿卢布和 311 万人。② 如此庞大的工人数量足以证明俄国劳动力市场已经形成。

第四节　全俄市场逐步完善——以中亚地区为例

19 世纪下半叶，俄国政府历经数十载彻底兼并中亚各汗国，中亚地区与俄国的政治、经济和军事联系日趋紧密，中亚市场也逐渐成为全俄市场的有机组成部分。与政治版图一样，中亚市场纳入全俄市场并非一蹴而就，诸多因素促使中亚地区与全俄市场合二为一，首先，中亚各汗国纳入俄国版图是中亚市场并入全俄市场的前提条件，因在其他书籍中已有详细分析，此处不再赘述；其次，环里海经济区形成是外因，石油工业作用最为显著；再次，中亚本地工农业发展是内因，亦是该地区经济地位提高的先决条件；最后，中亚铁路建设是重要推力，铁路缩短了货物运输里程，压缩了中亚市场与内地市场的空间距离，加速中亚纳入俄国市场的进程。19 世纪下半叶，俄国兼并中亚地区后全俄市场范围、容量和规模逐步扩大，两地间商品流通速度加快的同时拉动了中亚地区工商业的发展，中亚地区成为俄国重要的原料产地和商品销售市场。

一　环里海经济区形成是外因

19 世纪末，石油工业逐渐成为左右俄国工业化的重要变量，中亚与高加索地区隔海相望，同属环里海经济区范畴，随着石油工业崛起和黑海地区的经济开发，环里海经济区形成，经济区的主要意义如下：一是促进里海地区经济开发，二是加速该地区工商业发展，三是带动中亚地区经济发

---

① 张建华：《俄国史》，人民出版社，2006，第 126 页。
② Ковнир В. Н. История экономики России. С. 284；Кондратьев Н. Д. Рынок хлебов и его регулирование во время войны и революции. С. 25；Ахундов В. Ю. Монополистический капитал в дореволюционной бакинской нефтяной промышленности. С. 7.

展,从而促进了中亚地区工商业的发展。

(一) 高加索石油工业发展为环里海经济区形成奠定基础

19世纪80年代,能源工业崛起后,采油量迅速提升,19世纪末俄国的采油量已超越美国跃居世界第一位,1898年采油量达6.3亿普特,1901年采油量达7亿普特。① 石油工业发展推动俄国工业化进程,直接拉动高加索地区经济发展,其中,迈科普地区比较受关注。

迈科普地区位于里海沿岸,石油存储量较高,但开发难度较大。该地区发现石油后,英国资本迅速流入,1910~1914年迈科普地区建立数十家石油公司,注册资本达9000万卢布,多属英国企业主所有,迈科普石油公司股票还在伦敦交易所出售。英国企业主对迈科普地区石油工业的投资始于1909年,同年11月在伦敦创建英国迈科普集团,1910年伦敦创建诸多公司并且并入英国迈科普石油集团。1910年,英国迈科普石油集团旗下的黑海石油公司年采油量达65万普特,1913年该公司采油量增至250万普特。② 为推动迈科普石油工业发展,英国资本家在迈科普地区建立石油管道,1911年库班省两条石油管道竣工,即迈科普—叶卡捷琳娜和迈科普—图阿普谢石油管道,其长度分别为80俄里和120俄里,但该地区石油主要使用铁路输出,石油管道的石油产品泵送量仅为石油输出总量的10%。③ 迈科普油田采油量虽远逊于巴库油田,但该油田的开发带动了里海地区经济发展,环里海经济区经济不断繁荣。

(二) 里海地区的经济意义不断提升

里海是伏尔加河的出海口,自古以来就是俄国重要贸易通道,早期以

---

① Ахундов В. Ю. Монополистический капитал в дореволюционной бакинской нефтяной промышленности. С. 23;Монополистический капитал в нефтяной промышленности России 1883 – 1914. Документы и материалы. С. 19;Маевский И. В. Экономика русской промышленности в условиях первой мировой войны. С. 8;Натиг А. Нефть и нефтяной фактор в экономике Азербайджана в XXI веке. С. 111;Матвейчук А. А,Фукс И. Г. Истоки российской нефти. Исторические очерки. С. 39,40.

② Бовыкин В. И. Иностранное предпринимательство и заграничные инвестиции в России. С. 75;Матвейчук А. А,Фукс И. Г. Истоки российской нефти. Исторические очерки. С. 145.

③ Лисичкин С. М. Очерки по истории развития отечественной нефтяной промышленности. С. 338 – 339.

粮食和鱼产品贸易为主,随着石油工业发展,石油贸易独占鳌头,里海经济区的作用也举足轻重。中亚地区地处里海右岸,里海地区经济繁荣直接带动该地区经济发展。贸易和运输业是里海地区主要部门,下文着重分析。

里海地区石油贸易繁荣,石油总运输量是重要的经济指标。1894年,经里海运往伏尔加河流域的重油数量达1.7亿普特①,1902年伏尔加河流域输油量为3.5亿普特,石油产品占伏尔加河流域水路货流总量的22%。②1892~1903年,巴库地区年均石油产品的外运量为3.9亿普特,而年均采油量为5.0亿普特,因此78%的石油产品需要外运。1905年和1913年,俄国内河石油产品的运输量分别为2.5亿和2.7亿普特,1913年仅伏尔加河流域的石油产品运输量就达2.4亿普特。③石油产品多由里海沿伏尔加河运至国内工业区,里海地区石油贸易不断繁荣,里海在俄国经济结构中的作用也不断提升,俄国经济重心开始南移。

19世纪末,里海流域运输业蓬勃发展,石油产品为大宗,因此着重进行分析。随着石油产品运输量的逐年增加,里海输油船队诞生,最初输油船队的船只以帆船为主,1889年里海输油船队中帆船和蒸汽油轮的数量分别为275和28艘,总容量达100万普特,但仍不能满足石油运输的需要。1886~1889年,里海地区新增船只数量为125艘,至1890年运油船数量占里海航行船只总量的25%。④蒸汽油轮因载重量大、运输速度快获得企业主的青睐,19世纪90年代开始里海输油船队中帆船数量迅速减少,蒸汽油轮数量急剧增加。1894年,里海输油船队有95艘蒸汽船、251艘帆船,船只

---

① Наниташвили Н. Л. Экспансия иностранного капитала в Закавказье (конец XIX – начало XX вв.). С. 152.

② МавейчукА. А. ,Фукс И. Г. Иллюстрированные очерки по истории российского нефтегазового дела. Часть 2. С. 21；Лисичкин С. М. Очерки по истории развития отечественной нефтяной промышленности. С. 324；Соловьева А. М. Железнодорожный транспорт России во второй половине XIX в. С. 208；Бессолицын А. А. Поволжский региона на рубеже XIX – XX вв. С. 197.

③ Россия 1913 год. Статистико-документальный справочник. С. 131 – 132；Лисичкин С. М. Очерки по истории развития отечественной нефтяной промышленности. С. 345.

④ Самедов В. А. Нефть и экономика России (80 – 90-е годы XIX века). Баку. , Элм, 1988. С. 55 – 56.

数量仍在增长。1898年,里海输油船队又增添8艘大型油轮,其容量为60万普特。① 1900年,里海输油船队中蒸汽油轮地位更加突出,蒸汽油轮和帆船运输石油产品的比例分别为91.3%和8.7%。② 1903年,蒸汽油轮数量仍明显低于帆船数量,但其容量已达200万立方俄尺,占总容量的65.5%,蒸汽油轮成为运输石油产品的主力,帆船作用日渐下降。环里海经济区对中亚地区经济开发的影响如下:第一,环里海经济区发展加速了中亚和内地市场的经济联系,铁路修建前中亚农产品多经里海沿伏尔加河运至俄国内陆;第二,伴随俄国经济重心的南移,中亚逐渐成为重要的棉花供应地和商品销售市场。

二 中亚本地工商业发展是内因

19世纪,俄国棉纺织业发展迅速,成为俄国最主要的工业部门之一,早期棉纺织业所需棉花多由美国进口,1861年美国内战爆发后,从美国进口棉花受阻,棉花价格迅速提升,使得俄国棉纺织工业主另辟棉源。中亚盛产棉花,且质量较好,价格低廉,工商企业主联名上书沙皇,请求去中亚经商,采购棉花。此外,俄国工业化开启后工商业品需要更广阔的销售市场,亦是俄国征服中亚的诱因之一。中亚并入俄国后棉花种植业、棉花加工业和采矿业不断发展,促使其逐渐并入全俄市场。

(一) 中亚成为俄国的棉花供应基地

19世纪中叶,美国棉花的进口量急剧下降,俄国纺织原料严重短缺,棉花价格迅速上涨,棉花价格由1861年的2卢布50戈比/普特上涨至1965年的22卢布/普特③,纺织工厂大量倒闭。为应对棉花危机,俄国政府采取措施发展本国棉花种植业,中亚棉花种植业在此契机下迅速发展。中亚棉

---

① Наниташвили Н. Л. Экспансия иностранного капитала в Закавказье (конец XIX – начало XX вв.). С. 84 – 85.
② Самедов В. А. Нефть и экономика России (80 – 90-е годы XIX века). С. 57 – 58.
③ Пажитнов К. А. Очерки истории текстильной промышленности дореволюционной России. Хлопчатобума-жная, льно-пеньковая и шелковая промышленность. М., Изд-во академии наук СССР, 1958. С. 98.

花种植业发展之初因产量不大无力与国外产品相竞争，为扶持本国棉花种植业，俄国政府屡次提高棉花进口关税，1878 年国外棉花的进口关税为 40 金戈比/普特，1880 年增加至 44 金戈比/普特，1881 年、1887 年、1891 年和 1905 年进口关税分别为 45 戈比/普特、1 卢布/普特、1 卢布 20 戈比/普特和 4 金卢布/普特。① 保护性关税政策的实施是中亚棉花种植业发展的直接原因。

19 世纪 80 年代之前，中亚棉花种植面积十分有限，棉花品种也较为单一，主要为中亚本地品种，产量长期停滞不前，扩大播种面积和引进新品种迫在眉睫。俄国政府高官十分关注中亚棉花种植业，陆军部部长奥布鲁切夫就曾询问中亚地方官员引进棉花种子后种植是否成功，是否可以进一步扩大播种面积。1883 年，土尔克斯坦总督呼吁扩大棉花种植面积，改用美国棉花种子，号召商人和工业主踊跃参与棉花贸易。1884 年 6 月 27 日，中亚库德林工商业集团决定建立贸易部专门负责美国棉花种子和种植工具的进口工作。19 世纪 80 年代末，美国棉花在中亚地区快速普及，1886 年其种植面积达 1.2 万俄亩，1887 年、1888 年和 1893 年其种植面积分别为 1.4 万俄亩、6.8 万俄亩和 13.8 万俄亩。随着美国棉花种植面积的增加，运至国内市场的中亚棉花数量不断增加，1885~1890 年，中亚地区棉花产量增加 9 倍，该地区棉花供应量占到俄国棉花需求总量的 24%。②

保护性关税直接推动中亚棉花种植业的发展，奥伦堡—塔什干铁路和环里海铁路修建后中亚与国内工业区的联系更加紧密，中亚棉花可直接运至国内市场。土尔克斯坦地区棉花种植业规模最大，1884 年美国棉花的种植面积仅为 300 俄亩、产量约为 1 万普特，1886 年、1887 年、1888 年、1889 年和 1890 年其种植面积分别为 1.2 万俄亩、1.4 万俄亩、3.7 万俄亩、4.4 万俄亩和 5.8 万俄亩，总产量达 100 万普特，1900 年播种面积为 25 万

---

① Пажитнов К. А. Очерки истории текстильной промышленности дореволюционной России. С. 99；Вексельман М. И. Российский монополистический и иностранный капитал в средней Азии（Конец XIX – начало XX в.）. Ташкент., Изд-во Фан узбекской ССР, 1987. С. 11.
② Вексельман М. И. Российский монополистический и иностранный капитал в средней Азии（Конец XIX – начало XX в.）. С. 14.

俄亩、总产量达 500 万普特。① 塔什干铁路建成后，中亚棉花种植业发展更为迅速，1899 年中亚的棉花种植总面积为 30 万俄亩，1911 年达 42.5 万俄亩。② 因美国棉花种子、劳动工具和耕作方式的传入，棉花的质量和产量都有所提高，1913 年土尔克斯坦地区的棉花种植面积已达 51.2 万俄亩，而俄国棉花种植总面积仅为 64 万俄亩，中亚成为俄国最主要的棉花产地。1916 年，土尔克斯坦地区的棉花种植面积达 70.4 万俄亩，棉花产量为 1490 万普特，土尔克斯坦地区运至俄国中部工业区的棉花数量由 1900 年的 496 万普特增至 1913 年的 1386.3 万普特。③ 因中亚棉花种植业的发展，一战前夕俄国棉花足以自给。

（二）中亚地区工业快速发展

中亚地区第一家煤矿产生于 19 世纪六七十年代，90 年代之前该地区采煤量一直停滞不前。1884 年，中亚地区成立中亚采矿企业集团，1887 年、1880 年、1885 年、1886 年和 1888 年中亚地区采煤量分别为 52.7 万、30.5 万、33.2 万、34.0 万和 42.6 万普特；④ 19 世纪 70 年代，中亚石油工业开始发展，1876 年诺贝尔兄弟集团就于切列肯钻井采油，80 年代该公司又在费尔干纳州开采数个石油矿井，但采油量十分有限，1884 年中亚地区采油量仅为 6000 普特。⑤ 19 世纪末中亚采矿业快速发展，但采矿业一般由外资或银行所垄断。20 世纪初，中亚地区石油开采量激增，1911 年、1914 年和 1916 年仅切列肯地区采油量就达 1380 万普特、770 万普特和 286 万普特。1913～1916 年，费尔干纳地区共有 6 个油田，多属于大型垄断集团，1913 年、

---

① Пажитнов К. А. Очерки истории текстильной промышленности дореволюционной России. С. 100.

② Оглоблин В. Н. Промышленность и торговля Туркестана. М., Тип. Рус. т-ва печ. и изд. дела, 1914. С. 3.

③ Пажитнов К. А. Очерки истории текстильной промышленности дореволюционной России. С. 145, 147.

④ Вексельман М. И. Российский монополистический и иностранный капитал в средней Азии (Конец XIX – начало XX в.). С. 18 – 19; Вексельман М. И. Российский монополистический и иностранный капитал в топливной промышленности Средней Азии // Исторические записки, 1986. № 113. С. 288.

⑤ Вексельман М. И. Российский монополистический и иностранный капитал в средней Азии (Конец XIX – начало XX в.). С. 16.

1914年和1916年垄断集团掌控费尔干纳地区采油量的98%、93%和97%。20世纪初，煤炭工业也快速发展，但多由大型垄断集团掌控，1913年、1914年和1916年圣彼得堡国际商业银行控股股份公司的煤炭开采量比例为34%、36%和40%。①

中亚棉花产量提高后，众多纺织厂为节省成本在中亚地区建厂，其中洗棉厂数量最多。俄国最大的纺织工业集团大雅罗斯拉夫手工工场在中亚地区共成立16家洗棉厂，1890~1897年该工厂年均从中亚各地购买棉花数量达112万普特，产品清洗后供应至中部地区的纺织工厂。②1888年，什洛斯别尔克兄弟贸易集团也在中亚采购棉花，1888年、1890年和1897年该集团在中亚地区的棉花采购量为20万普特、38万普特和139万普特，加工后运至国内市场。除本国公司外，国外公司也关注中亚棉花加工业，德国克诺普公司在中亚地区创立分公司，1898年该公司在中亚各地采购棉花的数量为35万普特，1906年又与俄国企业主在中亚地区创立合资公司，公司主营业务是棉花采购和清洗，注册资本达200万卢布。③

19世纪末，中亚铁路大规模修建之后，铁路沿线地区工厂的数量快速增加，以奥伦堡—塔什干为例，塔什干共有大小1200家工厂，年产值300万卢布，大工厂数量为54家，工业品年产值250万卢布。④工商业快速发展是中亚经济迅速崛起的内部原因，亦是该地区迅速纳入俄国市场的决定性因素。中亚棉花种植业快速发展解决了俄国棉花短缺的燃眉之急，成为俄国棉纺织工业发展的原料保障。棉花播种面积增加还促进了棉花加工业发展，为节约成本，很多企业在中亚建厂，棉花外运量大增，加速了中亚铁路建设的进程，铁路建设又促进该地区冶金和燃料工业的发展。

---

① Вексельман М. И. Российский монополистический и иностранный капитал в топливной промышленности Средней Азии. С. 294，299，300.
② Вексельман М. И. Российский монополистический и иностранный капитал в средней Азии（Конец XIX - начало XX в.）. С. 33.
③ Вексельман М. И. Российский монополистический и иностранный капитал в средней Азии（Конец XIX - начало XX в.）. С. 35.
④ Путеводитель по Туркестану и железным дорогам Средне-Азиатской и Ташкентской. СПб., Типо-литография И. Л. Фришберга, 1912. С. 280.

三 中亚铁路建设是重要推动力

18世纪末，全俄统一市场初步形成，但因交通运输滞后市场规模和范围有限，商品流通和交换处处受限。19世纪下半叶，俄国开始大规模修建铁路，弥补了传统水路运输的不足，全俄市场进一步深化。中亚棉花播种面积不断扩大后，国内纺织工业对中亚棉花的依赖度逐步提高，但交通运输设施落后，掣肘中亚经济的发展。19世纪末，环里海铁路和中亚铁路建设缩短了中亚与俄国内地市场的空间距离，加速了中亚纳入全俄市场的进程。

（一）环里海地区铁路

1880年秋，乌尊—阿达港口通向里海直抵中亚的外里海铁路初段工程开工，该铁路长217俄里，1881年9月竣工。因英俄两国在阿富汗冲突迭起，1885年俄国政府开始建设克孜勒—阿尔瓦特—察尔珠铁路，铁路全长755俄里，1887年修建察尔珠—撒马尔罕铁路，全长346俄里，环里海铁路雏形初步确立，总长度为1343俄里①，外里海铁路成为中亚经济发展的大动脉。

1887~1888年，环里海铁路的延长线修至布哈拉汗国境内，不但推动了中亚地区经济发展，而且加大了该地区对俄国的政治和经济依存度。铁路建成后俄国商人纷纷在铁路沿线各地组建工商业公司，建立工厂，并利用铁路将中亚农产品和棉花运至俄国境内。19世纪80年代末，由布哈拉运出的棉花、羊羔皮、羊毛、普通羔皮和水果的数量分别为90万普特、70万张、20万普特、20万张和2万普特，其他产品数量为120万普特，货物总价值为1250万卢布；俄国国内商品也由环里海铁路运至中亚，金属制品、手工业商品、糖制品、瓷器和其他商品的运送量分别为23.7万普特、2.8万普特、10万普特、2.6万普特和63.3万普特，货物总价值为1060万卢布。②

---

① Соловьева А. М. Железнодорожный транспорт России во второй половине XIX в. С. 195 - 197.
② Вексельман М. И. Российский монополистический и иностранный капитал в средней Азии（Конец XIX - начало XX в.). С. 21.

19世纪90年代，中亚地区建成外里海铁路的克拉斯诺沃茨克段和撒马尔罕—安集延段支线铁路。1899年，外里海铁路和撒马尔罕—安集延新线路合并，统称中亚铁路，铁路总长度达2354俄里。[①] 1900年，外高加索和里海以东建成波季—梯弗里斯、梯弗里斯—巴库和别斯兰—彼得罗夫斯克等铁路。1900年，彼得罗夫斯克—巴库铁路开工，1900~1917年该地还相继修建通往土耳其的梯弗里斯—亚历山德罗波尔—卡尔斯铁路、通往波斯的亚历山德罗波尔—朱尔法—塔弗里斯铁路。[②] 环里海铁路提升了俄国在中亚地区的影响力，双方的经济联系日趋紧密。

（二）奥伦堡—塔什干铁路

19世纪末，俄国内陆仅有奥伦堡口岸与中亚相通。[③] 随着货运量和客运量的增加，环里海铁路已不能满足运输需求，1900年俄国政府开始奥伦堡—塔什干铁路的勘测和建设工作，该条铁路共分南北两段，北段为奥伦堡—库别克线路，南段为库别克—塔什干线路，奥伦堡—塔什干铁路北段于1905年6月正式运营，南段于1906年1月1日通车，塔什干铁路运行长度达2090俄里，1906年奥伦堡至塔什干铁路全面运营。1909年，阿斯特拉罕—红库特铁路开工，至1915年中亚地区铁路的总长度约为4700俄里。[④] 奥伦堡—塔什干铁路使中亚市场与俄国国内市场的联系日趋紧密，中亚成为俄国的原材料供应基地和产品销售市场。

1885~1904年，奥伦堡铁路沿线各省的粮食播种面积增加近1倍，由100万俄亩增加到193万俄亩[⑤]，1901~1903年年均从奥伦堡省运输小麦和小麦面粉的数量分别为1080万普特和290万普特，1908和1911年分别为

[①] История железнодорожного транспорта России. Т. 1. 1836 – 1917. СПб., Изд-во Иван Фёдорова, 1994. С. 183.

[②] Саграгян А. Т. История железных дорог Закавказья 1850 – 1921. Ереван., Айастан, 1970. С. 252.

[③] Зензинов Н. А. От Петербурго-Московской до Байкало-Амурской магистрали. М., Транспорт, 1986. С. 216.

[④] История железнодорожного транспорта в России. С. 183 – 184, 318 – 319.

[⑤] Воронов А. М., Цвирко О. В. Оренбуржье на подъёме. Челябинск., Южно-Уральское кн. изд-во, 1975. С. 81.

1250 万普特和 930 万普特①，在此期间塔什干铁路小麦运输量增长 20%，面粉增长 300%。② 奥伦堡—塔什干铁路推动俄国棉纺织工业的发展，奥伦堡成为中亚棉花的中转站，棉花多经该铁路运至伏尔加河流域和中部工业区。1909～1913 年，沿塔什干铁路共运输 2900 万普特棉花，年均运输量为 590 万普特。1913 年，土尔克斯坦地区经塔什干铁路运至国内市场的棉花数量为 720 万普特，价值 1370 万卢布。③ 奥伦堡—塔什干铁路在加速中亚和国内市场经济联系的同时，也推动了中亚融入俄国市场的进程。

19 世纪下半叶，俄国兼并中亚诸汗国后，中亚市场逐渐成为全俄市场的有机组成部分，铁路修建后商品交换的时间和空间距离缩短，中亚地区在全俄市场中的作用更是举足轻重。中亚地区并入全俄市场的主要影响有如下几个方面。就俄国而言，第一，19 世纪下半叶，俄国棉花进口量急剧下降，中亚因其独特的自然和气候条件成为俄国棉纺织工业的原料供应基地，解决了棉花供应不足的窘境；第二，因工农业落后和市场潜力较大，中亚成为俄国工业品的销售市场，不但纺织品等轻工业产品需求量较大，金属、燃料和矿物产品等重工业品需求量也激增；第三，就市场本身而言，中亚地区经济快速发展，扩大了全俄市场的范围、规模和容量，中亚地区在全俄市场中的作用不断强化。就中亚地区而言，第一，中亚商品性农业快速发展，为缓解棉花供应危机，在引进国外优质种子的同时，棉农还不断改善种植技术，棉花产量大幅度增加，同时国内市场上中亚牲畜、蔬菜和水果的供应量不断增加，推动了中亚商品性农业快速发展；第二，中亚工业也快速发展，为节省成本，大纺织企业主纷纷在中亚建立洗棉厂和棉花粗加工厂，廉价的原料和劳动力资源得到充分利用，推动了环里海经济区的开发，带动了中亚采矿业和燃料工业发展；第三，中亚地区交通运输

---

① Давыдов М. А. Очерки аграрной истории России в конце XIX – начале XX вв. М. , РГГУ 2003. С. 123.

② Горюнов Ю. А. Воздействие ташкентской железной дороги на экономическую жизнь оренбуржья. первой трети XX века. Диссертация на соискание ученой степени кандидата исторических наук. Оренбург. , 2010. С. 131.

③ Горюнов Ю. А. Воздействие ташкентской железной дороги на экономическую жизнь оренбуржья первой трети XX века. С. 146.

业蓬勃发展，铁路成为中亚市场被纳入全俄市场的有力保障。

随着商品市场的日趋繁荣、资本和劳动力市场的不断完善，在俄国兼并中亚诸汗国后，19世纪末全俄市场最终形成。18世纪末至19世纪上半叶，因俄国商品市场规模有限，资本和劳动力市场尚未成熟，俄国版图并未最终奠定，因此，此时欧俄市场最终形成，亦是全俄市场的初步形成阶段，囊括三大市场的全俄市场于19世纪末才最终形成。

参考文献

一 中文文献

(一) 专著

1. 白建才:《俄罗斯帝国》,三秦出版社,2000。

2. 曹维安:《俄国史新论》,中国社会科学出版社,2002。

3. 曹维安、郭响宏:《俄国史新论:从基辅罗斯、莫斯科罗斯到彼得堡罗斯》,科学出版社,2016。

4. 褚德新、梁德主编《中外约章汇要》,黑龙江人民出版社,1991。

5. 邓沛勇:《俄国能源工业研究(1861~1917)》,科学出版社,2019。

6. 郭蕴深:《中俄茶叶贸易史》,黑龙江教育出版社,1995。

7. 郭蕴静:《清代经济史简编》,河南人民出版社,1984。

8. 贺允宜:《俄国史》,三民书局,2004。

9. 何汉文:《俄国史》,东方出版社,2013。

10. 黄定天:《中俄关系通史》,黑龙江人民出版社,2007。

11. 黄定天:《东北亚国际关系史》,黑龙江教育出版社,1999。

12. 蓝琪:《中亚史》(第五卷),商务印书馆,2018。

13. 李迈先:《俄国史》,正中书局,1969。

14. 林军:《俄国外交史稿》,世界知识出版社,2002。

15. 刘民声:《十七世纪沙俄侵略黑龙江流域史资料》,黑龙江教育出版社,1992。

16. 刘祖熙：《改革和革命——俄国现代化研究（1861～1917）》，北京大学出版社，2001。

17. 刘祖熙：《波兰通史简编》，人民出版社，1988。

18. 孟宪章主编《中苏经济贸易史》，黑龙江人民出版社，1992。

19. 孟宪章主编《中苏贸易史资料》，中国对外经济贸易出版社，1991。

20. 孟宪章：《十七世纪沙俄侵略黑龙江流域编年史》，中华书局，1989。

21. 米镇波：《清代中俄恰克图边境贸易》，南开大学出版社，2003。

22. 孙成木、刘祖熙、李建主编《俄国通史简编》，人民出版社，1986。

23. 孙成木：《俄罗斯文化一千年》，东方出版社，1995。

24. 陶惠芬：《俄国近代改革史》，中国社会科学出版社，2007。

25. 王海军：《近代俄国司法改革史》，法律出版社，2016。

26. 王铁崖：《中外旧约章汇编》，生活·读书·新知三联书店，1959。

27. 王松亭：《基辅罗斯》，商务印书馆，1986。

28. 王远大：《近代俄国与中国西藏》，生活·读书·新知三联书店，1993。

29. 王晓菊：《俄国东部移民开发问题研究》，中国社会科学出版社，2003。

30. 吴春秋：《俄国军事史略（1547～1917）》，知识出版社，1983。

31. 吴贺：《彼得一世改革》，北京师范大学出版社，2018。

32. 徐景学编著《俄国征服西伯利亚纪略》，黑龙江人民出版社，1984。

33. 杨闯、高飞、冯玉军：《百年中俄关系》，世界知识出版社，2006。

34. 姚海、刘长江：《当代俄国——强者的自我否定与超越》，贵州人民出版社，2001。

35. 姚海：《俄罗斯文化之路》，浙江人民出版社，1992。

36. 于沛、戴桂菊、李锐：《斯拉夫文明》，中国社会科学出版社，2001。

37. 赵士国：《俄国政体与官制史》，湖南师范大学出版社，1998。

38. 赵振英：《俄国政治制度史》，辽宁师范大学出版社，2000。

39. 张广翔：《18～19世纪俄国城市化研究》，吉林人民出版社，2006。

40. 张凤鸣：《中国东北与俄国（苏联）经济关系史》，中国社会科学出版社，2003。

41. 张建华：《俄国史》（修订本），人民出版社，2004。

42. 张建华：《激荡百年的俄罗斯——20世纪俄国史读本》，人民出版社，2010。

43. 张维华、孙西：《清前期的中俄关系》，山东教育出版社，1999。

44. 张宗华：《18世纪俄国改革与贵族》，人民出版社，2005。

（二）译著

1. 〔苏〕В.Т.琼图洛夫：《苏联经济史》，郑彪等译，吉林大学出版社，1988。

2. 〔苏〕苏联科学院经济研究所编《苏联社会主义经济史》（第一卷），复旦大学经济系译，生活·读书·新知三联书店，1979。

3. 〔苏〕波克罗夫斯基：《俄国历史概要》，贝璋衡、叶林、葆煦译，生活·读书·新知三联书店，1978。

4. 〔苏〕潘克拉托娃：《苏联通史》，山东大学翻译组译，生活·读书·新知三联书店，1980。

5. 〔苏〕诺索夫：《苏联简史》（第一卷），武汉大学外文系译，生活·读书·新知三联书店，1977。

6. 〔苏〕В.В.马夫罗金：《俄罗斯统一国家的形成》，余大钧译，商务印书馆，1991。

7. 〔苏〕М.В.涅奇金娜：《十二月党人》，黄其才、贺安保译，商务印书馆，1989。

8. 〔苏〕И.И.斯米尔诺夫：《十七至十八世纪俄国农民战争》，张书生等译，人民出版社，1983。

9. 〔苏〕斯拉德科夫斯基：《俄国各民族与中国贸易经济关系史（1917年以前）》，宿丰林译，社会科学文献出版社，2008。

10. 〔苏〕Б.Б.卡芬加乌兹、Н.И.巴甫连科：《彼得一世的改革》，郭奇格等译，商务印书馆，1997。

11. 〔苏〕П.И.梁士琴科：《苏联国民经济史》，中国人民大学编译室译，人民出版社，1959。

12. 〔苏〕П.А.札依翁契可夫斯基：《俄国农奴制度的废除》，叔明译,生活·读书·新知三联书店,1957。

13. 〔苏〕奥扎:《俄美公司》,俞启骧译,商务印书馆,1982。

14. 〔苏〕雅科夫列娃:《1689年的第一个俄中条约》,贝璋衡译,商务印书馆,1973。

15. 〔苏〕尼科利斯基:《俄国教会史》,丁士超等译,商务印书馆,2000。

16. 〔苏〕鲍·亚·罗曼诺夫:《日俄战争外交史纲:1895~1907》,上海人民出版社,1976。

17. 〔俄〕鲍里斯·尼古拉耶维奇·米罗诺夫:《俄国社会史》,张广翔等译,山东大学出版社,2006。

18. 〔俄〕米格拉尼扬:《俄罗斯现代化与公民社会》,徐葵等译,新华出版社,2002。

19. 〔俄〕巴甫洛夫-西利万斯:《俄国封建主义》,吕和声等译,商务印书馆,1998。

20. 〔俄〕普列汉诺夫:《俄国社会思想史》,孙静工译,商务印书馆,1990。

21. 〔俄〕瓦·奥·克柳切夫斯基:《俄国史教程》(第一卷),张草纫等译,商务印书馆,2013。

22. 〔俄〕瓦·奥·克柳切夫斯基:《俄国史教程》(第二卷),贾宗谊等译,商务印书馆,2013。

23. 〔俄〕瓦·奥·克柳切夫斯基:《俄国史教程》(第三卷),左少兴等译,商务印书馆,2013。

24. 〔俄〕瓦·奥·克柳切夫斯基:《俄国史教程》(第四卷),张咏白等译,商务印书馆,2013。

25. 〔俄〕瓦·奥·克柳切夫斯基:《俄国史》(第五卷),刘祖熙等译,商务印书馆,2015。

26. 〔俄〕Б. Н. 米罗诺夫:《帝俄时代生活史:历史人类学研究(1700~1917年)》,张广翔等译,商务印书馆,2013。

27. 〔俄〕А. 恰亚诺夫:《农民经济组织》,萧正洪译,中央编译出版社,1996。

28. 〔俄〕谢·尤·维特：《俄国末代沙皇尼古拉二世——维特伯爵的回忆》，张开译，新华出版社，1985。

29. 〔俄〕瓦西里·帕尔申：《外贝加尔边区纪行》，北京第二外国语学院俄语编译组译，商务印书馆，1976。

30. 〔俄〕П.И.卡巴诺夫：《黑龙江问题》，姜延祚译，黑龙江人民出版社，1983。

31. 〔俄〕瓦西里耶夫：《外贝加尔的哥萨克》，徐滨等译，商务印书馆，1979。

32. 〔俄〕苏联科学院远东研究所：《十七世纪的俄中关系》，黑龙江大学俄语系翻译组等译，商务印书馆，1978。

33. 〔俄〕尼古拉·班蒂什-卡缅斯基：《俄中两国外交文献汇编》，中国人民大学俄语教研室译，商务印书馆，1982。

34. 〔俄〕维特：《维特伯爵回忆录》，傅正译，商务印书馆，1976。

35. 〔俄〕尼·别尔嘉耶夫：《俄罗斯思想的宗教阐释》，邱运华、吴学金译，东方出版社，1998。

36. 〔俄〕索洛维约夫：《俄罗斯思想》，南泽林、李树柏译，浙江人民出版社，2000。

37. 〔美〕乔治·亚历山大·伦森：《俄中战争——义和团运动时期沙俄侵占中国东北的战争》，陈芳芝译，商务印书馆，1982。

38. 〔美〕威利斯顿·沃尔克：《基督教会史》，孙善玲等译，中国社会科学出版社，1991。

39. 〔美〕尼古拉·梁赞诺夫斯基、马克·斯坦伯格著《俄罗斯史》，杨烨、卿文辉等译，上海人民出版社，2007。

40. 〔美〕沃尔特·G.莫斯：《俄国史》（1855~1996），张冰译，海南出版社，2008。

41. 〔英〕杰弗里·霍斯金：《俄罗斯史》，李国庆等译，南方日报出版社，2013。

42. 〔英〕拉文斯坦：《俄国人在黑龙江》，陈霞飞译，商务印书馆，1974。

43. 〔法〕亨利·特罗亚：《彼得大帝》，郑其行译，世界知识出版社，

2001。

44. 〔法〕B. B. 亨利·特罗亚：《风流女皇叶卡特琳娜二世》，冯志军译，世界知识出版社，1983。

45. 〔法〕加恩：《彼得大帝时期的俄中关系史（1689~1730）》，江载华译，商务印书馆，1980。

46. 〔荷〕伊台斯、〔德〕勃兰：《俄国使团使华笔记》，北京师范学院俄语翻译组译，商务印书馆，1980。

（三）中文论文

1. 白晓红：《俄国斯拉夫派的政治思想》，《世界历史》2001年第5期。

2. 白胜洁：《19世纪末20世纪初俄国的工业垄断研究——以石油、冶金和纺织工业部门为例》，博士学位论文，吉林大学，2015。

3. 白述礼：《试论近代俄国铁路网的发展》，《世界历史》1993年第1期。

4. 部彦秀：《俄国资本主义发展缓慢的原因》，《世界历史》1993年第1期。

5. 部彦秀：《斯托雷平改革与斯托雷平之死》，《世界历史》1996年第4期。

6. 蔡鸿生：《沙俄国家教会形成的历史过程》，《中山大学学报》1978年第6期。

7. 曹维安：《俄国的农奴制度与农村公社》，《兰州大学学报》1997年第1期。

8. 曹维安：《简论俄国的自由民粹派》，《陕西师范大学学报》（哲学社会科学版）2001年第3期。

9. 曹维安：《俄国的农奴制度与农村公社》，《西安外国语学院学报》1996年第1期。

10. 曹维安：《关于俄国农村公社的几个问题》，《陕西师范大学学报》（哲学社会科学版）1998年第3期。

11. 曹维安：《俄国的斯拉夫派与西方派》，《陕西师范大学学报》（哲学社会科学版）1996年第2期。

12. 曹维安：《俄国 1861 年农民改革与农村公社》，《陕西师范大学学报》（哲学社会科学版）1996 年第 4 期。

13. 曹维安：《评亚历山大二世的俄国大改革》，《兰州大学学报》2000 年第 5 期。

14. 曹维安：《俄国农村公社的土地重分问题》，《陕西师范大学学报》（哲学社会科学版）1987 年第 3 期。

15. 楚汉：《近代德、俄农业发展之比较》，《郑州大学学报（哲学社会科学版）》1996 年第 6 期。

16. 陈东：《试析塑造俄国女皇叶卡特琳娜二世的历史因素》，《四川教育学院学报》2007 年第 3 期。

17. 陈利今：《叶卡特琳娜二世的开明专制异议》，《湖南师范大学社会科学学报》1992 年第 2 期。

18. 陈秋杰：《西伯利亚大铁路修建及其影响研究（1917 年前）》，博士学位论文，东北师范大学，2011。

19. 陈秋杰：《西伯利亚大铁路对俄国东部地区开发的意义》，《西伯利亚研究》2011 年第 2 期。

20. 陈秋杰：《西伯利亚大铁路修建中的外国因素》，《西伯利亚研究》2011 年第 6 期。

21. 陈秋杰：《西伯利亚大铁路建设中机车供应状况述评》，《西伯利亚研究》2013 年第 5 期。

22. 楚汉：《近代德、俄农业发展之比较》，《郑州大学学报（哲学社会科学版）》1996 年第 6 期。

23. 邓沛勇：《19 世纪下半叶至 20 世纪俄国工业发展特征》，《俄罗斯研究》2017 年第 6 期。

24. 邓沛勇：《俄国能源工业的影响因素》，《西伯利亚研究》2017 年第 1 期。

25. 邓沛勇：《19 世纪下半期至 20 世纪初俄国能源工业研究——以石油和煤炭工业为例》，博士学位论文，吉林大学，2016。

26. 邓沛勇：《1917 年前俄国石油工业中外资垄断集团及其影响》，《俄罗斯研究》2017年第3期。

27. 董小川：《俄国的外国资本问题》，《东北师大学报》1989年第3期。

28. 杜立克：《论俄皇彼得一世改革的"欧化"与"专制化"》，《内蒙古大学学报（哲学社会科学版）》2009年第4期。

29. 杜立克：《对俄国自由主义的理论探讨》，《史学月刊》2004年第8期。

30. 付世明：《论帝俄时期村社的发展变化》，《广西师范大学学报（哲学社会科学版）》2006年第4期。

31. 范璐祎：《18世纪下半期~19世纪上半期的俄国水路运输》，博士学位论文，吉林大学，2014。

32. 贾文华：《彼得一世改革与俄国近代化》，《商丘师专学报（社会科学版）》1988年第4期。

33. 金雁：《俄国农民研究史概述及前景展望》，《俄罗斯研究》2002年第2期。

34. 李非：《19世纪末~20世纪初石油工业中的垄断资本》，硕士学位论文，吉林大学，2008。

35. 李青：《论1865~1913年俄国地方自治机构的民生活动》，博士学位论文，吉林大学，2012。

36. 刘祖熙：《叶卡特琳娜二世和沙皇俄国》，《北京大学学报（哲学社会科学版）》1980年第1期。

37. 罗爱林：《维特货币改革评述》，《西伯利亚研究》1999年第5期。

38. 刘玮：《试论19世纪俄国币制改革》，《西伯利亚研究》2011年第1期。

39. 李显荣：《试论彼得一世改革及其评价》，《史学月刊》1985年第1期。

40. 刘爽：《西伯利亚移民运动与俄国的资本主义化进程》，《学习与探索》1995年第2期。

41. 刘爽：《19世纪末俄国的工业高涨与外国资本》，《社会科学战线》

1996 年第 4 期。

42. 刘爽:《19 世纪俄国西伯利亚采金业与外国资本》,《学习与探索》1999 年第 2 期。

43. 刘玮:《1860~1917 年的俄国金融业与国家经济发展》,博士学位论文,吉林大学,2011。

44. 李旭:《1861~1914 年俄国证券市场》,博士学位论文,吉林大学,2016。

45. 李宝仁:《从近代俄国铁路史看铁路建设在国家工业化进程中的地位和作用》,《铁道经济研究》2008 年第 2 期。

46. 逯红梅:《1836~1917 年俄国铁路建设及其影响》,博士学位论文,吉林大学,2017。

47. 梁红刚:《18 世纪俄国税收制度改革研究》,《江汉论坛》2019 年第 6 期。

48. 梁红刚:《19 世纪俄国税收制度研究》,《史学月刊》2019 年第 5 期。

49. 梁红刚:《19 世纪 60~90 年代俄国国家干预与重工业发展》,《江汉论坛》2018 年第 2 期。

50. 孟君:《斯托雷平土地改革思想的演进》,《西伯利亚研究》2008 年第 5 期。

51. 孟君:《斯托雷平农业改革中的村社政策》,《西伯利亚研究》2007 年第 4 期。

52. 〔俄〕尼·米·阿尔辛季耶夫、〔俄〕季·弗·多连克:《关于俄罗斯现代化的若干问题》,张广翔译,《吉林大学社会科学学报》2008 年第 6 期。

53. 宋瑞芝、宋佳红:《论地理环境对俄罗斯民族性格的影响》,《湖北大学学报》2001 年第 1 期。

54. 宋华:《十九世纪九十年代俄国发展工业的措施述评》,《河南大学学报》(社会科学版)1985 年第 1 期。

55. 孙成木:《19 世纪中叶后俄国资本主义迅速发展的原因》,《世界历史》1987 年第 1 期。

56. 陶慧芬：《俄国工业革命中的对外经济关系》，《世界历史》1994 年第 3 期。

57. 陶惠芬：《彼得一世改革及其实质》，《历史教学》1982 年第 7 期。

58. 谭建华：《叶卡特琳娜二世的"开明专制"新论》，《浙江师大学报》2000 年第 4 期。

59. 谭建华：《试论叶卡特琳娜二世的人才策略》，《湖南第一师范学报》2001 年第 1 期。

60. 唐艳凤：《1861 年改革后俄国农民土地使用状况探析》，《北方论丛》2011 年第 1 期。

61. 唐艳凤：《俄国 1861 年改革后农民赋役负担探析》，《史学集刊》2011 年第 3 期。

62. 王新：《克里米亚战争的经济导因问题》，《北京师范大学学报（社会科学版）》1986 年第 2 期。

63. 王新：《克里米亚战争史学研究中的几个问题》，《史学月刊》1985 年第 5 期。

64. 万长松：《论彼得一世改革与俄国工业化的肇始》，《自然辩证法研究》2013 年第 9 期。

65. 王晓菊：《斯托雷平时期俄国东部移民运动》，《西伯利亚研究》1999 年第 3 期。

66. 王晓菊：《俄罗斯远东的"犹太民族家园"》，《世界历史》2007 年第 2 期。

67. 王然：《阿塞拜疆石油工业史述略》，《西安石油大学学报》2013 年第 6 期。

68. 王绍章：《俄国石油业的发展与外国资本》，《东北亚论坛》2007 年第 6 期。

69. 王茜：《论俄国资本主义时期的农业经济》，《西伯利亚研究》2002 年第 6 期。

70. 吴清修、王玲：《俄国废除农奴制原因的再思考》，《历史教学》

2000 年第 7 期。

71. 肖步升：《关于叶卡特琳娜二世"开明专制"的几个问题》，《兰州大学学报》1993 年第 1 期。

72. 徐云霞：《彼得一世的改革思想》，《辽宁大学学报（哲学社会科学版）》1991 年第 1 期。

73. 徐云霞：《叶卡特琳娜二世的政治思想》，《河南大学学报（哲学社会科学版）》1990 年第 1 期。

74. 徐景学：《俄罗斯吸收外来资本的历史与现状》，《学习与探索》1995 年第 5 期。

75. 解国良：《从土地关系的演变重新解读俄国农民问题》，《俄罗斯研究》2005 年第 2 期。

76. 解国良：《斯托雷平改革与俄国西部地方自治》，《历史教学问题》2018 年第 4 期。

77. 杨翠红：《俄罗斯东正教与对外贸易（11~14 世纪）》，《东北亚论坛》2003 年第 6 期。

78. 杨翠红：《俄国早期工业化进程解析》，《贵州社会科学》2013 年第 9 期。

79. 叶同丰：《试论彼得一世改革的性质》，《福建师大学报》1987 年第 3 期。

80. 赵士国、刘自强：《俄罗斯帝国盛极而衰的理性追溯》，《湖南师范大学社会科学学报》2005 年第 2 期。

81. 赵士国、刘自强：《中俄两国早期工业化道路比较》，《史学月刊》2005 年第 8 期。

82. 赵士国：《近代俄国资本主义的困窘》，《史学月刊》1991 年第 6 期。

83. 赵士国、杨兰英：《亚历山大二世与林肯之比较》，《湖南师范大学社会科学学报》2004 年第 2 期。

84. 赵士国：《近代晚期俄国改革述论》，《湖南师范大学社会科学学报》2004 年第 2 期。

85. 赵士国、谭建华：《彼得一世改革和反腐败的斗争》，《湖南师范大学社会科学学报》1996年第6期。

86. 赵虹：《俄国近代社会转型的先行者——彼得一世》，《云南师范大学学报（哲学社会科学版）》2000年第4期。

87. 赵永伦：《奥地利在克里米亚战争中实行反俄政策的原因探析》，《兴义民族师范学院学报》2010年第10期。

88. 赵克毅：《俄国封建君主制的演变》，《史学月刊》1986年第6期。

89. 詹方瑶：《试论俄国产业革命的道路》，《郑州大学学报》（哲学社会科学版）1984年第1期。

90. 张福顺：《资本主义时期俄国农民土地问题症结何在》，《黑龙江社会科学》2008年第1期。

91. 张敬德：《论农奴制改革后俄国经济政策的性质》，《江西社会科学》2002年第12期。

92. 张广翔、丁卫平：《俄罗斯史学界关于从封建社会向资本主义社会过渡问题述评》，《东北亚论坛》2000年第4期。

93. 张广翔：《俄国学者关于1861年改革研究述评》，《世界历史》2000年第4期。

94. 张广翔：《俄国1861年改革新论》，《社会科学战线》1996年第4期。

95. 张广翔：《俄国村社制度述论》，《吉林大学社会科学学报》1997年第4期。

96. 张广翔：《1861年改革后俄国国家资本主义的几个问题》，《东北亚论坛》1995年第2期。

97. 张广翔：《19世纪下半期~20世纪初俄国的立宪主义》，《吉林大学社会科学学报》2003年第6期。

98. 张广翔：《十月革命前的俄国地主经济》，《史学集刊》1990年第4期。

99. 张广翔：《斯托雷平农业改革的几个问题》，《史学集刊》1992年第4期。

100. 张广翔：《俄国农业改革的艰难推进与斯托雷平的农业现代化尝

试》,《吉林大学社会科学学报》2005 年第 5 期。

101. 张广翔、安岩:《试论 П. А. 斯托雷平和俄国大臣会议改革（1906～1911）》,《史学月刊》2017 年第 8 期。

102. 张广翔:《俄国历史上的改革与反改革》,《史学集刊》1991 年第 4 期。

103. 张广翔:《十九世纪下半期俄国贵族的资产阶级化》,《史学月刊》1987 年第 5 期。

104. 张广翔:《十九世纪俄国村社制度下的农民生活——兼论近三十年来俄国村社研究的转向》,《历史研究》2004 年第 2 期。

105. 张广翔:《十九世纪下半期俄国贵族资产阶级化历史条件初论》,《黑龙江社会科学》1994 年第 4 期。

106. 张广翔:《伏尔加河大宗商品运输与近代俄国经济发展（1850～1913）》,《历史研究》2017 年第 3 期。

107. 张广翔:《亚历山大二世改革与俄国现代化》,《吉林大学社会科学学报》2000 年第 1 期。

108. 张广翔:《19 世纪俄国工业革命的特点——俄国工业化道路研究之三》,《吉林大学社会科学学报》1996 年第 2 期。

109. 张广翔:《19 世纪俄国工业革命的发端——俄国工业化道路研究之二》,《吉林大学社会科学学报》1995 年第 2 期。

110. 张广翔:《19 世纪俄国工业革命的前提——俄国工业化道路研究之一》,《吉林大学社会科学学报》1994 年第 2 期。

111. 张广翔:《19 世纪俄国工业革命的影响》,《吉林大学社会科学学报》1993 年第 2 期。

112. 张广翔:《论 19 世纪俄国工业蒸汽动力发展历程及其工业革命特点》,《求是学刊》1990 年第 4 期。

113. 张广翔:《19 世纪 60～90 年代俄国石油工业发展及其影响》,《吉林大学社会科学学报》2012 年第 6 期。

114. 张丁育:《19 世纪 90 年代至 20 世纪初俄国与欧洲的石油贸易》,《西伯利亚研究》2009 年第 1 期。

115. 张广翔、邓沛勇：《论19世纪末20世纪初俄国石油市场》，《河南师范大学学报（哲学社会科学版）》2016年第3期。

116. 张广翔、白胜洁：《论19世纪末20世纪初俄国的石油工业垄断》，《求是学刊》2014年第3期。

117. 张广翔：《19世纪末至20世纪初欧洲煤炭市场整合与俄国煤炭进口》，《北方论丛》2004年第1期。

118. 张广翔、邓沛勇：《19世纪下半期至20世纪初俄国煤炭工业的发展》，《史学月刊》2016年第3期。

119. 张广翔、回云崎：《18至19世纪俄国乌拉尔黑色冶金业的技术变革》，《社会科学战线》2017年第3期。

120. 张广翔：《外国资本与俄国工业化》，《历史研究》1995年第6期。

121. 张广翔、范璐祎：《19世纪上半期欧俄河运、商品流通和经济发展》，《俄罗斯东欧中亚研究》2012年第2期。

122. 张广翔：《19世纪至20世纪初俄国的交通运输与经济发展》，《社会科学战线》2014年第12期。

123. 张广翔、范璐祎：《18世纪下半期至19世纪初欧俄水运与经济发展——以伏尔加河—卡马河水路为个案》，《贵州社会科学》2012年第4期。

124. 张广翔、逯红梅：《论19世纪俄国两次铁路修建热潮及其对经济发展的影响》，《江汉论坛》2016年第12期。

125. 张广翔、逯红梅：《19世纪下半期俄国私有铁路建设及政府的相关政策》，《贵州社会科学》2016年第6期。

126. 张广翔、王学礼：《19世纪末～20世纪初俄国农业发展道路之争》，《吉林大学社会科学学报》2010年第6期。

127. 张广翔、齐山德：《18世纪末～20世纪初俄国农业现代化的阶段及特征》，《吉林大学社会科学学报》2009年第6期。

128. 张广翔：《俄国资本主义农业关系起源的特点》，《河南师范大学学报（哲学社会科学版）》2001年第6期。

129. 张广翔、刘玮：《1864～1917年俄国的股份商业银行》，《西伯利亚研究》2011年第2期。

130. 张广翔:《19 世纪俄国政府工商业政策基本趋势》,《西伯利亚研究》2000 年第 4 期。

131. 张广翔、齐山德:《革命前俄国商业银行运行的若干问题》,《世界历史》2006 年第 1 期。

132. 张广翔、刘玮:《1864～1917 年俄国股份商业银行研究》,《西伯利亚研究》2011 年第 4 期。

133. 张广翔、李旭:《19 世纪末至 20 世纪初俄国的证券市场》,《世界历史》2012 年第 4 期。

134. 张广翔、李旭:《十月革命前俄国的银行业与经济发展》,《俄罗斯东欧中亚研究》2013 年第 2 期。

135. 张广翔、王子晖:《俄中两国早期工业化比较:先决条件与启动模式》,《吉林大学社会科学学报》2011 年第 6 期。

136. 张福顺:《资本主义时期俄国农民租地活动述评》,《西伯利亚研究》2007 年第 4 期。

137. 张爱东:《俄国农业资本主义的发展和村社的历史命运》,《北京大学学报(哲学社会科学版)》2001 年第 S1 期。

138. 张福顺:《资本主义时期俄国农民土地问题症结何在》,《黑龙江社会科学》2008 年第 1 期。

139. 张敬德:《论农奴制改革后俄国经济政策的性质》,《江西社会科学》2002 年第 12 期。

140. 张建华:《俄国近代石油工业的发展及其特点》,《齐齐哈尔师范学院学报》(哲学社会科学版) 1994 年第 6 期。

141. 张建华:《俄国贵族阶层的起源、形成及觉醒》,《理论学刊》2008 年第 6 期。

142. 张建华:《亚历山大二世和农奴制改革》,《俄罗斯文艺》2001 年第 1 期。

143. 张宗华:《18 世纪俄国政府改革与贵族退役》,《西伯利亚研究》2013 年第 1 期。

144. 张宗华:《传统与现代的较量——彼得大帝改革的双重效应》,《湖北大学学报（哲学社会科学版）》2004 年第 2 期。

145. 张恩博：《俄国工业革命刍议》，《沈阳师院学报》1984 年第 2 期。

146. 钟建平：《19～20 世纪初俄国粮食运输问题研究》，《俄罗斯东欧中亚研究》2014 年第 3 期。

147. 钟建平：《19—20 世纪初俄国农业协会的兴农实践探析》，《贵州社会科学》2015 年第 3 期。

148. 钟建平：《俄国农民土地银行的运作模式》，《西伯利亚研究》2008 年第 4 期。

149. 钟建平：《俄国贵族土地银行运行机制初探》，《黑龙江教育学院学报》2007 年第 6 期。

150. 钟建平：《俄国国内粮食市场研究（1861—1914）》，博士学位论文，吉林大学，2015。

二　俄文文献

（一）俄文书籍

1. Алексеев В. В., Гаврилов Д. В. Металлургия Урала с древнейших времен до наших дней. М., Наука, 2008.

2. Ананьич Б. В., Беляев С. Г. Лебедев С. К. Кредит и банки в России до начала XX в. СПб., Изд-во Спетербурсгого университета, 2005.

3. Ананьич Б. В. Российское самодержавие и вывоз капитала. 1895 – 1914 гг. (По материалам Учетно-ссудного банка Персии). Л., Наука, 1975.

4. Ахундов Б. Ю. Монополистический капитал в дореволюционной бакинской нефтяной промышленности. М., Изд-во социально-экономической литературы, 1959.

5. Баканов С. А. Угольная промышленность Урала: жизненный цикл отрасли от зарождения до упадка. Челябинск., Издательство ООО《Энциклопедия》, 2012.

6. Бакулев Г. Д. Черная металлургия Юга России. М., Изд-во Гос. техники, 1953.

7. Беляев С. Г. П. Л. Барк и финансовая политика России. 1914 – 1917 гг. СПб., Изд-во СПбГУ, 2002.

8. Берзин Р. И. Мировая борьба за нефть. М., Типография Профгортоп, 1922.

9. Блиох И. С. Влияние железных дорог на экономическое состояние России, СПб., Типография М. С. Вольфа, 1878.

10. Бовыкин В. И. Иностранное предпринимательство и заграничные инвестиции в России. М., РОССПЭН, 1997.

11. Бовыкин В. И. Формирование финансового капитала в России. Конец XIX в. – 1908 г. М., Наука, 1984.

12. Бовыкин В. И. Предпринимательство и предприниматели России от истоков до начала XX века. М., РОССПЭН, 1997.

13. Бовыкин В. И. Иностранное предпринимательство в России//История предпринимательства в России. М., РОССПЭН, 2002.

14. Бовыкин В. И. Финансовый капитал в России накануне первой мировой войны. М., РОССПЭН, 2001.

15. Бовыкин В. И. Зарождение финансового капитала в России. М., Изд-во МГУ, 1967.

16. Бовыкин В. И. Французкие банки в России: конец XIX – начало XX в. М., РОССПЭН, 1999.

17. Бовыкин В. И., Петров Ю. А. Коммерческие банки Российской империи. М., Перспектива, 1994.

18. Борковский И. Торговое движение по Волжско-маринскому водной пути. СПб., Типография Бр. Пантелевых, 1874.

19. Бородкин Л. И., Коновалова А. В. Российский фондовый рынок в начале XX века. СПб., Алетейя, 2010.

20. Братченко Б. Ф. История угледобычи в России. М., ФГУП《Производственно-издательский комбинат ВИНИТИ》, 2003.

21. Бубликов А. А. Современное положение России и железнодоро-

жный вопрос. СПб., Тип. М-ва пут. Сообщ, 1906.

22. Виды внутреннего судоходства в России в 1837 году. СПб., Печатано в типография 9 дуарда Праца и Ко, 1838.

23. Виргинский В. С. История техники железнодорожного транспорта М., Трансжелдоризда, 1938.

24. Виргинский В. С. Возникновение железных дорог в России до начала 40-х годов XIX века. М., Государственное транспортное железнодорожное изд-во, 1949.

25. Витте С. Ю. Принципы железнодорожных тарифов по перевозке грузов, СПб., Типография Акц. Общ. Брокгауз-Ефрон, 1910.

26. Витте С. Ю. Собрание сочинений и документальных материалов. Т. 3. М., Наука, 2006.

27. Верховский В. М. Исторический очерк развития железных дорог России с их начала по 1897 г. СПБ., Типография Министерства путей сообщения, 1897 – 1899. Вып. 1 – 2.

28. Вяткин М. П. Горнозаводский Урал в 1900 – 1917 гг. М-Л., Наука, 1965.

29. Гаврилов Д. В. Горнозаводский Урал XVII – XX вв. Екатеринбург. УрО РАН, 2005.

30. Гагозин Е. И. Железо и уголь на юге России. СПб., Типография Исидора Гольдберга, 1895.

31. Георгиевский П. Финансовые отношения государства и частных железнодорожных обществ в России и западноевропейских государствах. СПб., Тип. М-ва пут. Сообщ, 1887.

32. Гиндин И. Ф. Банки и экономическая политика в России XIX – начало XX в. М., Наука, 1997.

33. Горбунов А. А. Политика развития железнодорожного транспорта в XIX – начале XX вв: компартивно- ретроспективный анализ отечественного опыта. М., МИИТ. 2012.

34. Грегори П. Экономический рост Российской империи (конец XIX - начало XX в.). М., РОССПЭН, 2003.

35. Гронский П. Е. Единственный выгодный способ развития сети русских железных дорог. М., Типо-лит. Н. И. Куманина, 1889.

36. Гусейнов Р. История эконоики России. М., Изд-во ЮКЭА, 1999.

37. Гудкова О. В. Строительство северной железной дороги и ее роль в развитии северного региона (1858 - 1917). Вологда., Древности Севера, 2002.

38. Давыдов М. А. Всероссийский рынок в конце XIX - начале XX вв. и железнодорожная статистика. СПб., Алетейя, 2010.

39. Доннгаров А. Г. Иностранный капитал в России и СССР. М., Международные отношения, 1990.

40. Дьяконова И. А. Нефть и уголь в энергетике царской России в международных сопоставлениях. М., РОССПЭН, 1999.

41. Дьяконова И. А. Нобелевская корпорация в России. М., Мысль, 1980.

42. Дубровский С. М. Сельское хозяйство и крестьянство России в период Империализма. М., Наука, 1975.

43. Дулов А. В. Географеческая среда и история России (Конец XV - середина XIX вв.). М., Наука, 1983.

44. Дякин В. С. Германские капиталы в России. электроиндустрия и электрический транспорт. Л., Наука, 1971.

45. Иголкин А., Горжалцан Ю. Русская нефть о которой мы так мало занаем. М., Нефтяная компания Юкос /Изд-во Олимп-Бизнес, 2003.

46. Ионичев Н. П. Иностранный капитал в экономике России (XVII - начало XX в.). М., МГУП, 2002.

47. История Железнодорожного транспорта России. 1836 - 1917. СПб., Изд-во Иван Федоров, 1994.

48. История Урала с древшейщих времен до 1861 г. М., Наука, 1989.

49. Истомина. Э. Г. Водные пути России во второй половине XVIII - начале XIX века. М., Наука, 1982.

50. Истомина. Э. Г. Водный транспорт России в дореформенный период. М. , Наука, 1991.

51. Кабузан В. М. Изменения в размещении насления России в XVIII - первой половине XIX в. М. , Наука, 1971.

52. Карнаухава Е. С. Размещение сельского хозяйства России в период капитализма（1860 - 1914）. М. , Изд-во Акад. наук СССР, 1951.

53. Карпов В. П. , Гаврилова Н. Ю. Курс истории отечественной нефтяной и газовой промышленности. Тюмень. , ТюмГНГУ, 2011.

54. Кафенгауз Б. Б. Очерки внутреннего рынка России первой половины XVIII века. М. , Изд-во Академии наук СССР, 1958.

55. Кафенгауз Л. Б. Эволюция прошмышленного производства России（последняя треть XIX в. - 30 - е годы XX в）. М. , Эпифания, 1994.

56. Кафенгауз Б. Б. История хозяйства Демидовых в XVIII - XIX вв. М-Л. , АН СССР, 1949.

57. Китанина Т. М. Хлебная торговля России в конце XIX - начале XX века. СПб. , Дмитрий Буланин, 2011.

58. КовальченкоИ. Д. Аграрный сторой России второй половины XIX - начала XX в. М. , РОССПЭН, 2004.

59. Ковнир В. Н. История экономики России：Учеб. пособие. М. , Логос, 2005.

60. Кондратьев Н. Д. Рынок хлебов и его регулирование во время войны и революции. М. , Наука, 1991.

61. Кондратьев Н. Д. Мирное хозяйство и его конъюнктуры во время и после войны. Вологда. , Обл. отделение Гос. издательства, 1922.

62. Конотопов М. В. , Сметанин М. В. История экономики России. М. , Логос. 2004.

63. Корсак А. Ф. Историческо-статистическое обозрение торговых сношений России с Китаем. Казань. , Издание книготорговца Ивана Дубровина, 1857.

64. Кульжинский С. Н. О развитии русской железнодорожнй сети. СПб. , Невская Лито-Типография, 1910.

65. Кушнирук С. В. Монополия и конкуренция в угольной промышленности юга России в начале XX века. М. , УНИКУМ-ЦЕНТР, 1997.

66. Лаверычев В. Я. Военный государственно-монополистический капитализм в России. М. , Наука, 1988.

67. Лившин Я. И. Монополии в экономике России. М. , Изд-во Социально- экономической литературы. 1961.

68. Лившиц Р. С. Размещение промышленности в дореволюционной России. М. , Из-во АН СССР, 1955.

69. Лизунов П. В. Биржи в России и экономическая политика правительства (XVIII – XX в.) . Архангельск. , Поморский государственный университет, 2002.

70. Лисичкин С. М. Очерки по истории развития отечественной нефтяной промышленности (дореволюционный период) . М. , Государственное научно-техническое издательство, 1954.

71. Лукьянов П. М. История химической промыслов и химической промышленности России до конца XIX в. Т 5. М-Л. , Из-во АН СССР, 1955.

72. Матвейчук А. А, Фукс И. Г. Истоки российской нефти. Исторические очерки. М. , Древлехранилище, 2008.

73. МавейчукА. А. , Фукс И. Г. Иллюстрированные очерки по истории российского нефтегазового дела. Часть 2. М. , Газоил пресс, 2002.

74. Маевский И. В. Экономика русской промышленности в условиях первой мировой войны. М. , Изд-во Дело, 2003.

75. Марухин. В. Ф. История речного судоходства в России. М. , Орехово- Зуевский педагогический институт, 1996.

76. Менделеев Д. И. Проблемы экономического развития России. М. , Изд-во социально- эконоической литературы. 1960.

77. Межлаука В. И. Транспорт и топливо. М. , Транспечать, 1925.

78. Милов Л. В. Великорусский пахарь и особенности российского исторического процесса. М., РОССПЭН, 2006.

79. Мильман Э. М. История первой железнодорожной магистрали Урала (70 – 90 – е годы XIX в.). Пермь., Пермское книжное издательство, 1975.

80. Мизис Ю. А. Формирование рынка Центрального Черноземья во второй половине XVII – первой половине XVIII вв. Тамбов., ООО 《Издательство Юлис》, 2006.

81. Мир-Бабаев М. Ф. Краткая история Азербайджанской нефти. Баку., Азернешр, 2009.

82. Миронов Б. Н. Внутренний рынок России во второй половине XVIII – XIX в. СПб., Наука, 1981.

83. Миронов Б. Н. Хлебные цены в России за два столетия, XVIII, XIX в. СПб., Наука, 1985.

84. Монополистический капитал в нефтяной промышленности России 1883 – 1914. Документы и материалы. М., Изд-во Академии наук СССР, 1961.

85. Монополистический капитал в нефтяной промышленности России 1914 – 1917. Документы и материалы. Л., Наука, 1973.

86. Наниташвили Н. Л. Экспансия иностранного капитала в Закавказье (конец XIX – начало XX вв.). Тбилисск., Издательство Тбилисского уни-верситета, 1988.

87. Нардова В. А. Монополистические тенденция в нефтяной промышленности и 80-х годах XIX в. и проблема транспортировки нефтяных грузов//Монополии и иностранный капитал в России. М-Л., Изд-во Академии наук СССР, 1962.

88. Нардова В. А. Начало монополизации бакинской нефтяной промышленности//Очерки по истории экономики и классовых отношений в России конца XIX – начала XX в. М-Л., Наука, 1964.

89. Нифонтов А. С. Зерновное производство России во второй половине 19 века. М., Наука, 1974.

90. Обухов Н. П. Внешнеторговая, таможенно-тарифная и промышленно- финансовая политика России в XIX – первой половине XX вв. (1800 – 1945). М., Бухгалтерский учет, 2007.

91. Оль П. В. Иностранные капиталы в народном хозяйстве Довоенной России. Л., Изд-во академии СССР, 1925.

92. Осбрник Б. Империя Нобелей. История о знаменитых шведах, бакинской нефти и революции в России. М., Алгоритм, 2014.

93. Очерк месторождения полезных ископаемых в Евройской России и на Урале. СПб., Типография В. О. Деаков, 1881.

94. Пайпс. Р. Россия при старом режиме. М., Независимая Газета, 1993.

95. Пажитнов К. А. Очерки истории текстильной промышленности дореволюционной Россиии. М., Изд-во академии наук СССР, 1958.

96. Першке С. и Л. Руссская нефтяная промышленность, ее развитие и современное положение в статистических данных. Тифлис., Тип. К. П. Козловского, 1913.

97. Погребинский А. П. Государственно-монополистический капитализм в России. М., Изд-во социально- экономической литературы, 1959.

98. Потолов С. И. Начало моноплизации грозненской нефтяной проышленности (1893 – 1903) // Монополии и иностранный капитал в России. М-Л., Изд-во Академии наук СССР, 1962.

99. Погребинский А. П. Строительство железных дорог в пореформенной России и финансовая политика царизма (60 – 90 – е годы XIX в.). // Исторические записки. Т. 47. М., Изд-во. АН СССР, 1954.

100. Прокофеьев М. Наше судоходство. СПб., Типография министерства Путей Сообщения. Выпуск 6. 1884.

101. Прокофьев М. Наше судоходство. СПб., Типография А. М. Котомина. Выпуск 5. 1877.

102. Прокофеьев М. Наше судоходство. СПб., Типография Глазунова. Выпуск 4. 1872.

103. Прокофеьев М. Наше судоходство. СПб., Типография П. И. Глазунова. Выпуск 3. 1870.

104. Прокофеьев М. Наше судоходство. СПб., Типография П. И. Глазунова. Выпуск 2. 1870.

105. Прокофеьев М. Наше судоходство. СПб., Типография П. И. Глазунова. Выпуск 1. 1870.

106. Проскурякова Н. А. Земельные банки Российской империи. М., РОССПЭН, 2012.

107. Пушин В. М. Главные мастерские железных дорог. М-Л., Государственное изд-во, 1927.

108. Рагозин Е. И. Железо и уголь в Урале. СПб., Типография Исидора Гольдберга, 1902.

109. Рашин А. Г. Население России за 100 лет (1813 – 1913 гг). Статистические очерки. М., Государственное статистическое издательство, 1956.

110. Рихтер И. Личный состав русских железных дорог, СПб., Типография Штаба Отдельного Корпуса Жандармов, 1900.

111. Рихтер И. Десять лет железнодорожной ревизии. СПб., Тип. бр. Пантелеевых, 1900.

112. Родригес А. М. История стран Азии и Африки в Новейшее время: учебник. М., Проспект, 2010.

113. Рожкова М. К. Экономическая политика царского правительства на среднем Востоке во второй четверти XIX века и русская буржуазия. М-Л., Изд-ва Акад. наук СССР, 1949.

114. Рындзюнский П. Г., Крестьянская промышленность пореформенной России. М., Наука, 1966.

115. Рубакин Н. А. Россия в цифрах. СПб., Вестник знания, 1912.

116. Рямтчников В. Г., Дерюгина И. В. Урожайность хлебов в России 1795 – 2007. М., ИВ РАН, 2009.

117. Рязанов В. Т. Экономическое развитие России. Реформы и росси-

йское хозяйство в XIX - XX вв. СПб., Наука, 1999.

118. Саломатина С. А. Коммерческие банки в России: динамика и структура операций, 1864 - 1917 гг. М., РОССПЭН, 2004.

119. Салов В. В. Некоторые данные к вопросу о финансовых результатах эксплуатации железных дорог в России, СПб., Тип. М-ва пут. сообщ., 1908.

120. Самедов. В. А. Нефть и экономика России (80 - 90 - е годы XIX века) Баку., Элм, 1988.

121. Сеидов В. Н. Архивы бакинских нефтяных фирм (XIX - начало XX века). М., Модест колеров, 2009.

122. Силин Е. П. Кяхта в XVIII в. Иркутск., Иркутское областное издательство. 1947.

123. Сигов С. П. Очерки по истории горнозаводской промышленности Урала. Свердловск., Свердлгиз, 1936.

124. Соловьева А. М. Железнодорожный транспорт России вовторой половине XIX в. М., Наука, 1975.

125. Соловьева А. М. Промышленная революция в России в XIX в. М., Наука, 1990.

126. Соболев А. Н. Железные дороги в России и участие земств в их постройке. СПб., Тип. Л. Н. Соболев, 1868.

127. Степанов В. Л. Контрольно-финансовые мероприятия на частных железных дорогах России (конец XIX - начало XX в.) //Экономическая история. Ежегодник 2004. М., РОССПЭП, 2004.

128. Струмилин С. Г. История черной металлургии в СССР. Феодальный период (1500 - 1860 гг.). М-Л., Изд-во АН СССР, 1954.

129. Струмилин С. Г. Черная металлургия в России и в СССР. М-Л., Изд-во Академии наук СССР. 1935.

130. Сучков Н. Н. Внутрение пути сообщения России // Федоров В. П. Россия в ее прошлом и настоящем (1613 - 1913). М., Типография В. М.

Саблина, 1914.

131. Тарновский К. Н. Формирование государственно-монополистического капитализма в России в годы первой мировой войны. М., Изд-во МГУ, 1958.

132. Таранков В. И. Ценные бумаги государства российского. М., Автовазбанк, 1992.

133. Тагирова Н. Ф. Рынок поволжья（вторая половина XIX – начало XX вв.）. М., ООО《издательский центр научных и учебных программ》, 1999.

134. Тихонов Б. В. Каменноугольная промышленность и черная металлургия России во второй половине XIX в.（историко-географические очерки）. М., Наука, 1988.

135. Тихвинский С. Л. Русско-китайские отношения в XVIII в. Материалы и документы. Т. I. М., Памятники исторической мысли. 1973.

136. Тридцать лет деятельности товарищества нефтяного производства Бр. Нобеля 1879 – 1909. СПб., Типография И. Н. Скороходова, 1910.

137. Трусевич Х. Посольские и торговые сношения России с Китаем до XIX века. М., Типография Г. Малинского, 1882.

138. Туган-Барановский М. И. Русская фабрика в прошлом и настоящем: Историко- экономическое исследование. Т. 1. Историческое развитие русской фабрики в XIX веке. М., Кооперативное издательство《Московский рабочий》, 1922.

139. Упорядочение железных тарифов по перевозке хлебных грузов. М., Тип. Министерства внутренних дел, 1890.

140. Федоров В. А. История России 1861 – 1917. М., Высшая школа, 1998.

141. Фомин П. И. Горная и горнозаводская промышленность Юга России. Том I. Харьков., Типография Б. Сумская, 1915.

142. Фомин П. И. Горная и горнозаводская промышленность Юга России. Том II. Харьков., Хозяйство Донбасса, 1924.

143. Фурсенко А. А. Династия Рокфеллеров. Нефтяные войны（конец

XIX – начало XX века). М., Издательский дом Дело, 2015.

144. Фурсенко А. А. Первый нефтяной экспертный синдикат в России (1893 – 1897) // Монополии и иностранный капитал в России. М-Л., Изд-во Академии наук СССР, 1962.

145. Халин А. А. Система путей сообщения нижегородского поволжья и ее роль в социально-экономическом развитим региона (30 – 90 гг. XIX в.). Нижний Новгород., Изд-во Волго-вятской академии государственной службы, 2011.

146. Хейфец Б. А. Кредитная история России. Характеристика сувернного заемщика. М., Экономика, 2003.

147. Хромов П. А. Экономическое развитие России. Очерки экономики России с древнейших времен до Великой Октябрьской революции. М., Наука, 1976.

148. Хромов П. А. Экономика России периода промышленного капитализма. М., Изд-во ВПШ и АОН при ЦК КПСС, 1963.

149. Хромов П. А. Экономическая история СССР. М., Высшая школа, 1982.

150. Цветков М. А. Изменение лесистости Европейской России с конца XVII столетия по 1914 год. М., Из-во АН СССР, 1957.

151. Чунтулов В. Т., Кривцова Н. С., Чунтулов А. В., Тюшев В. А. Экономическая история СССР. М., Высшая школа, 1987.

152. Шаров Н. О безотлагательной необходиммсти постройки железнодорожных линий в интересах самостоятельного развития России. СПб., Тип. В. С. Балашева, 1870.

153. Шадур Л. А. Развитие отечественного вагонного парка, М., Транспорт, 1988.

154. Шполянский Д. И. Монополии угольно-металлургической промышленности юга России в начале XX века. М., Изд-во академии наук СССР, 1953.

155. Шухтан Л. Ф. Наша железнодорожная политика, СПб., Тип. Н. Я. Стойков, 1914.

156. Эдмон Т. Экономическое преобразование России. М., РОССПЭП, 2008.

157. Ямзин И. Л. Вощинин В. П. Учение о колонизации и переселениях. М-Л., Государственное издательство, 1926.

（二）俄文论文

1. Абрамова Н. Г. Из истории иностранных акционерных обществ в России（1905 – 1914 гг.）//Вестник Московского университета. История, 1982. №2.

2. Алияров С. С. Истории государственно-монополистического капитализма в России. Особое совещание по топливу и нефтяные монополии//История СССР, 1977. №6.

3. Бовыкин В. И., Бабушкина Т. А., Крючкова С. А., Погребинская В. А. Иностранные общества в России в начале XX в.//Вестник Московского университета. История, 1968. №2.

4. Бессолицын А. А. Поволжский региона на рубеже XIX – XX вв. （основны тенденции и особенности экономического развития）// Экономическая история России: проблемы, поиск, решения: Ежегодник. Вып-5. Волгоград., Изд-во ВолГУ, 2003.

5. Бовыкин В. И. Банки и военная промышленность России накануне первой мировой войны//История СССР, 1959. №6.

6. Бовыкин В. И. Монополистические соглашения в русской военной промышленности//История СССР, 1958. №1.

7. Волобуев П. В. Из истории монополизации нефтяной дореволюционной промышленности России. 1903 – 1914//Исторические записки. Т. 52. М., Изд-во АН СССР, 1955.

8. Горюнов Ю. А. Воздействие ташкентской железной дороги на экономическую жизнь оренбуржья первый трети XX века. Диссертация. Орен-

бург. , 2010.

9. Гертер М. Я. Топливно-нефтяной голод в России и экономическая политика третьеиюньской монархии//Исторические записки. Т. 83. М. , Изд-во АН СССР, 1969.

10. Грегори П. Экономическая история России, что мы о ней знаем и чего не знаем. Оценка экономиста // Экономическая история. Ежегодник. М. , РОССПЭН, 2001.

11. Дякин В. С. Из истории экономической политики царизма в 1907 – 1914 гг. //Исторические записки. Т. 109. М. , Изд-во АН СССР, 1983.

12. Дьяконова И. А. Исторические очерки. За кулисами нобелевской монополии //Вопросы истории, 1975. № 9.

13. Кириченко В. П. Роль Д. И. Менделеева в развитии нефтяной промышленности//Вопросы истории народного хозяйства СССР. М. , Изд-во Академии наук СССР , 1957.

14. Кондратьев Н. Д. Большие циклы конъюнктуры // Вопросы конъюнктуры, 1925. №1.

15. Клейн Н. Л. Факторы развития хозяйства Поволжья на рубеже XIX - XX веков. НИИ проблем экономической истории России XX века волгоградского государственного университеиа//Экономическая история России: проблемы, пойски, решения. Ежегодник. Вып. 2. Волгоград. , Изд-во Вол ГУ, 2000.

16. Косторничеко В. Н. Иностранный капитал в нефтяной промышленности дореволюционной России: к разработке периодизации процесса// Экономическая история: обозрение. Вып. 10. М. , Изд-во МГУ, 2005.

17. Кондратьев Н. Д. Спорные вопросы мирного хозяйства и кризиса // Социалистическое хозяйство, 1923. № 4 – 5.

18. Корелин А. П. Аграрный сектор в народнохозяйственной системе пореформенной России (1861 – 1914) //Российская история, 2001. №1.

19. Лаверычев В. Я. Некоторые особенности развитии монополии в

России（1900 – 1914）// История СССР, 1960. №3.

20. Мовсумзаде Э., Самедов В. Бакинская нефть как топливо для российского военного флота// Черное золото Азербайджана, 2014. №5.

21. Милов Л. В. Если говоритъ серьезно о частной собственности на землю// Свободная мысль, 1993. №2.

22. Потолов С. И. Начало моноплизации грозненской нефтяной промышленности（1893 – 1903）// Монополии и иностранный капитал в России. М-Л., Изд-во Академии наук СССР, 1962.

23. Сидоров А. Л. Значение Великой Октябрьской социалистической революции в экноических судьбах нашей родины// Исторические записки. Т. 25. М., Изд-во АН СССР, 1947.

24. Фурсенко А. А. Первый нефтяной экспертный синдикат в России （1893 – 1897）// Монополии и иностранный капитал в России. М-Л., Изд-во Академии наук СССР, 1962.

25. Фурсенко А. А. Парижские Ротшильды и русская нефть// Вопросы истории, 1962. №8.

26. Халин А. А. Московско-нижгородская железная дорога// Исторические записки. Т. 111. М., Изд-во АН СССР, 1983.

27. Чшиева М. Ч. Кавказская нефть и Нобелевская премия// Человек, Цивилизация, Культура, 2005. №1.

28. Яго К. Русско-Китайский банк в 1896 – 1910 гг. : международный финансовый посредник в России и Азии // Экономическая история. Ежегодник. М., РОССПЭН, 2012.

附录一 农业发展相关统计数据

附表1 20世纪初欧俄72省的粮食平均产量

单位：千普特

年份	主要粮食	颗粒粮	次要粮食	马铃薯	饲料作物	合计
1901~1905	2326949.5	183431.3	142852.2	1592469.7	1215531.1	5461233.8
1906~1910	2288690.2	204914.0	166622.4	1866072.9	1369326.1	5895625.6
1911~1913	2662547.3	219852.3	192592.6	2121168.8	1583109.9	6779270.9

附表2 1903~1909年俄国各地区的粮食平均产量

单位：千普特

地区	主要粮食	颗粒粮	次要粮食	马铃薯	饲料作物
欧俄地区	2274831.8	192166.1	169403.1	2054752.6	1374898.8
高加索地区	248401.7	17439.5	42783.4	31450.0	139011.5
西伯利亚、草原地区和土尔克斯坦	260479.3	22670.0	6335.4	53215.9	121492.5
全俄	2783712.8	232275.6	218521.9	2139418.5	1635402.8

附表3 1913年部分国家的粮食和马铃薯产量

单位：千普特

国家	黑麦	小麦	大麦	玉米	燕麦	马铃薯
俄国	1426119	1667526	758122	129575	1013975	1542449
奥匈帝国	245946	350250	212817	302731	251692	1546017
英国	1003	98226	90965	—	171808	471428

续表

国家	黑麦	小麦	大麦	玉米	燕麦	马铃薯
比利时	34807	24622	5600	—	42462	195417
保加利亚	13659	74457	15108	47229	8307	855
德国	745542	284016	224053	—	592554	3301381
荷兰	25525	8667	4200	—	19029	183424
丹麦	26371	11124	36332	—	50569	65305
西班牙	43255	186605	91335	38955	22430	—
意大利	9669	355947	14359	167146	38519	—
挪威	1507	537	4471	189	12109	42994
罗马尼亚	5783	139769	36722	189789	32452	5962
塞尔维亚	2647	25525	6118	41181	4496	3694
法国	77562	530206	63672	34328	316132	792734
瑞士	2715	5826	598	—	4508	51892
瑞典	34502	15488	22460	—	88377	—
日本	75579	43042	87634	—	5159	43431
加拿大	3562	384690	64172	25992	392889	130504
美国	64117	1267342	236450	3791510	993233	550841
澳大利亚	176	171709	5427	14225	16453	26740
墨西哥	—	—	—	304000	—	—
葡萄牙	—	9138	—	—	—	—
阿根廷	—	218559	—	408058	62271	—

附表4 20世纪初部分国家粮食平均产量和人造肥料使用量

单位：普特/俄亩

国家	1908~1912年粮食平均产量	1910年人造肥料使用量
比利时	147	21.4
荷兰	146	10.5
丹麦	145	3.1
瑞士	136	3.4
英国	131	4.5

续表

国家	1908~1912年粮食平均产量	1910年人造肥料使用量
德国	129	8.8
瑞典	113	2.5
奥地利	85	1.7
法国	83	3.2
意大利	82	3.0
挪威	80	1.0
西班牙	70	0.9
罗马尼亚	65	0.06
葡萄牙	57	1.8
俄国	53	0.39
塞尔维亚	50	0.01
新西兰	151	—
加拿大	126	2.7
日本	104	0.24
美国	84	5.2
澳大利亚	74	3.5

附表5 20世纪初俄国人造肥料的产量和进口量

单位：千普特

年份	国内产量	进口数量	总计
1907	10032.9	9448.1	19481.0
1908	10458.3	10186.2	20644.5
1909	11452.3	15446.1	26898.4
1910	12176.1	22811.3	34987.4
1911	12068.1	26380.6	38448.7
1912	14211.0	34423.7	48634.7
1913	16251.0	34000.0	50251.0

附表6 1913年俄国棉花播种面积和产量

省份和地区	播种面积（俄亩）	总产量（千普特）	单位俄亩产量（普特）
高加索地区			
巴库	23532	4093	17
达吉斯坦	718	293	41
叶利萨维托波利斯克	28105	1166.6	42
库塔伊西	1787	47.6	27
苏呼米	106	2.4	23
第比利斯	11999	440.3	37
埃里万斯卡亚	23101	717.8	31
中亚			
里海东岸地区	43437	2519.3	58
撒马尔罕	31593	1615.7	51
瑟尔—达里诺	62379	2965.0	48
费尔干纳	264546	16585.1	63

附表7 1908~1912年部分国家的人均粮食消费量

单位：普特

国家	小麦	黑麦	小麦与黑麦合计	大麦	燕麦	大麦与燕麦合计	总计
奥匈帝国	8.0	5.1	13.1	3.6	4.4	8.0	21.1
比利时	14.7	5.4	20.1	3.4	5.7	9.1	29.2
德国	5.5	9.8	15.3	5.7	7.8	13.5	28.8
俄国	5.5	9.3	14.8	2.7	5.6	8.3	23.1
英国	9.9	—	9.9	3.3	5.3	8.6	—
法国	14.4	2.0	16.4	1.8	8.3	10.1	26.5

附表8 1909~1913年俄国各地区粮食和马铃薯的年均盈余和短缺状况

粮食短缺省份	普特/人均	粮食盈余省份	普特/人均
圣彼得堡省	−21.43	塔夫里达省	+36.72
莫斯科省	−18.94	库班省	+30.55

续表

粮食短缺省份	普特/人均	粮食盈余省份	普特/人均
阿尔汉格尔斯克省	-10.93	赫尔松省	+30.46
弗拉基米尔省	-10.27	顿河军区	+27.52
东西伯利亚地区	-9.92	萨马拉省	+25.10
奥洛涅茨省	-9.79	叶卡捷琳诺斯拉夫省	+24.19
特维尔省	-6.61	比萨拉比亚省	+23.90
科斯特罗马省	-6.31	捷列克省	+21.47
阿斯特拉罕省	-6.26	斯塔夫罗波尔省	+16.40
利夫兰省	-6.14	萨拉托夫省	+13.54
卡卢加省	-6.12	唐波夫省	+12.23
诺夫哥罗德省	-6.08	乌法省	+11.50
下诺夫哥罗德省	-5.82	波尔塔瓦省	+10.13
雅罗斯拉夫省	-5.73	土拉省	+9.20
伊尔库茨克省	-5.25	沃罗涅日省	+8.35
斯摩棱斯克省	-4.70	奥伦堡省	+8.16
沃洛格达省	-4.29	奔萨省	+7.05
维捷布斯克省	-3.99	辛比尔斯克省	+6.95
普斯科夫省	-3.79	库尔斯克省	+6.70
土尔克斯坦	-3.25	哈尔科夫省	+6.63
彼尔姆省	-2.91	喀山省	+5.79
维尔诺省	-2.75	基辅省	+3.94
外高加索	-2.50	波多利斯克省	+3.94
格罗德诺省	-2.45	托木斯克省	+3.78
波兰王国	-1.78	梁赞省	+3.28
莫吉廖夫省	-1.76	奥廖尔省	+2.60
明斯克省	-1.39	爱斯特兰省	+1.97
草原地区	-0.38	维亚特卡省	+1.84
叶尼塞斯克省	-0.15	库尔兰省	+1.35
		科夫诺省	+0.41
		托博尔斯克省	+0.34

续表

粮食短缺省份	普特/人均	粮食盈余省份	普特/人均
		沃伦省	+0.24
		契尔尼戈夫省	+0.12

附表9 20世纪初俄国主要粮食的出口状况

单位：千普特

粮食种类	数量		以1909~1913年平均数为100	
	1898~1902年	1909~1913年	1898~1902年	1909~1913年
黑麦	80354	39995.4	200.9	100
小麦	145231	258776	56.2	100
大麦	83268	226991.6	36.7	100
燕麦	55485	66428.6	83.6	100
荞麦	1505	3179	47.4	100
黍	850	2001	42.5	100
玉米	38431	46573.4	82.5	100
豌豆	5650.6	13580.8	41.6	100
大豆、芸豆和兵豆	4103	8980	45.7	100
马铃薯	2592.4	10866.6	23.8	100

附表10 20世纪初顿河流域和奥伦堡省小麦的产量和运出量

单位：千普特，%

年份	顿河流域					奥伦堡省				
	小麦产量	铁路运出量	水路运出量	运出量总计	外运粮食的比例	小麦产量	铁路运出量	水路运出量	运出量总计	外运粮食的比例
1901	45226	8357	9476	17833	39.4	20237	16659	0	16659	82.3
1902	88536	12817	8847	21664	24.5	31994	6720	0	6720	21.0
1903	81940	18598	12868	31466	38.4	41953	9025	0	9025	21.5
1908	73316	22418	6140	28558	39.0	48369	12274	0	12274	25.4
1909	144640	40466	12362	52808	36.5	61461	18417	0	18417	30.0
1910	88340	54273	22666	76939	87.1	53901	11727	0	11727	21.8

续表

年份	顿河流域					奥伦堡省				
	小麦产量	铁路运出量	水路运出量	运出量总计	外运粮食的比例	小麦产量	铁路运出量	水路运出量	运出量总计	外运粮食的比例
1911	62258	34665	14427	49092	78.9	5049	7403	0	7403	146.6

附表11 20世纪初唐波夫和梁赞省燕麦产量和运出量

单位：千普特，%

年份	唐波夫省					梁赞省				
	燕麦产量	铁路运出量	水路运出量	运出量总计	外运粮食的比例	燕麦产量	铁路运出量	水路运出量	运出量总计	外运粮食的比例
1901	16088	10920	98	11018	68.5	9494	6896	65	6961	73.3
1902	47019	23432	86	23518	50.0	23899	11520	113	11633	48.7
1903	30660	19225	0	19225	62.7	14230	10221	164	10385	73.0
1908	31899	21676	103	21779	68.3	19451	12370	170	12540	64.5
1909	49709	27407	77	27484	55.3	23184	13518	62	13580	58.6
1910	52314	32337	105	32442	62.0	28286	18323	105	18428	65.1
1911	29823	23854	67	23921	80.2	18060	12205	198	12403	68.7

附表12 20世纪初萨拉托夫省和高加索地区燕麦产量和运出量

单位：千普特，%

年份	萨拉托夫省					高加索地区				
	燕麦产量	铁路运出量	水路运出量	运出量总计	外运粮食的比例	燕麦产量	铁路运出量	水路运出量	运出量总计	外运粮食的比例
1901	7094	6555	386	6941	97.8	11528	2090	10595	12685	110.0
1902	18107	6058	491	6549	36.2	21114	818	3808	4626	21.9
1903	13504	6009	1309	7318	54.2	12789	393	8803	9196	71.9
1908	11186	3821	1078	4899	43.8	20507	190	4643	4833	23.6
1909	30681	9796	1836	11632	37.9	40829	1158	7905	9063	22.2
1910	22496	11462	1045	12507	55.6	25960	1020	17127	18147	69.9
1911	6312	8603	1432	10035	159.0	9643	1004	14177	15181	157.4

附录二 工业发展相关统计数据

附表1 1897年和1909~1914年俄国固定居民数量（源自内务部数据）

单位：千人

区域	1897年	1909年	1910年	1911年	1912年	1913年	1914年
欧俄地区	94244.1	116505.5	118690.6	120558.0	122550.7	125683.8	128864.3
波兰	9456.1	11671.8	12129.2	12467.3	12776.1	11960.5	12247.6
高加索	9354.8	11392.4	11735.1	12037.2	12288.1	12512.8	12921.7
西伯利亚	5784.4	7878.5	8220.1	8719.2	9577.9	9788.4	10000.7
中亚	7747.2	9631.3	9973.4	10107.3	10727.0	10957.4	11103.5
芬兰	2555.5	3015.7	3030.4	3084.4	3140.1	3196.7	3241.0
总计	129142.1	160095.2	163778.8	194733.0	171059.9	174099.6	178378.8
除芬兰外小计	126586.6	157079.5	160748.4	163889.0	167919.8	170902.9	175137.8

附表2 1908~1914年部分国家城市和农村居民比例

单位：%

国家或地区	城市居民比例	农村居民比例
俄国	15.0	85.0
欧俄地区	14.4	85.6
波兰	24.7	75.3
高加索	14.5	85.5
西伯利亚	11.9	88.1
中亚	14.5	85.5
芬兰	15.5	84.5

续表

国家或地区	城市居民比例	农村居民比例
英国和威尔士	78.0	22.0
挪威	72.0	28.0
德国	56.1	43.9
美国	41.5	58.5
法国	41.2	58.8
丹麦	38.2	61.8
荷兰	36.9	63.1
意大利	26.4	73.6
瑞典	22.1	77.9
匈牙利	18.8	81.2

附表3 1913年部分国家的人口再生产状况

单位：‰

国家	结婚率	出生率	死亡率	自然增长率	1908~1913年自然增长率
俄国（除芬兰和波兰）	8.5	47.0	30.2	16.8	15.6
德国	7.8	27.5	15.1	12.4	13.0
奥地利	7.0	24.1	18.4	5.7	8.9
匈牙利	8.8	33.8	22.3	11.5	11.4
法国	7.5	19.0	17.5	1.5	0.9
瑞士	6.9	23.1	14.3	8.8	9.4
比利时	8.0	22.4	14.6	7.8	7.7
荷兰	7.9	28.2	12.3	15.9	15.2
英国	7.5	24.2	14.3	9.9	10.8
瑞典	5.9	23.2	13.7	9.5	10.4
挪威	6.2	25.1	13.3	11.8	12.4
丹麦	7.2	25.6	12.5	13.1	11.9
捷克斯洛伐克	7.5	28.9	19.3	9.6	10.0
罗马尼亚	9.2	42.1	26.1	16.0	14.2

续表

国家	结婚率	出生率	死亡率	自然增长率	1908~1913年自然增长率
意大利	7.5	31.7	18.7	13.0	12.0
西班牙	6.8	30.4	22.1	8.3	9.5
葡萄牙	6.8	32.3	20.5	11.8	13.8
保加利亚	5.7	25.7	—	—	18.6
爱尔兰	5.1	22.8	17.1	5.7	6.4
美国	—	25.0	13.2	11.8	—
加拿大	9.6	29.1	13.6	15.5	—
阿根廷	7.2	38.0	16.3	21.7	—
澳大利亚	8.2	28.2	10.8	17.5	15.8
墨西哥	—	32.0	33.3	0.7	—

附表4 19世纪下半叶至20世纪初欧俄部分省份男性农民的份地数额

单位：俄亩

省份	每个男性的份地数额		
	1860年	1880年	1900年
莫斯科	3.1	2.9	2.5
弗拉基米尔	4.0	3.3	2.6
特维尔	4.2	3.4	2.6
卡卢加	3.6	2.7	2.1
斯摩棱斯克	4.6	3.5	2.5
土拉	2.7	2.0	1.6
梁赞	3.1	2.2	1.7
欧俄地区	5.1	3.8	2.7

附表5 俄国各地区工业生产比重

单位：%

区域	各地区工业生产比重					
	采矿工业		加工工业		所有工业部门	
	1908年	1912年	1908年	1912年	1908年	1912年
北部地区	—	—	0.7	0.7	0.6	0.6
西北部地区	0.1	—	10.6	10.2	9.8	9.3
波罗的海地区	—	—	5.6	5.9	5.2	5.3
白俄罗斯—立陶宛地区	—	—	2.1	1.9	1.9	1.7
中部工业区	1.6	1.4	29.6	32.3	27.4	29.3
中部黑土区	0.2	—	3.8	2.9	3.5	2.6
乌克兰	27.6	24.4	16.1	15.2	17.0	16.1
乌克兰西部地区	—	—	7.2	6.2	6.7	5.6
乌克兰东部地区	28.4	24.8	9.6	9.7	11.0	11.1
比萨拉比亚	—	—	0.3	0.3	0.2	0.3
顿河流域和北高加索地区	11.7	16.4	3.3	3.7	4.0	5.0
伏尔加河中下游流域	0.4	0.4	4.9	4.4	4.6	4.0
乌拉尔	7.9	8.1	4.5	3.4	4.8	3.9
欧俄地区总计	50.3	51.1	82.8	81.6	79.7	78.7
波兰	5.9	4.6	11.5	13.0	11.0	12.1
南高加索地区	29.5	31.7	2.9	2.9	5.0	5.7
西伯利亚地区	13.9	11.5	1.7	0.9	2.7	2.0
土尔克斯坦	0.4	1.1	1.7	1.6	1.6	1.5

附表6 19世纪末20世纪初部分国家的工业产值比例

单位：%

国家	1881~1885年	1896~1900年	1913年
俄国	3.4	5.0	5.3
美国	28.6	30.1	35.8
英国	26.6	19.5	14.0
德国	13.9	16.6	15.7
法国	8.6	7.1	6.4

附表7　1909~1913年部分国家的人均铸铁和钢生产量

单位：普特

国家	铸铁					钢				
	1909	1910	1911	1912	1913	1909	1910	1911	1912	1913
俄国	1.1	1.0	1.1	1.5	1.6	0.9	0.9	0.9	1.3	1.4
奥匈帝国	2.4	2.4	2.5	2.4	3.3	2.4	2.6	2.9	3.2	—
德国	12.4	14.0	14.2	16.4	17.5	11.6	12.9	14.0	15.9	—
法国	5.6	6.3	6.8	7.5	8.2	4.7	5.4	5.7	6.3	—
英国	13.6	14.1	13.3	13.2	14.2	8.2	8.9	8.9	9.1	—
比利时	13.6	14.9	17.2	18.2	20.0	11.4	12.0	12.6	15.9	—
瑞典	5.0	6.7	7.0	7.7	7.3	3.5	5.2	5.0	5.6	—
美国	17.6	18.3	15.7	19.1	19.8	16.4	17.6	15.7	20.0	—
加拿大	6.2	6.7	7.2	—	—	7.0	7.4	7.6	—	—

附表8　20世纪初俄国大小工业规模

工业种类	官方统计数据				雷布尼科夫统计数据			
	产值（百万卢布）	占比（%）	工人数量（千人）	占比（%）	产值（百万卢布）	占比（%）	工人数量（千人）	占比（%）
1908年大工业	4900	72	2680	36	4900	67	2700	34
乡村手工业	1350	20	3755	51	1700	23	4000	51
城市手工业（1910年）	530	8	910	12	700	10	1200	15
所有工业部门	6780	100	7345	100	7300	100	7900	100

附表9　1860~1900年俄国各大煤田的采煤量比例

单位：%

煤田	1860	1870	1880	1890	1900
顿涅茨克	33	36.9	43	49.9	68.1
东布罗夫	59.3	47.3	39	41.1	25.5
莫斯科近郊	3.5	12	12.5	3.9	1.8
乌拉尔	2.2	0.9	3.6	4.1	2.3

285

续表

煤田	1860	1870	1880	1890	1900
哈萨克斯坦和中亚	1	1.3	0.8	0.1	0.6
西伯利亚和远东地区	1	1.1	0.6	0.5	1.3
高加索	—	0.5	0.3	0.3	0.4

附表10　20世纪初俄国各地区的顿巴斯煤炭需求量

单位：万普特,%

各需求区域	1905年		1911年	
	数量	占比	数量	占比
顿涅茨克矿区	28000	55.0	49000	52.0
西南部地区	14000	27.2	22000	23.9
中部工业区	1945	3.8	5176	5.5
白俄罗斯—立陶宛地区	1338	2.6	3018	3.2

附表11　1890~1913年俄国各地区的煤炭进口数量

单位：百万普特

年份	欧俄地区						俄国亚洲各省份
	总进口量	白海流域	波罗的海流域	黑海流域	亚速海流域	西部地区	
1890	87.2	0.3	74.6	9.5	0.01	1.6	0.2
1895	118.1	0.6	98.5	5.9	0.02	12.6	0.5
1900	250.1	1.0	160.0	17.8	0.01	71.1	0.2
1905	226.0	0.9	154.3	3.3	0.003	64.4	3.1
1910	259.4	0.7	181.7	4.9	0.003	69.8	2.3
1911	280.6	2.0	190.5	1.2	—	81.4	5.5
1912	324.2	2.3	227.5	0.4	—	88.3	5.7
1913	456.6	2.8	321.1	1.7	3.7	119.4	7.9

附表12　19世纪50~80年代部分国家的采煤量和占比

单位：万普特，%

国家	1850年		1860年		1870年		1880年	
	产量	比例	产量	比例	产量	比例	产量	比例
英国	4980	64.6	8330	60.4	11000	51.0	15000	41.3
美国	81.3	10.5	1540	11.2	3680	16.7	7170	19.8
德国	680	8.8	1700	12.3	3400	15.5	5910	16.4
法国	450	5.8	847	6.2	1320	6.0	1940	5.4
奥匈帝国	203	2.6	360	2.6	920	4.2	1930	5.3
比利时	590	7.7	980	7.1	1370	6.3	1690	4.7
俄国	—	—	30	0.2	70	0.3	2570	7.1

附录三 贸易发展相关统计数据

附表1 19世纪七八十年代俄国煤油的进口量和国内需求量

单位：普特

年份	美国煤油进口量	巴库地区煤油产量	俄国煤油的总需求量
1871	1720418	380000	2100418
1872	1790334	400000	2190334
1873	2701093	832800	3533893
1874	2521160	1336675	3860835
1875	265326	1990045	4643171
1876	2662486	3145075	3807561
1877	1701502	2594766	6296268
1878	1989034	62559410	8244944
1879	1711811	6963658	8675469
1880	1445558	7858750	9304308

附表2 1899~1913年俄国零售贸易交易额

单位：百万卢布，%

年份	按当时的卢布价值	与1899年的比值	按可比价格	与1899年的比值
1899	4461	100.0	4461	100
1901	4397	98.6	4068	91.2
1903	4630	103.8	4539	101.7

续表

年份	按当时的卢布价值	与1899年的比值	按可比价格	与1899年的比值
1905	4975	111.5	4564	102.3
1907	4982	111.7	4034	90.4
1909	5415	121.4	4420	99.1
1911	6221	139.5	5078	113.8
1913	7141	160.1	5464	122.5

附表3 1900~1913年俄国粮食出口状况

单位：百万普特

年份	所有粮食 数量	五种主要粮食 数量
1900	418.8	304.7
1903	650.4	477.6
1906	588.9	470.5
1909	760.7	748.3
1912	548.5	547.1
1913	647.8	589.9

附表4 20世纪初俄国出口货物价值和比例

单位：百万卢布，%

国家	1899~1903年 价值	占比	1904~1908年 价值	占比	1909~1913年 价值	占比	1913年 价值	占比
德国	193.3	24.4	269.0	25.7	435.1	29.0	453.6	29.8
英国	167.2	21.1	230.8	22.1	307.4	20.5	267.8	17.6
荷兰	81.4	10.3	108.5	10.4	181.1	12.1	177.4	11.7
法国	61.9	7.8	68.1	6.5	94.5	6.3	100.9	6.6
伊朗	22.7	2.9	28.0	2.7	45.1	3.0	57.7	3.8
比利时	28.0	3.5	40.3	3.9	62.0	4.1	64.7	4.3
意大利	41.6	5.2	46.4	4.4	64.4	4.3	73.8	4.9

续表

国家	1899~1903年		1904~1908年		1909~1913年		1913年	
	价值	占比	价值	占比	价值	占比	价值	占比
奥匈帝国	31.1	3.9	44.6	4.3	63.4	4.2	65.3	4.3
中国	11.1	1.4	32.4	3.1	26.0	1.7	31.5	2.1
丹麦	22.3	2.8	29.2	2.8	34.7	2.3	36.4	2.4
土耳其	17.5	2.2	19.7	1.9	31.0	2.1	35.8	2.4
罗马尼亚	10.8	1.4	12.8	1.2	20.5	1.4	21.7	1.4
美国	6.6	0.8	5.0	0.5	13.3	0.9	14.2	0.9
瑞典	10.4	1.3	9.1	0.9	10.1	0.7	11.4	0.7
挪威	6.7	0.8	7.2	0.7	7.2	0.5	6.7	0.4
其他国家	40.2	5.1	48.7	4.7	55.0	3.7	45.9	3.0
芬兰	39.9	5.0	46.2	4.4	50.6	3.4	55.3	3.6

附表5 20世纪初俄国进口货物价值和比例

单位：百万卢布，%

国家	1899~1903年		1904~1908年		1909~1913年		1913年	
	价值	占比	价值	占比	价值	占比	价值	占比
德国	221.8	35.2	290.6	37.8	497.1	43.6	652.2	47.5
英国	114.5	18.2	108.3	14.1	150.4	13.2	173.0	12.6
中国	48.9	7.8	78.7	10.2	79.2	7.0	84.1	6.1
美国	45.2	7.2	57.2	7.4	80.3	7.0	79.1	5.8
法国	28.5	4.5	29.4	3.8	56.1	4.9	57.0	4.1
伊朗	23.5	3.7	24.9	3.2	36.5	3.2	43.6	3.2
印度	8.2	1.3	13.0	1.7	26.8	2.4	34.6	2.5
奥匈帝国	26.7	4.2	22.6	2.9	33.0	2.9	35.7	2.6
荷兰	10.2	1.6	12.0	1.6	19.3	1.7	21.4	1.6
意大利	9.8	1.6	11.3	1.5	15.8	1.4	16.8	1.2
日本	1.9	0.3	9.1	1.2	4.7	0.4	4.8	0.3
瑞典	4.6	0.7	7.6	1.0	10.5	0.9	16.9	1.2

续表

国家	1899~1903 年		1904~1908 年		1909~1913 年		1913 年	
	数量	占比	数量	占比	数量	占比	数量	占比
土耳其	7.6	1.2	7.3	0.9	12.9	1.1	18.4	1.3
埃及	13.7	2.2	12.7	1.7	7.4	0.6	5.9	0.4
丹麦	4.7	0.7	6.4	0.8	8.5	0.7	12.9	0.9
挪威	6.0	1.0	7.5	1.0	8.8	0.8	9.8	0.7
其他国家	33.3	5.3	42.7	5.5	51.8	4.5	56.8	4.1
芬兰	21.1	3.3	28.2	3.7	40.5	3.6	51.0	3.7

附表 6　1910 年部分国家的总贸易额（货币计量）

单位：百万卢布

国家	贸易总额
英国	11449.9
德国	8154.7
美国	6420.1
法国	6372.9
比利时	4535.4
荷兰	4607.5
俄国	2539.5
印度	2256.2
奥匈帝国	2181.1
意大利	5087.2

附表 7　1909~1913 年部分国家的年对外贸易总额

单位：百万卢布

国家	1909 年	1910 年	1911 年	1912 年	1913 年
英国	8617	9496	9747	10585	11197
德国	7001	7597	8247	9097	9662
美国	5777	6411	6945	7490	8351

续表

国家	1909年	1910年	1911年	1912年	1913年
法国	2413	2842	2996	3300	3084
荷兰	4373	4642	4774	—	—
比利时	1993	2075	2202	2477	2420
俄国	2038	2257	2451	2507	2706
印度	2334	2533	2753	2691	2900
奥匈帝国	1916	2088	2170	2305	2322
意大利	4486	5028	5304	5648	5815

附表8　1723~1727年赴齐齐哈尔贸易的俄国商队一览

单位：人

序号	来齐齐哈尔时间	商队头目	商队人数
1	1723	费奥多尔	12
2	1724	巴什里	19
3	1725	马·别洛科伯托夫	20
4	1726	温多里	32
5	1726	马拉赫夫	11
6	1726	马·别洛科伯托夫	21
7	1727	里万泰	24
8	1727	伊班扎布拉布	20
9	1727	阿列克谢	6
10	1727	瓦·玉尔哈诺夫	18
11	1727	米哈伊罗	3
12	1727	萨伏雅洛夫	23

附表9　《恰克图条约》签订后赴京俄国商队一览

单位：卢布

来华时间	归国时间	商队头目	商队携货值
1727	1728	莫洛科夫	200000
1732	1733	莫洛科夫	104390

续表

来华时间	归国时间	商队头目	商队携货值
1735	1736	菲拉索夫	175919
1741	1742	菲拉索夫	100000
1745	1746	卡尔塔索夫	100000
1754	1755	弗拉迪金	100000

附表10　1755～1761年恰克图市场的贸易额

单位：卢布

年份	俄国货价值	中国货价值	交易总额
1755	606084	230981	837065
1756	450768	241252	692020
1757	421878	418810	840688
1758	525999	511071	1037070
1759	718144	698895	1417039
1760	699940	658331	1358271
1761	391469	610597	1002066

附表11　1756～1800年恰克图市场的贸易额

单位：卢布

年份	贸易总额	年均贸易额
1756～1760	5345180	1069036
1770～1774	11601970	2320394
1780～1784	30416744	6083349
1796～1800	31168406	6233681

附表12　19世纪上半叶俄国对华呢绒出口额

单位：千俄尺

年份	恰克图市场呢绒产品交易量			其他港口的呢绒产品进口量	恰克图呢绒产品的增减量
	俄国	其他国家	总计		
1833	447.2	325.0	772.2	837.4	-65.2

续表

年份	恰克图市场呢绒产品交易量			其他港口的呢绒产品进口量	恰克图呢绒产品的增减量
	俄国	其他国家	总计		
1834	555.9	247.3	803.2	1744.1	-940.9
1835	719.2	206.3	925.5	1840.5	-915.0
1836	923.9	181.5	1105.4	2272.9	-1167.5
1837	789.9	26.6	816.5	739.8	+76.7
1838	965.2	0.7	965.9	1392.9	-427.0
1839	1218.6	0.6	1219.2	820.9	+398.3
1840	1241.1	—	1241.1	238.0	+1003.1
1841	1550.5	—	1550.5	417.9	+1132.6
1842	1542.3	—	1542.3	202.4	+1339.9
1843	928.3	—	928.3	749.7	+178.6
1844	1324.2	2.1	1326.3	1486.3	-160.0
1845	1525.2	—	1525.2	1545.5	-20.3

附表13 18世纪下半叶俄国对华贸易额及其比重

单位：卢布，%

年份	俄国对外贸易总额	对华贸易额的比重	对华贸易额	对华贸易占亚洲贸易额的比重	对亚洲贸易额
1758~1760	19058789	8.6	1642000（约）	67.4	2435587
1760	18600000（约）	7.3	1358271	—	—
1775	32196000（约）	8.2	2644409	—	—
1792	58711322（约）	7.4	4316183	61.2	7054299

附表14 19世纪下半叶中国新疆地区对俄贸易额

单位：银卢布

年份	中国货物价值	俄国货物价值	交易总额
1841	149980	132522	282502
1842	151330	143622	294952
1843	161712	208218	369930

续表

年份	中国货物价值	俄国货物价值	交易总额
1844	148340	192413	340753
1845	241268	238262	479530
1846	304919	209362	514281
1847	249171	174262	423433
1848	134482	118602	253084
1849	317709	204207	521916
1850	530538	211516	742054

附表15　1909～1917年黑龙江地区对俄贸易状况

单位：海关两

年份	出口额	进口额
1909	3770518	179227
1910	9808116	232753
1911	9880719	454617
1912	11203993	469933
1913	7969063	515030
1914	8349524	640868
1915	6252791	453384
1916	3790230	314505
1917	7085862	154193

附表16　1896～1917年中俄海上进出口贸易额

单位：卢布，%

年份	太平洋各港口		欧洲各港口		海路贸易比重	
	进口	出口	进口	出口	进口	出口
1896	193375	2325221	2032386	4265820	99	44.2
1897	207282	3013604	3234007	3926988	100	42.3
1898	199142	2997426	1454281	5004991	100	44.9
1899	189145	3225806	3233239	5343480	100	46.1

续表

年份	太平洋各港口		欧洲各港口		海路贸易比重	
	进口	出口	进口	出口	进口	出口
1900	136956	5151382	4236507	6390272	100	93.2
1901	346979	2748354	3004315	4830632	99.7	81.1
1902	345518	2850611	889016	3793905	100	60.9
1903	393180	2255521	1959104	4138653	100	50.0
1904	53264	40972	4414212	2812261	100	56.4
1905	21946	2952661	1945066	3555978	100	69.1
1906	521595	10496492	32040	5724996	100	86.3
1907	885200	10770179	28131	5181658	100	92.8
1908	5487256	21129320	131795	5214301	65	89.0
1909	8855875	27021542	258602	4854235	59.1	78.6
1910	6023928	24632590	901553	6501485	43.1	67.7
1911	7320110	29585392	144962	8187577	43.2	73.8
1912	8720596	25699884	254105	4653035	42.2	67.1
1913	9086082	28868823	293596	4987725	42.3	75.3
1914	9267344	26784843	1068057	4238966	47.2	71.3
1915	9754190	42348810	29335	4550878	57.4	79.0
1916	18558221	37056545	25696	4222617	73.4	63.0
1917	8094348	28748557	35679	477813	72.3	59.0

附录四　交通发展相关统计数据

附表1　19世纪下半叶至20世纪初俄国铁路建设状况一览

单位：俄里

年份	铁路长度		
	国有铁路	私人建设公司	总计
1840年之前	—	25	25
1841~1850	443	—	443
1851~1860	511	513	1024
1861~1870	1147	7451	8598
1871~1880	57	11089	11146
1881~1890	5023	2349	7372
1891~1900	7750	11272	19022
1901~1909	7542	3678	11220
1910	1177	468	1645
1911	193	1386	1579
1912	164	586	750
1913	733	248	981
合计	24740	39065	63805

附表2　19世纪下半叶至20世纪初欧俄地区铁路建设规模

单位：俄里

年份	当年铁路里程	前五年新增铁路里程
1850	457	—

续表

年份	当年铁路里程	前五年新增铁路里程
1855	975	518
1860	1488	513
1865	3543	2055
1870	10202	6659
1875	17626	7424
1880	21155	3529
1885	24229	3074
1890	27093	2864
1895	33736	6643
1900	41714	7978
1905	48246	6532
1910	51314	3068

附表3 1885～1911年俄国铁路建设规模和火车机车数量

单位：俄里，台

年份	铁路长度			机车数量		
	国有铁路	私人铁路	总计	蒸汽机车	车厢	
					客运	货运
1885	2930	21111	24041	6317	7244	132762
1890	8007	19231	27238	6933	7759	145611
1895	20403	12538	32941	8123	10675	180371
1900	33813	14752	48565	13429	16470	290783
1905	38645	16957	55602	17006	21504	390687
1910	41713	17989	59702	19877	25645	444877
1911	41901	21648	63549	19232	26294	452287

附表4　1907~1911年俄国铁路客运和货运规模

年份	乘客运送量		快速铁路的货物运输量，含行李在内（百万普特）	慢速铁路的货物运输量	
	乘客数量（百万人）	每俄里乘客数量（百万人）		货物运输总量（百万普特）	单位俄里的货物重量（普特）
国有铁路					
1907	109.3	13531	101.9	7153.3	1839016
1908	120.1	14525	108.9	7180.5	1832340
1909	128.4	15028	114.5	7571.3	1987862
1910	141.9	16047	124.8	7980.8	2074443
1911	157.9	16599	136.8	9057.6	2283077
私人铁路					
1907	38.4	4209	44.6	2833.7	710239
1908	40.9	4451	43.9	2925.1	738640
1909	45.0	4946	47.5	3205.2	877208
1910	51.1	5560	54.5	3401.7	927154
1911	55.9	5862	53.3	3762.5	790828
所有铁路					
1907	147.7	17740	146.5	9987.0	2549255
1908	161.0	18976	152.8	10105.6	2570980
1909	173.4	19974	162.0	10776.5	2865070
1910	193.0	21607	179.3	11382.5	3001597
1911	213.9	22461	190.1	12820.1	3073905

附表5　1905和1911年俄国铁路的粮食和面粉运输量

单位：千普特

粮食和面粉的名称	1905年	1911年
粮食：		
黑麦	99935	99843
小麦	263346	301075
燕麦	161178	168849
黍	4068	8271

续表

粮食和面粉的名称	1905 年	1911 年
粮食：		
荞麦	3497	8597
大麦	73970	149871
玉米	12280	72937
豌豆	9182	16928
粮食运输量总计	627456	826371
面粉：		
小麦粉	138950	180129
黑麦粉	68464	65757
淀粉（包括土豆淀粉）	3883	6894
淀粉总计	211297	252780
总计	838753	1079151

附表 6　1905 年和 1911 年俄国水路的粮食和面粉运输量

单位：千普特

货物	1905	1911
俄欧地区		
小麦	127447	121161
黑麦	62998	42977
燕麦	72955	46183
大麦	26276	52647
小麦面粉	38176	40728
黑麦面粉	38594	24428
总计	366446	328124
亚洲部分		
小麦	2400	10529
黑麦	247	4168
燕麦	2587	4892
小麦面粉	5724	12557

续表

货物	1905	1911
总计	10958	32146
全俄总计	377404	360270

附表7 19世纪末20世纪初俄国铁路的主要粮食运输量

单位：万普特，%

年均数量		1895~1900	1901~1905	1906~1910	1908~1912
小麦的铁路运输量	绝对量	15117.2	20821.8	27538.1	29200.4
	指数	100.0	137.8	182.1	193.2
	占产量的比重	21.8	21.9	26.4	23.8
黑麦的铁路运输量	绝对量	7206.7	8455.6	7990.1	7220.9
	指数	100.0	117.8	111.0	100.3
	占产量的比重	5.8	6.6	6.4	5.4
燕麦的铁路运输量	绝对量	9155.2	11866.7	11844.2	13091.2
	指数	100.0	129.6	129.4	142.9
	占产量的比重	13.0	16.3	14.1	14.6
大麦的铁路运输量	绝对量	3694.9	60766.6	9964.3	11642.5
	指数	100.0	164.7	270.0	315.5
	占产量的比重	10.3	14.3	18.8	19.9

附表8 20世纪初敖德萨铁路粮食运输量

单位：千普特

年份	黑麦	小麦	燕麦	大麦	小麦粉	黑麦粉
1901	4465	11978	303	3715	2	14
1902	3378	17140	410	1968	—	—
1903	3464	23085	281	4121	—	—
1908	342	839	102	3927	2	—
1909	852	5232	16	7273	1	1
1910	3517	16782	16	1892	3	—
1911	4016	7705	8	9127	2	100

附表9　1905年和1911年俄国内河水路的货物运输量

单位：千普特

货物	1905	1911
欧俄地区		
铸铁	12741	10662
铁、白铁、钢	21773	23694
鱼	20124	15581
盐	51311	63005
原油、重油	250969	278067
煤油、石油加工品	55855	69470
煤炭	11713	28264
船只木柴运输量	188973	210901
木筏木柴运输量	124705	140062
船只建筑用木材运输量	113903	193155
木筏建筑用木材运输量	525668	1059830
其他货物	755640	905360
总计	2133375	2998051
亚洲部分		
船只木柴运输量	6312	12882
船只建筑用木材运输量	7280	10498
木筏建筑用木材运输量	23920	39661
其他货物	36395	91740
总计	73907	154781
全俄总计	2207282	3152832

附表10　1913年欧俄地区主要河流的货物运输量规模

单位：百万普特

河流	船只运输量	木筏运输量	货物运输总量
伏尔加河	1078	469	1547
涅瓦河	306	159	465
北德维纳河	43	172	215

续表

河流	船只运输量	木筏运输量	货物运输总量
西德维纳河	73	107	180
涅曼河	128	131	259
第聂伯河	176	140	316
顿河	37	4	41
总计	1841	1182	3023

附表11　1905年和1911年俄国主要河运码头的货物运输量

单位：千普特

码头名称	1905	1911
伏尔加河流域		
阿斯特拉罕	60065	83000
喀山	37742	39896
卡梅申	16614	12101
基涅什马	33793	38526
科斯特罗马	18049	18201
莫斯科	21065	22806
下诺夫哥罗德	94065	141468
彼尔姆	14933	12476
梁赞	19463	17670
雷宾斯克	80176	78353
萨马拉	57998	57207
萨拉托夫	65421	73731
塞兹兰	23581	26880
特维尔	18008	16106
乌法	12874	18314
察里津	98517	100982
雅罗斯拉夫	—	82145

续表

码头名称	1905	1911
北德维纳河流域		
阿尔汉格尔斯克	67669	146015
第聂伯河流域		
叶卡捷琳堡	7439	15818
基辅	15755	36988
克列缅丘格	6182	13495
赫尔松	59721	75375
切尔卡瑟	5653	11914
西德维纳河流域		
里加	61945	146009
涅曼河流域		
维尔纳	4046	29974
科夫诺	8698	10946
尤堡	70595	72110
顿河流域		
罗斯托夫	44020	30198
纳尔瓦河流域		
库尔加	8694	13852
奥涅加河流域		
奥涅加	1638	16553
涅瓦河流域		
圣彼得堡	310457	344165
鄂毕河流域		
新尼古拉耶夫	—	16931
鄂木斯克	—	17859
秋明	—	140445
托木斯克	—	10644

附表12　1913年俄国各港口到港船只的国籍和数量

国家	到港船只		吨位	
	数量（只）	占比（%）	容量（千登记吨位）	占比（%）
俄国	4892	29.0	3312	20.1
瑞典	1281	7.6	850	5.2
挪威	1422	8.4	1300	7.9
丹麦	1387	8.2	1087	6.6
德国	2479	14.7	2189	13.3
荷兰	373	2.2	513	3.1
比利时	128	0.8	195	1.2
英国	2522	15.0	4269	25.9
法国	170	1.0	426	2.6
意大利	401	2.4	698	4.2
奥匈帝国	371	2.2	826	5.0
希腊	232	1.4	367	2.2
土耳其	868	5.1	81	0.5
日本	237	1.4	264	1.6
其他国家	97	0.6	101	0.6
总计	16860	100	16478	100

附表13　1903～1913年俄国到港—离港船只的数量和容量

年份	俄国船只		国外船只		所有船只	
	船只数量（只）	容量（千登记吨）	船只数量（只）	容量（千登记吨）	船只数量（只）	容量（千登记吨）
1903～1907	6775	2977	19888	20450	26663	23427
1908～1912	8657	4552	22544	23941	31201	28493
1913	9729	6481	23910	26279	43368	32760

附表14　1905和1912年俄国各大港口的货运量

单位：千普特

港口	1905年		1912年	
	离港货物	到港货物	离港货物	到港货物
白海				
阿尔汉格尔斯克	40201	5194	57125	8097
波罗的海				
圣彼得堡	104851	164454	113021	226987
塔林	15392	22621	9966	35914
佩尔诺夫	5787	8271	0575	15459
里加	88349	55886	140458	109976
温道	16974	3371	40150	9245
利巴瓦	59153	20956	48602	37359
黑海和亚速海				
敖德萨	119588	109403	99372	104370
尼古拉耶夫	103442	13065	89787	12271
赫尔松	63672	8000	38702	5550
叶夫帕托里亚	16216	2429	11461	4259
塞瓦斯托波尔	2040	6842	2459	11536
费奥多西亚	28923	2735	17542	3654
刻赤	10490	6364	7689	7147
别尔江斯克	21914	1816	9791	1971
马里乌波尔	68259	19441	93461	22428
塔甘罗格	125110	6124	95795	13123
罗斯托夫	11816	6687	15147	6750
新罗西斯克	63174	4251	84201	10195
波季	27033	9968	46778	15286
巴统	46471	7504	61282	10118
里海				
巴库	328917	27357	302139	42121
彼得罗夫斯克	10634	16832	26130	17504
阿斯特拉罕	24621	311291	32509	291978

续表

港口	1905 年		1912 年	
	离港货物	到港货物	离港货物	到港货物
里海				
克拉斯诺沃茨克	11715	23446	11687	33899
太平洋				
符拉迪沃斯托克	—	11050	28371	47603

附表 15　1913 年俄国各海域货物运输量一览

单位：千普特

货物运输方向	货物数量
沿海远航	
白海各港口和摩尔曼斯克－波罗的海港口	487
波罗的海港口—白海港口	208
波罗的海港口—黑海和亚速海港口	4078
波罗的海港口—太平洋港口	128
黑海和亚速海港口—波罗的海港口	20934
黑海和亚速海港口—白海港口	264
黑海和亚速海港口—太平洋港口	10534
太平洋港口—波罗的海港口	114
太平洋港口—黑海港口	71
总计	36818
沿海近航	
白海港口	7686
波罗的海港口	49985
黑海和亚速海港口	249901
里海港口	385955
太平洋港口	29380
多瑙河港口	1866
总计	724773

附表16　1906年和1912年沿海远航船只的货物种类和运输量

单位：千普特

货物	1906	1912
小麦粉	2201	4089
盐	7358	3918
糖产品	1059	4011
铁、钢、白铁	1982	1583
金属制品	1077	519
矿石	250	3666
纸、纸板、纸制品	820	1851
其他货物	2772	3735
总计	17519	23372

附表17　1906年和1912年沿海近航船只的货物种类和运输量

单位：千普特

货物	1906	1912
小麦	26736	9529
大麦	14599	8532
小麦面粉	14163	18423
盐	17708	18755
糖产品	10593	10105
木柴	10315	11420
建筑用材	19408	35208
煤炭和焦炭	51187	69976
矿石	20506	26223
石油	21501	53664
煤油、照明用油	47737	59098
重油	194603	200425
沙子、石头、黏土	8905	22233
水泥	8207	14367

附表18　1908～1912年沿海远航和沿海近航货物重量

单位：千普特

年份	沿海远航	沿海近航	运输货物总量
1908	25624	574426	600050
1909	26473	611171	637644
1910	27406	657598	685004
1911	28193	733344	761537
1912	23272	67856	91128

附表19　1908～1913年俄国沿海远航船只的货流规模

年份	到港—离港船只					
	俄国船只		国外船只		所有船只	
	数量（只）	容量（登记吨位）	数量（只）	容量（登记吨位）	数量（只）	容量（登记吨位）
1908	371	749432	44	78158	415	827590
1909	352	720855	36	69280	388	790135
1910	444	883961	42	80324	486	964285
1911	480	941618	38	76398	518	1018016
1912	412	846394	24	41576	436	887970
1913	399	820063	36	67332	435	887395

后 记

俄国史丛书四卷本历经 2 年的撰写、梳理和校对工作即将出版，初次撰写俄国史心情忐忑不安。本想请恩师张广翔先生作序，但又怕撰写水平有限有负恩师盛名，在此仅将此丛书作为对恩师多年教导的回报。同时，本书出版也得到贵州师范历史与政治学院各位领导和同人的大力帮助，在此深表谢忱。另因笔者研究资历和学术能力有限，很多问题无法深入研究，撰写时诸多问题都参考张广翔、钟建平、白胜洁、梁红刚、逯红梅、刘玮和李旭等学者的部分观点，在此一并表示感谢。

国内英美史研究成果较为丰富，俄国史研究成果稍显欠缺，笔者撰写本丛书也是一次尝试，试图填补国内俄国史研究的一些不足。本丛书包括 1700~1917 年俄国政治史、经济史、交通史和外交史四部，力求全面和系统地阐释俄国历史发展进程，但受客观因素制约，仍有诸多档案文献和著作未被挖掘，因此对某些问题研究还有待深入。此外，受语种限制，无法大量利用英文资料，更是一大憾事。俄国史囊括内容诸多，笔者着重论述 1700~1917 年俄国政治、经济、交通和外交状况，希望对国内俄国史研究具有抛砖引玉的作用。因篇幅和资料所限，部分问题将在以后进行阐释，因水平有限，恳请各位读者批评指正。

在本书将要出版之际，特别要感谢妻子孙慧颖数年来的默默支持，让我无后顾之忧，得以顺利完成本书。同时借本书以告慰亡母，作为多年来教养的回报。

最后对本书编辑高雁老师的辛勤工作和认真负责的态度表示衷心感谢。

邓沛勇
2019 年末于贵阳

图书在版编目(CIP)数据

俄国经济史. 1700－1917／邓沛勇著. -- 北京：社会科学文献出版社，2020.7
（俄国史研究）
ISBN 978－7－5201－7142－7

Ⅰ.①俄⋯ Ⅱ.①邓⋯ Ⅲ.①经济史－研究－俄国－1700－1917 Ⅳ.①F151.29

中国版本图书馆 CIP 数据核字（2020）第 152872 号

·俄国史研究·
俄国经济史（1700～1917）

著　　者／邓沛勇

出 版 人／谢寿光
责任编辑／高　雁
出　　版／社会科学文献出版社・经济与管理分社（010）59367226
　　　　　地址：北京市北三环中路甲 29 号院华龙大厦　邮编：100029
　　　　　网址：www.ssap.com.cn
发　　行／市场营销中心（010）59367081　59367083
印　　装／三河市东方印刷有限公司
规　　格／开　本：787mm×1092mm　1/16
　　　　　印　张：19.75　字　数：303 千字
版　　次／2020 年 7 月第 1 版　2020 年 7 月第 1 次印刷
书　　号／ISBN 978－7－5201－7142－7
定　　价／168.00 元

本书如有印装质量问题，请与读者服务中心（010－59367028）联系

▲ 版权所有 翻印必究